최노무사의 한 권으로 끝내는

친절한 인사 노무 길라잡이

최노무사의 한 권으로 끝내는
친절한 인사노무 길라잡이

초판 1쇄 인쇄 2026년 3월 25일
초판 1쇄 발행 2026년 3월 30일

지은이 최종치
펴낸이 박세현
펴낸곳 팬덤북스

기획 편집 곽병완
디자인 김민주
마케팅 전창열
SNS 홍보 신현아

주소 (우)14557 경기도 부천시 조마루로 385번길 92 부천테크노밸리유1센터 1110호

전화 070-8821-4312 | **팩스** 02-6008-4318
이메일 fandombooks@naver.com
블로그 http://blog.naver.com/fandombooks

출판등록 2009년 7월 9일(제386-251002009000081호)
ISBN 979-11-6169-391-0 03320

최노무사의 한 권으로 끝내는

친절한 인사 노무 길라잡이

인사노무 업무를 하다 보면 비슷한 질문이 반복된다는 사실을 자주 실감하게 됩니다.

"이 경우가 법 위반인가요?"
"실무에서는 어떻게 처리해야 하나요?",
"판례나 행정해석은 어떻게 판단하고 있나요?"

공인노무사로서 20년이 넘는 시간 동안 수많은 기업과 인사노무 담당자들을 만나며, 저는 이 질문들이 단순한 궁금증이 아니라 현장에서 즉시 답을 필요로 하는 절박한 문제라는 점을 누구보다 가까이에서 보아 왔습니다. 그러나 현실에서는 법조문은 어렵고, 판례는 흩어져 있으며, 실무에 바로 적용할 수 있는 정리된 자료를 찾기란 쉽지 않습니다.

이 책은 바로 그 지점에서 출발했습니다.

실무 현장에서 가장 자주, 그리고 가장 절실하게 문의받았던 주제 69가지를 선별하여 Q&A 형식으로 정리하였습니다. 복잡한 설명보다는 핵심을 빠르게 이해하고, 바로 활용할 수 있도록 구성하는 데 초점을 두었습니다. 노무 이슈의 전체적인 맥락을 한 권으로 정리할 수 있도록, 채용부터 퇴직에 이르기까지의 전 과정을 노동법을 기준으로 살펴 볼 수 있게 하였습니다.

구성은 다음과 같습니다.

Chapter 1에서는 노동법 전반에 대한 기본적인 이해를,

Chapter 2에서는 개별적 근로관계에서 실제로 가장 많은 분쟁이 발생하는 쟁점들을,

Chapter 3에서는 집단적 노사관계와 관련된 핵심 이슈를,

Chapter 4에서는 건강하고 안전한 일터를 만들기 위한 제도와 실무를 다루었습니다.

각 주제는 단순한 설명에 그치지 않고, 표와 도식으로 정리하여 한눈에 이해할 수 있도록 하였으며, 실제 현장에서 활용 가능한 관련 서식과 참고할 만한 뉴스 기사도 함께 수록하였습니다. 또한 판례와 행정해석을 함께 제시하여, 왜 이러한 결론에 이르게 되는지를 자연스럽게 이해할 수 있도록 하였습니다.

이 책은 인사노무 담당자를 위한 실무서이지만, 동시에 공인노무사와 노동 전문 변호사에게도 참고서로서 충분한 가치를 지니기를 바랐습니다. 현장에서의 판단에 있어 한 번 더 확인하고 싶은 순간, 책장 한 쪽에서 꺼내어 참고할 수 있는 실전 중심의 길잡이가 되기를 기대합니다.

　이 책이 세상에 나오기까지 아낌없는 도움과 신뢰를 보내주신 팬덤북스 박세현 대표님께 깊이 감사드립니다. 그리고 긴 시간 묵묵히 응원해 준 사랑하는 아내와 제 삶의 가장 큰 기쁨이자 보물인 원혁, 서하에게도 이 자리를 빌려 고마운 마음을 전합니다.

　이 책이 누군가의 고민을 덜어주고, 누군가의 판단에 작은 확신이 되기를 바라며, 현장의 모든 인사노무 담당자 여러분께 이 책을 건넵니다.

2026년 3월

방배동 사무실에서

최종치

차례

Chapter 2 | 개별적 근로관계

1장 | 근로 계약

2장 | 근로시간과 휴식

3장 | 휴일과 휴가

4장 │ 임금

5장 | 징계 및 근로관계의 변동

Chapter 3 | 집단적 노사관계

Chapter 4 | 건강하고 안전한 일터

Chapter 1

노동법 일반

작은 회사에도 노동법이 똑같이 적용되나요?

🔍 관련 법률

> **＜근로기준법＞**
>
> 제11조(적용 범위)
>
> ① 이 법은 상시 5명 이상의 근로자를 사용하는 모든 사업 또는 사업장에 적용한다. 다만, 동거하는 친족만을 사용하는 사업 또는 사업장과 가사家事 사용인에 대하여는 적용하지 아니한다.
>
> ② 상시 4명 이하의 근로자를 사용하는 사업 또는 사업장에 대하여는 대통령령으로 정하는 바에 따라 이 법의 일부 규정을 적용할 수 있다.

작은 회사에는 노동법이 적용되지 않는다고 생각할 수도 있으나, 노동법에서 가장 중요한 기준이 될 수 있는 근로기준법은 상시^{평균적} 5명 이상의 근로자를 사용하는 모든 회사에 적용됩니다. 한편 상시 5명 미만의 근로자를 사용하는 회사는 사업장의 어려움, 행정관청의 관리감독 능력의 한계 등을 고려하여 근로기준법의 일부 규정이 적용되지 않는 것으로 규정하고 있습니다.

다시 말해, 근로기준법은 상시 5명 이상의 근로자를 사용하는 회사에는 전면 적용되고^{단, 취업규칙 작성·신고는 10명 이상의 근로자를 사용하는 회사에 적용} 5명 미만의 근로자를 사용하는 회사에는 일부 규정이 적용되지 않는다.

🔍 근로기준법 적용 범위

5명 미만의 근로자를 사용하는 회사에 적용되지 않는 주요 내용은 다음과 같습니다.

- 부당해고 등에 대한 법적 보호를 받지 못하며, 노동위원회에 구제를 신청할 수 없습니다.
- 회사의 사정으로 휴업을 하더라도 휴업수당^{평균임금의 70%} 을 지급하지 않아도 됩니다.
- 1일 8시간, 1주 40시간의 법정 근로시간이 적용되지 않으며,

1주 12시간을 초과하는 연장근로를 시행하여도 상관없습니다.

- 공휴일이 유급휴일로 적용되지 않습니다.
- 연장 · 야간 · 휴일 근로를 하더라도 가산 임금50% 없이 근로 제공에 대한 임금100% 만 지급해도 됩니다.
- 연차 유급휴가와 생리휴가를 부여하지 않아도 됩니다.

다만, 5명 미만의 근로자를 사용하는 회사라도 다음과 같은 주요 내용이 적용됩니다.

- 근로계약서를 작성하여 1부를 근로자에게 교부해야 합니다.
- 부당 해고에 대하여 구제 신청을 할 수 없지만, 회사가 근로자를 해고해야 할 경우 해고 30일 전에 예고를 해야 하는데, 그렇지 않을 경우 30일분의 통상 임금대략 1개월분의 월급 을 해고 예고수당으로 지급해야 합니다.
- 휴게 시간과 주휴일을 부여해야 합니다.
- 출산 전후 휴가, 육아휴직 등을 부여해야 합니다.

상기와 같이 상시 근로자수가 5명 내외에 따라 법이 적용되는 기준이 다르므로 상시 근로자수를 어떻게 산정하는지가 중요한 문제가 될 수 있을 것입니다.

근로기준법 시행령 제7조의 2 에 따르면 상시 사용하는 근로자의 수는 해당 사업장에서 법 적용 사유 발생일 전 1개월 _{이하 '산정 기간'} 동안 사용한 근로자 _{계약직, 일용직, 아르바이트 등 포함}의 연인원을 같은 기간 중의 가동일수로 나누어 산정합니다.

$$\text{상시 근로자수} = \frac{\text{산정 기간 동안 사용한 근로자 연인원}}{\text{산정 기간 중 가동일수}}$$

다만, 상시 근로자수가 5명 이상이라도 산정 기간에 속하는 일별로 근로자수를 파악해 5명이 미달한 일수가 1/2 이상이면 5명 미만의 근로자를 사용하는 회사로 판단합니다. 한편 상시 근로자수가 5명 미만이라도 산정 기간에 속하는 일별로 근로자수를 파악해 5명이 미달한 일수가 1/2 미만이면 5명 이상의 근로자를 사용하는 회사로 판단합니다.

🔍 상시 근로자수 산정 예시

- 사업자 개요: 화~금요일(4명), 토~일요일(6명) /

  한 달을 4주로 가정
- 연인원: (4명 × 4일 × 4주) + (6명 × 2일 × 4주) = 112명
- 가동 일수: 6일 × 4주 = 24일

$$상시 근로자수 = \frac{112명(산정\ 기간\ 동안\ 사용한\ 근로자\ 연인원)}{24일(산정\ 기간\ 중\ 가동일수)} = 4.66명$$

▶ 상시 근로자수 5명 이상/미만 기준 : 5명 미만

사례 2

- 사업장 개요: 화~금요일(4명), 토~일요일(8명) /

  한 달을 4주로 가정
- 연인원: (4명 × 4일 × 4주) + (8명 × 2일 × 4주) = 128명
- 가동일수: 6일 × 4주 = 24일
▶ 상시 근로자수 5명 이상/미만 기준 : 5명 미만

$$상시 근로자수 = \frac{128명(산정\ 기간\ 동안\ 사용한\ 근로자\ 연인원)}{24일(산정\ 기간\ 중\ 가동일수)} = 5.33명$$

(산정 기간에 속하는 일별로 근로자수를 파악하였을 때 5명이 미달한

일수가 16일로써 5명이 미달한 일수가 1/2 이상이기 때문임)

프리랜서(3.3% 공제)는
노동법이 적용되지 않나요?

 관련 법률

> **<근로기준법>**
>
> 제2조(정의)
>
> ① 이 법에서 사용하는 용어의 뜻은 다음과 같다.
>
> 1. "근로자"란 직업의 종류와 관계없이 임금을 목적으로 사업이나 사업
> 장에 근로를 제공하는 사람을 말한다.

  프리랜서 3.3% 원천징수 의 경우, 일반적으로 회사와 고용계약이
아닌 위탁계약이나 용역계약을 체결하고 일하는 경우가 많습
니다. 따라서 프리랜서는 근로기준법을 포함한 노동법의 보호

를 받지 않는 경우가 일반적입니다. 프리랜서의 경우 계약의 수임인 프리랜서 은 위임인 회사 등 의 지시를 받지 않고 독자적으로 업무를 수행하기 때문입니다.

그러나 노동법 적용 여부를 판단할 때는 형식보다는 실질관계를 기준으로 판단하기 때문에 위탁계약, 용역계약 등의 프리랜서 계약을 하였다고 하더라도 해당 프리랜서가 실질적으로 근로자에 해당한다면 노동법이 적용됩니다. 다시 말해 프리랜서가 근로기준법상 근로자에 해당하는지 여부는 그 계약의 형식과 상관없이 회사의 지휘 · 명령을 받으며 임금을 목적으로 근로를 제공하는지를 기준으로 판단한다는 것입니다.

🔍 근로자 인정 요건

근로기준법 제2조는 근로자를 '① 직업의 종류와 관계없이 ② 임금을 목적으로 ③ 사업이나 사업장에서 근로를 제공하는 자' 라고 정의하고 있는데, 최근에는 근로자성 인정 범위가 확장되는 추세입니다. 노동법상 근로자성 판단 기준은 여러 가지 요소를 종합적으로 고려하여 결정됩니다. 이러한 기준들은 대법원 판례와 법률에서 제시하는 지침을 바탕으로 합니다. 주요 판단 기준은 다음과 같습니다.

- 업무내용을 회사가 정하고 취업규칙 또는 복무^{인사} 규정 등의 적용받으며 업무수행 과정에서 회사로부터 상당한 지휘, 감독을 받는지 여부

  ex. 회사가 업무수행 방법과 절차 등을 지시하고 감독하는지 여부, 채용/퇴직/교육 등 노무관리의 실시 여부

- 회사가 근무시간과 근무장소를 지정하고 노무제공자는 이에 구속을 받는지 여부

  ex. 회사가 노무제공자의 출퇴근시간, 근무장소 등을 정하고 노무제공자는 이에 따라야 하는지 여부

- 노무제공자가 스스로 비품, 원자재나 작업도구 등을 소유하거나 제3자를 고용하여 업무를 대행하게 하는 등 독립하여 자신의 계산으로 사업을 영위할 수 있는지, 노무 제공을 통한 이윤의 창출과 손실의 초래 등 위험을 스스로 안고 있는지

  ex. 업무수행에 필요한 기계·기구 등의 작업도구를 누가 소유하고 있는지 여부, 노무제공자가 별도의 사업자등록을 하고 독립된 사업자로 활동하고 있는지 여부.

- 보수의 성격이 근로 자체의 대상적 성격인지, 기본급이나 고정급이 정하여졌는지 및 근로소득세의 원천징수 여부 등 보수에 관한 사항

  ex. 보수가 근로의 대가로서 고정적으로 지급되는지, 아니면 프로젝트 완료나 성과에 따라 지급되는지 여부, 동일하거나 유사한 업

무를 하는 회사의 다른 근로자에 비하여 보수가 현저히 높은지
여부 현저히 높은 경우 근로자성이 낮아짐

- 근로 제공 관계의 계속성과 사용자에 대한 전속성의 유무와
그 정도

  ex. 노무제공자가 특정 회사에 종속되어 있는지 다른 회사에 종사하는 것
  이 금지되어 있는지 여부, 아니면 여러 회사에 자유롭게 업무를 제공할
  수 있는지 여부

- 사회보장제도에 관한 법령에서 근로자로서 지위를 인정받는
지

  ex. 회사가 노무제공자를 위해 4대 보험 국민연금, 건강보험, 고용보험, 산재
  보험 에 가입시키고 있는지 여부

상술하였던 것처럼 노동법 적용 여부를 판단할 때는 형식
보다는 실질관계를 기준으로 판단합니다. 따라서 프리랜서 계
약을 하였다고 하더라도 해당 프리랜서가 회사의 지휘·명령을
받으며 임금을 목적으로 근로자를 제공하였다면, 근로자에 해
당하기 때문에 채용 후 행정적으로 임금 및 사회보험 신고를 하
지 않았거나 3.3% 원천징수만을 하였더라도 근로자로 인정되
어 노동법이 똑같이 적용됩니다. 이에 따라 회사는 사업주로서
세금, 사회보험에 대하여 최초 채용일로 소급하여 신고/가입하
고 그동안 납부하지 않았던 세금, 보험료 등에 대하여 결국에는
소급하여 모두 납부를 해야 합니다 지연신고 등에 대한 벌칙적용 별도.

2024년 7월 대법원은 프리랜서의 근로자성과 관련하여 타다 운전기사에 대하여 근로자로 인정한 판결을 내리기도 하였습니다. 이 사건에서 대법원은 쏘카가 운전기사의 임금과 업무내용, 복무규칙과 근태 등을 결정하거나 지휘·감독했고, 근무시간에 비례해 받은 보수도 '근로의 대가'로 봐야 한다고 판단하여 근로자로 인정했습니다.

🔍 관련 기사

대법 "타다 기사, 프리랜서 아닌 근로자"

차량 호출 서비스 플랫폼 '타다'의 운전기사는 프리랜서가 아니라 근로기준법상 근로자로 봐야 한다는 대법원 판단이 나왔다. 플랫폼 종사자의 근로자 인정 여부를 따질 때도 사용자와 종사자 간 실질적인 종속관계를 따져야 한다는 취지다. 이번 판결이 배달기사 등 다른 플랫폼 종사자들의 근로자 인정 여부를 판단하는 데도 영향을 줄 것이란 전망이 나온다. … <중략>…

대법원도 "온라인 플랫폼을 매개로 한 노무 제공 관계에도 실질적인 종속관계를 바탕으로 근로자 여부를 따지도록 한 기존 법리를 적용해야 한다"며 원심대로 판결을 확정했다. 운전기사의 임금과 업무내용, 복무규칙과 근태 등을 쏘카 측에서 결정하거나 지휘·감독했고, 근무시간에 비례해 받은 보수도 '근로의 대가'로 봐야 한다는 점 등이 근거였다.

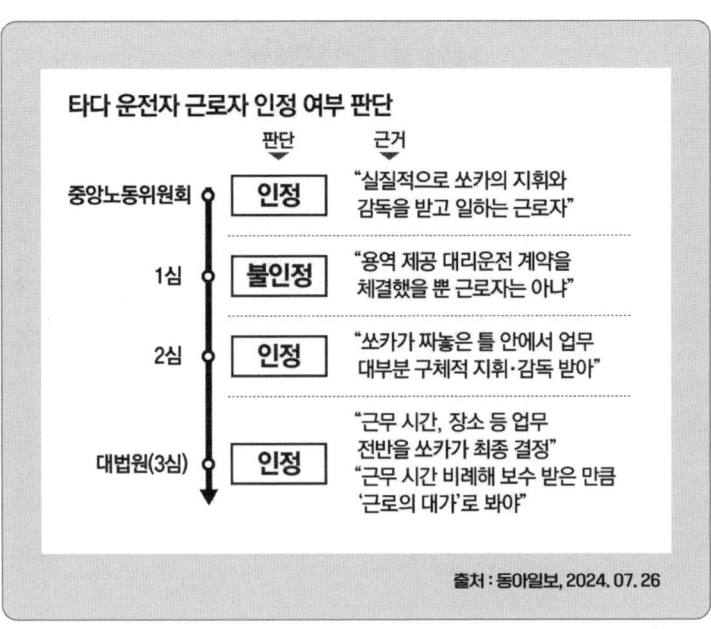

타다 운전자 근로자 인정 여부 판단

	판단	근거
중앙노동위원회	인정	"실질적으로 쏘카의 지휘와 감독을 받고 일하는 근로자"
1심	불인정	"용역 제공 대리운전 계약을 체결했을 뿐 근로자는 아냐"
2심	인정	"쏘카가 짜놓은 틀 안에서 업무 대부분 구체적 지휘·감독 받아"
대법원(3심)	인정	"근무 시간, 장소 등 업무 전반을 쏘카가 최종 결정" "근무 시간 비례해 보수 받은 만큼 '근로의 대가'로 봐야"

출처 : 동아일보, 2024. 07. 26

4대 보험에
꼭 가입해야 하나요?

4대 보험은 국민연금, 건강보험, 고용보험, 산재보험을 포함하는 사회보험 제도로, 근로자와 사용자의 경제적 안정을 도모하고, 근로자의 질병, 실업, 재해 등 다양한 위험에 대비하기 위해 도입되었습니다. 각각의 보험은 다음과 같은 목적을 가지고 있습니다.

- 국민연금: 노후 대비를 위해 일정 기간 납부한 후 연금을 지급받는 보험.
- 건강보험: 질병 및 부상에 대비해 의료비 부담을 덜어주는 보험.
- 고용보험: 실직 시 일정 기간 동안 급여를 지원하며 재취업

을 돕는 보험.

- 산재보험: 업무 중 발생한 사고나 질병으로부터 근로자를 보호하고 보상하는 보험.

월급에서 사회보험료를 공제할 경우 실수령액이 줄어들기 때문에 근로자의 요청 또는 근로자와 회사가 합의하여 4대 보험에 가입하지 않는 경우가 많은데, 법에서 적용을 제외하는 경우가 아니라면 반드시 보험에 가입하고 보험료를 납부해야 합니다. 4대 보험 중 국민연금, 건강보험 장기요양보험 포함, 고용보험의 경우 근로자와 회사가 반반씩 부담하는 것이 원칙이지만 단, 고용보험료 중 고용안정·직업능력개발사업 보험료는 회사가 전액 부담, 산재보험의 경우 회사가 전액 부담합니다.

🔍 4대 보험의 종류

국민연금

- 가입 대상: 만 18세 이상 60세 미만의 모든 근로자 및 사용자
- 예외: 공무원, 군인, 사립학교 교직원 등 법령에 따라 다른 연금제도에 가입된 사람, 1개월 미만의 기한을 정하여 고용된 일용직 단, 고용기간이 1개월 이상이면서 1개월 동안의 근로일수가 8일 이상 또는

1개월 동안의 근로시간이 60시간 이상이거나 1개월 동안의 소득이 220만 원 이상인 경우 가입대상이 됨, 1개월 동안의 소정근로시간이 60시간 미만인 단시간근로자단, 1개월 동안의 소득이 220만 원 이상인 경우 가입대상이 됨

건강보험

- 가입 대상: 모든 근로자 및 사용자
- 예외: 1개월 미만의 기한을 정하여 고용된 일용직단, 고용기간이 1개월 이상이면서 1개월 동안의 근로일수가 8일 이상인 경우 가입대상이 됨, 1개월 동안의 소정근로시간이 60시간 미만인 단시간근로자

참고로 건강보험법상 '고용기간이 1개월 미만인 일용근로자'에 대해서는 건강보험 적용제외 규정제6조을 두고 있으나 1개월 이상인 일용근로자에 대해서는 국민연금법과 달리 별도의 규정을 두고 있지 않습니다. 다만, 건강보험공단은 실무적으로 ▲ 통상 8시간 근무시간을 가정하여 8일 이상 근무 시 단시간 근로자 직장가입자 취득 기준인 월 60시간 이상 근무 기준을 충족하는 점, ▲ 국민연금의 일용근로자의 가입기준 역시 1개월에 8일 또는 60시간 이상 근무인 점을 고려하여 고용기간이 1개월 이상인 일용근로자 중 1개월 동안의 근로일수가 8일 이상인 근로자는 건강보험 직장가입 대상에 포함된다는 기준을 정하고 있습니다.

고용보험

- 가입 대상: 모든 근로자 및 사용자
- 예외: 공무원, 군인, 사립학교 교직원 등에 해당하는 사람, 1개월간 소정근로시간이 60시간 미만이거나 1주간의 소정근로시간이 15시간 미만인 근로자 단, 3개월 이상 계속하여 근로를 제공하는 경우 가입대상이 됨

회사가 고용보험에 가입하지 않았다고 하더라도 퇴직한 근로자가 노동법상 근로자의 지위에서 근로를 제공하였고 실업급여 구직급여 의 수급사유 ex. 권고사직, 계약기간 만료 등 에 해당한다면 해당 사실관계를 확인하여 실업급여를 받을 수 있습니다. 다만, 회사와 근로자는 재직기간 동안 납부하지 않은 고용보험료에 대하여 납부할 의무가 발생하고 회사에는 고용보험 미신고에 대한 벌금 또는 과태료가 부과될 수 있습니다.

산재보험

- 가입 대상: 모든 사업장
- 예외: 위험률 · 규모 및 장소 등에 따라 일부 사업장 적용 제외 ex. 농업, 임업, 어업, 수렵업 중 법인이 아닌 사업으로서 5인 미만 사업장

회사가 산재보험에 가입하지 않은 상태에서 산업재해가 발생하더라도 산업재해를 입은 근로자는 산재보험이 적용됩니다.

근로복지공단을 통한 산업재해 승인 신청 산업재해 보상청구의 주체는 회사가 아닌 근로자이기 때문에 설령 회사가 산업재해 승인 신청에 대하여 협조하지 않거나 신청서에 사업주 날인을 거부하더라도 근로자는 산업재해 승인 신청을 할 수 있습니다.

다만, 회사는 산재보험 미가입 상태에서 발생한 산업재해에 대하여 미납 보험료와 과태료뿐만 아니라 근로복지공단이 재해 근로자에게 1년 동안 지급한 산재보험급여의 50% 단, 사업주가 가입 신고를 게을리한 기간 중에 납부하여야 하였던 산재보험료의 5배를 초과할 수 없음 에 해당하는 금액을 징수할 수 있습니다 고용산재보험료징수법 제26조 .

그리고 회사는 산업재해가 발생한 날부터 1개월 이내에 산업재해조사표를 작성하여 관할 지방고용노동관서에 제출해야 하며 산업안전보건법 제57조 미제출시 1,500만 원 이하의 과태료가 부과될 수 있습니다.

월 60시간 미만 근로자 및 일용직의 4대 보험 적용기준

구 분	월 60시간 미만 근로자	일용직(1개월 미만 고용계약)	법적근거
국민연금	x	x *단, 고용기간이 1개월 이상이면서 1개월간 8일이상 혹은 60시간 이상 근무하는 경우 가입 대상	국민연금법-시행령 2조
건강보험	x	x *단, 고용기간이 1개월 이상이면서 1개월간 8일이상 가입대상	건강보험법-시행령 9조 건강보험법 제6조
고용보험	x *단 3개월 이상 근로를 제공하는 경우는 가입대상임.	o	고용보험법-시행령3조
산재보험	o	o	산업재해보상 보험법 제 6조

2026년 기준 4대 보험요율

보험 종류	총 요율	근로자 부담	사업주 부담
국민연금	9.5%	4.75%	4.75%
건강보험	7.19%	3.595%	3.595%
장기요양보험	건강보험료의 13.14%	건강보험료의 13.14%	건강보험료의 13.14%
고용보험	1.8%(+0.25~0.85%)	0.9%	0.9%(+0.25~0.85%)
신재보험	업종별 싱이	0%	입종별 싱이

정규직과 비정규직은
어떻게 구분되나요?

회사가 비용절감, 유연한 인력관리 등의 이유로 비정규직을 많이 활용하고 있다 보니, 우리는 뉴스, 신문 등의 매스컴을 통해 정규직과 비정규직의 임금격차, 비정규직의 열악한 근로조건 등을 소개하는 기사를 자주 맞이하게 됩니다. 그러나 아직까지 정규직과 비정규직의 개념에 대하여 노동법에서 별도로 규정되어 있는 바는 없으며 근로자의 고용형태를 구분하는 보편적인 용어로 사용되고 있는 정도입니다.

일반적으로 정규직은 정년까지 보장되고 전일제 Full-time로 근무하고 고용과 사용이 분리되지 않은 근로자를 의미하고, 이와 달리 비정규직은 일반적으로 근로계약 기간의 정함이 있고, 시간제 근무를 하거나, 고용과 사용이 분리되어 있는 고용형태를 말합니다. '계약직'이나 '시간제 아르바이트', 파견근로자나 사내 하도급 근로자 등이 대표적인 유형으로 볼 수 있습니다.

비정규직에 대하여 국제적으로 통일된 기준은 없으나 우리나라의 경우 2002년 노사정위원회에서 노사합의에 따라 다음과 같이 3가지 유형으로 구분하고 있습니다.

- 한시적 근로자 : 근로계약기간을 정한 자 또는 근로계약기간을 정하지 않았지만 비자발적 사유 계약만료, 일의 완료, 이전 근무자 복귀, 계절근무 등 로 계속 근무를 기대할 수 없는 근로자
  ex. 임시직, 계약직, 일용직, 촉탁직 등
- 시간제 근로자 : 통상근로자 보다 근로시간이 짧은 근로자
- 비전형 근로자 : 파견근로자 · 용역근로자처럼 근로계약을 체결한 회사와 실제 근로를 제공하는 회사가 다른 간접고용 근로자 및 특수형태 근로종사자, 가정 내 재택, 가내 근로자, 일일 단기 근로자

🔍 비정규직에 대한 법적 보호와 규제

- 근로기준법: 정규직과 비정규직 모두 근로기준법의 보호를 받습니다. 근로시간, 휴게시간, 휴일, 연차유급휴가, 임금 등의 기본적인 근로조건에 내한 규정이 적용됩니다.

- 기간제 및 단시간 근로자 보호 등에 관한 법률: 기간제 근로자와 단시간 근로자의 근로조건을 보호하기 위해 만들어진 법률로, 계약기간의 제한_{최대 2년}, 기간제 근로자의 정규직 전환 촉진, 차별금지 등을 규정하고 있습니다.
- 파견근로자 보호 등에 관한 법률: 파견근로자의 근로조건을 보호하고 파견근로자의 권익을 보호하기 위한 법률로, 파견기간 제한_{최대 2년}, 파견근로자에 대한 사용사업주의 책임, 파견근로자의 차별 금지 등을 규정하고 있습니다.

근로형태별 근로자 구성(2025. 08)

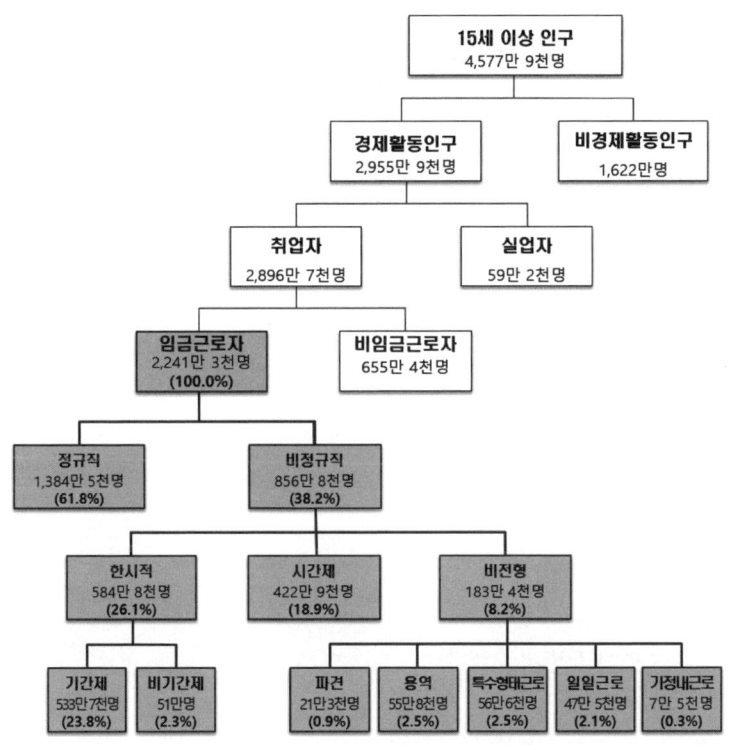

출처: 국가데이터처 2025.10.22 , <2025년 8월
경제활동인구조사 근로형태별 부가조사 결과> 보도자료 4쪽.

※ 비정규직 근로자의 전체 규모는 비정규직 유형별로 중복되는 경우가 있어 그 합계와 불일치함

근로시간이 짧은 근로자에게는 노동법이 어떻게 적용되나요?

🔍 **관련 법률**

<**근로기준법**>

제2조(정의)

① 이 법에서 사용하는 용어의 뜻은 다음과 같다.

9. "단시간근로자"란 1주 동안의 소정근로시간이 그 사업장에서 같은 종류의 업무에 종사하는 통상 근로자의 1주 동안의 소정근로시간에 비하여 짧은 근로자를 말한다.

제18조(단시간근로자의 근로조건)

① 단시간근로자의 근로조건은 그 사업장의 같은 종류의 업무에 종사하는 통상 근로자의 근로시간을 기준으로 산정한 비율에 따라 결정되어야 한다.

일반적으로 근로자들은 1일 8시간, 1주 40시간을 근무하는 경우가 대부분이지만, 이들보다 짧은 시간을 근무하는 근로자들이 있습니다. 해당 근로자들은 비정규직의 유형 중 하나에 해당하기도 하는데 근로기준법에서는 1주 동안의 소정근로시간이 그 사업장에서 같은 종류의 업무에 종사하는 통상근로자의 1주 동안의 소정근로시간에 비하여 짧은 근로자를 '단시간근로자'로 규정하고 있습니다.

단시간근로자들도 근로기준법을 포함한 노동법이 적용되는 근로자로 기본적으로 근로계약서 작성, 퇴직금, 해고의 제한 등이 똑같이 적용되지만, 근로기준법에서는 해당 단시간근로자의 근로조건에 대하여 통상근로자Full-time 의 근로시간에 비례하여 결정된다는 기준을 규정하고 있습니다.

🔍 근로시간의 기준과 내용

주휴일

단시간근로자도 통상근로자와 마찬가지로 1주의 근무일을 만근할 경우 1일의 유급주휴일이 발생합니다. 다만, 하루를 쉬더라도 유급주휴일로 발생하는 시간주휴수당 이 통상근로자에 비하여 적게비례하여 발생합니다.

예를 들어, 1일 8시간씩 주5일주 40시간을 근무하는 통상근로자의 경우 8시간의 주휴수당이 발생하지만 1일 6시간씩 주3일 주 18시간 을 근무하는 단시간근로자에게는 유급으로 발생하는 주휴시간주휴수당은 8시간이 아닌 3.6시간통상근로자의 주휴시간 8시간 × 단시간근로자의 1주 근무시간 18시간/통상근로자의 1주 근무시간 40시간 입니다.

연차유급휴가

단시간근로자도 1년 동안 근로일의 80% 이상 출근한 경우 15일의 연차유급휴가가 똑같이 발생하지만 연차유급휴가로 사용할 수 있는 시간은 통상근로자의 근로시간에 비례하여 발생하게 됩니다.

예를 들어, 1일 8시간씩 주5일주 40시간을 근무하는 통상근로자의 경우 120시간1일 8시간 × 15일의 연차유급휴가로 사용할 수 있는 시간이 부여되지만 1일 6시간씩 주3일주 18시간을 근무하는 단시간근로자에게는 48시간1일 3.6시간 × 15일의 연차유급휴가로 사용할 수 있는 시간이 부여됩니다. 다시 말해 상기 해당 단시간근로자가 본인의 근무일1일 6시간에 연차유급휴가를 사용한다면 총 8일48시간/1일 6시간을 사용할 수 있습니다.

연장·야간·휴일근로수당

단시간근로자라도 연장 · 야간 · 휴일근로에 대하여 통상임금의 50%를 가산한 시간외근로수당을 지급해야 하는데 특히, 기간제 및 단시간근로자 보호 등에 관한 법률 제6조는 단시간근로자초단시간 근로자 포함의 소정근로시간을 초과한 근로에 대하여 통상임금의 100분의 50 이상을 가산하여 지급하여야 한다고 규정하고 있습니다.

여기서 소정근로시간은 법정근로시간1일 8시간, 주 40시간 내에서 근로자와 사용자가 근로계약을 통해 합의한 근로시간으로써, 만약 1일 5시간 근무하기로 소정근로시간을 정한 단시간근로자가 회사의 사정으로 1일 법정근로시간인 8시간 이내에서 추가 근무를 하는 경우, 설령 해당 단시간근로자의 추가 근무가 8시간 이내에서 이루어졌다고 하더라도 5시간 초과하는 해당 근무는 연장근로에 해당하기 때문에, 통상임금의 50%를 가산한 연장근로수당을 지급해야 합니다.

🔍 초단시간 근로자

단시간근로자 중에서도 4주 동안을 평균하여 1주 동안의 소정근로시간이 15시간 미만인 근로자를 '초단시간 근로자'라고 하는데 초단시간 근로자에 대해서는 휴일 주휴일, 공휴일 , 퇴직금, 연차유급휴가가 적용되지 않으며 해당 초단시간 근로자가 계약직 근로자로 계속하여 2년을 초과하여 근무하더라도 정규직으로 간주되지 않습니다.

다만, 〈노동절 제정에 관한 법률〉은 "5월 1일을 노동절로 하고, 이 날을 〈근로기준법〉에 의한 유급휴일로 한다"고 규정하고 있습니다. 이때, 유급휴일이라 함은 근로를 제공하였더라면 지급받을 수 있었던 금액을 지급받으면서 근로제공의 의무는 없는 것으로 정해진 날을 의미합니다.

근로기준법 제18조 제3항은 1주 소정근로시간이 15시간 미만인 단시간 근로자에 대하여 같은 법 제55조의 휴일 적용을 제외하는 것입니다. 다시 말해 노동절 적용을 배제하는 것으로 보기는 어려우므로 초단시간 근로자의 경우에도 노동절이 유급휴일로 보장되어야 할 것이며 근로기준정책과-4361, 2015. 09. 10 제56조 연장·야간 및 휴일 근로 의 적용을 배제한다는 명시적 규정을 두고 있지 않으므로 휴일근로에 대한 가산수당도 발생한다고 보아야 할 것입니다.

그리고 소정근로시간은 사후적으로 실제 근로한 시간을 의미하는 것이 아닌 근로자와 사용자가 근로계약을 통해 합의한 근로시간이기 때문에 근로계약을 통해 1주 14시간 근무로 약정한 초단시간 근로자가 회사의 사정으로 연장근무를 하여 1주 15시간을 초과하였더라도 여전히 초단시간 근로자로 간주됩니다.

🔍 관련 기사

[사설] 주휴수당 줄이려 '쪼개기 고용'…
초단시간 청년 취업자 최대

일주일에 15시간 미만 일하는 초단시간 취업자가 지난달 192만 명을 웃돌며 1년 새 24% 급증한 것으로 나타났다. 이 중 20, 30대 청년들이 45만 명에 육박하며 역대 가장 많았다. 동아일보 취재팀이 통계청 마이크로데이터를 분석한 결과 초단시간 취업자 5명 중 1명이 2030세대였는데, 번듯한 일자리를 찾지 못하고 열악한 파트타임 알바 자리를 전전하는 청년들이 그만큼 많다는 뜻이다.

초단시간 청년 취업자가 급증한 것은 주휴수당의 영향이 크다. 주휴수당은 주 15시간 이상 근무한 근로자에게 일주일에 하루 유급휴가를 주도록 한 제도다. 5일을 일해도 6일치 임금을 주는 식이다. 최저임금 급등으로 인건비 부담이 커진 자영업자들이 주휴수당이라도 줄이려고 주 30시간 일하는 직원 대신 15시간 미만 근무하는 2명을 채용하는 식으로 '쪼개기 고용'을 하고 있는 것이다. … <이하 생략> …

출처 : 동아일보, 2024. 06. 28

도급, 용역, 파견 등이 어떻게 다른가요?

디지털 플랫폼이라는 공간에서 일거리를 얻어 소득을 창출하는 플랫폼 노동종사자ex. 배달라이더 가 증가하는 등 최근 고용형태는 그 어느 때보다 다양화되고 있습니다. 이와 함께 전통적인 간접고용의 형태로 도급, 용역, 위임, 파견 등을 우리나라 산업 현장에서 빈번하게 접하게 되지만, 막상 많은 사람들이 이에 대한 의미조차 제대로 이해하지 못하고 있는 실정입니다.

가장 크게 구분되는 것은 파견과 도급인데 근로자파견은 파견근로자 보호 등에 관한 법률이하 '파견법'이라 함, 도급은 민법에 그 정의를 두고 있다는 점에서 차이를 보이며 이들 둘 간의 가장 큰 차이는 지휘·명령을 누가 하냐는 것입니다.

🔍 근로자 파견

근로자 파견은 파견 사업주가 근로자를 고용한 후 그 고용관계를 유지하면서 근로자 파견계약의 내용에 따라 사용사업주의 지휘·명령을 받아 사용사업주를 위한 근로에 종사하게 하는 것을 말합니다 파견법 제2조 제1호.

다시 말해 근로자고용 파견사업주가 파견근로자를 고용함과 근로자 사용 사용사업주가 파견근로자를 사용함이 각각 분리되며, 업무에 관하여 사용사업주가 파견근로자를 직접 지휘·명령합니다.

근로자 파견은 법령으로 정한 32개 직종에서만 허용 특히, 제조업의 직접생산공정업무에 대한 파견 불허 하고 있기 때문에 파견이 금지된 직종이나 업무에 파견근로자를 사용하는 것은 불법에 해당하며 동일한 사용사업주에 대한 파견기간은 총 2년을 초과할 수 없습니다.

따라서 허가받지 않은 파견업체가 파견근로를 제공하거나, 허용된 직종 외의 업무에 파견근로자를 사용하는 경우 등은 불법파견으로 처벌대상이 될 뿐만 아니라 사용사업주는 해당 파견근로자를 직접 고용해야 할 의무가 발생합니다.

🔍 도급

도급은 당사자 일방이 어느 일을 완성할 것을 약정하고 상내

방이 그 일의 결과에 대하여 보수를 지급할 것을 약정하는 계약을 의미합니다 민법 제664조.

도급은 근로자 파견과 달리 수급인이 직접 고용한 근로자를 수급인이 직접 지휘·명령하여 특정한 업무를 수행하는 것이며, 근로자의 지휘·명령권은 수급인에게 있고, 도급인 발주회사은 수급인의 근로자에 대한 지휘·명령권이 없습니다.

다시 말해 근로자 파견의 경우에는 사용사업주가 파견근로자를 지휘·명령하여 사용사업주를 위한 근로에 종사토록 하나, 도급의 경우에는 하수급인이 직접 소속 근로자를 지휘·명령하여 일을 완성하는 차이가 있습니다. 따라서 근로자 파견과 도급의 중요한 차이는 근로자의 맡은 바 업무에 대해 지휘·명령을 누가 하는가에 있습니다.

따라서 최근까지도 사회적 이슈가 자주 되었던 부분이 도급의 경우 수급인에게 근로자 지휘·명령 권한이 있고 도급인에게는 그러한 권한이 없음에도 불구하고 도급인이 수급인 소속 근로자에게 지휘·명령을 행사하는 형태 다시 말해 불법파견·도급입니다.

🔍 위임, 용역

  도급과 유사한 것에 위임, 용역이 있는데 위임, 용역 또한 도급처럼 고용사업주에게 지휘 · 명령 권한이 있습니다.

  도급은 수급인이 어떤 일을 완성할 것을 약정하고, 도급인은 그 일 유·무형의 결과에 대해 보수를 지급할 것을 약정함으로써 성립하는 계약을 의미 하지만 위임은 당사자 일방이 상대방에 대해 사무 처리를 위탁하고 상대방이 이를 승낙함으로써 성립하는 계약 ex. 변호사에게 소송절차 위임 이라는 점에서 약간의 차이를 보입니다.

  그리고 용역은 거래의 대상이 상품이 아닌 서비스로서 용역업체에 일정한 업무를 맡겨 수행하도록 하는 형태로 법률적으로는 도급 · 위임에 해당하며 일반적으로 청소용역, 경비용역이 이에 해당한다고 볼 수 있습니다.

🔍 파견과 도급의 차이

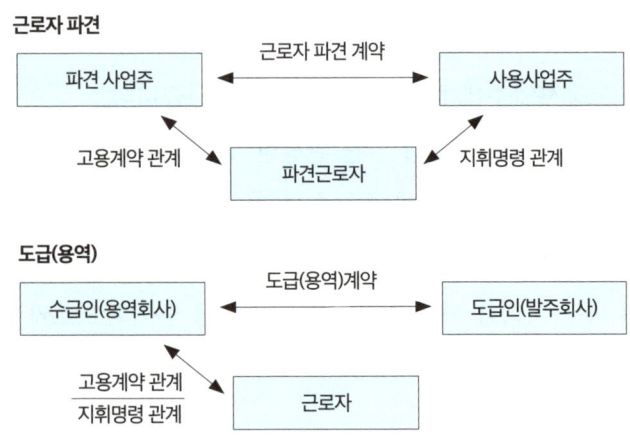

근로자 파견

| 파견 사업주 | ◄ 근로자 파견 계약 ► | 사용사업주 |

고용계약 관계   파견근로자   지휘명령 관계

도급(용역)

| 수급인(용역회사) | ◄ 도급(용역)계약 ► | 도급인(발주회사) |

고용계약 관계
지휘명령 관계   근로자

🔍 관련 기사

대법 "한국GM, 하청노동자 직접 고용해야"… '불법파견' 인정

한국지엠(GM)을 상대로 직접 고용을 요구하며 소송을 제기한 사내하청 노동자들이 약 9년만에 대법원에서 최종 승소했다.

대법원 3부(주심 엄상필 대법관)는 한국GM 사내협력업체 근로자 98명이 한국GM을 상대로 낸 근로자 지위 확인 소송에서 원심의 원고승소 판결을 25일 확정했다.

소송을 낸 근로자들은 1차 또는 2차 협력업체 소속으로 한국GM의 부평·군산·창원 공장에서 일했다. 이들은 직접 생산공정은 물론 서열·보급·방청·포장 등 간접 생산공정 업무에도 종사했다.

근로자들은 한국GM이 불법 파견으로 자신들을 사용했다고 주장하며 회사가 직접 고용하라는 취지의 소송을 2015년부터 여러 차례 제기했다.

근로자들은 한국GM이 불법 파견으로 자신들을 사용했다고 주장하며 회사가 직접 고용하라는 취지의 소송을 2015년부터 여러 차례 제기했다. …<이하 생략>…

출처 : 연합뉴스, 2024. 07. 25

근로자 파견 대상업무

(파견법 시행령 별표1, 2019.10.29. 개정)

한국표준직업분류 (통계청고시 제2000-2호)	대 상 업 무	비 고
120	컴퓨터 관련 전문가의 업무	
16	행정, 경영 및 재정 전문가의 업무	행정 전문가(161)의 업무는 제외한다.
17131	특허 전문가의 업무	
181	기록보관원, 사서 및 관련 전문가의 업무	사서(18120)의 업무는 제외한다.
1822	번역가 및 통역가의 업무	
183	창작 및 공연예술가의 업무	
184	영화, 연극 및 방송 관련 전문가의 업무	
220	컴퓨터 관련 준전문가의 업무	
23219	기타 전기공학 기술공의 업무	
23221	통신 기술공의 업무	
234	제도 기술 종사자, 캐드 포함의 업무	
235	광학 및 전자장비 기술 종사자의 업무	보조업무에 한정한다. 임상병리사(23531), 방사선사(23532), 기타 의료장비 기사(23539)의 업무는 제외한다.
252	정규교육 이외 교육 준전문가의 업무	
253	기타 교육 준전문가의 업무	
28	예술, 연예 및 경기 준전문가의 업무	
291	관리 준전문가의 업무	
317	사무 지원 종사자의 업무	

318	도서, 우편 및 관련 사무 종사자의 업무	
3213	수금 및 관련 사무 종사자의 업무	
3222	전화교환 및 번호안내 사무종사자의 업무	전화교환 및 번호안내 사무 종사자의 업무가 해당 사업의 핵심 업무인 경우는 제외한다.
323	고객 관련 사무 종사자의 업무	
411	개인보호 및 관련 종사자의 업무	
421	음식 조리 종사자의 업무	<관광진흥법> 제3조에 따른 관광 숙박업에서의 조리사 업무는 제외한다.
432	여행안내 종사자의 업무	
51206	주유원의 업무	
51209	기타 소매업체 판매원의 업무	
521	전화통신 판매 종사자의 업무	
842	자동차 운전 종사자의 업무	
9112	건물 청소 종사자의 업무	
91221	수위 및 경비원의 업무	<경비업법> 제2조 제1호에 따른 경비업무는 제외한다.
91225	주차장 관리원의 업무	
913	배달, 운반 및 검침 관련 종사자의 업무	

법정의무교육에는
어떠한 것들이 있나요?

회사가 근로자에 대하여 법적으로 반드시 실시해야 하는 의무교육에는 ① 직장 내 성희롱 예방교육, ② 장애인 인식개선 교육, ③ 산업안전보건 교육, ④ 퇴직연금 교육, ⑤ 개인정보보호 교육이 있고 당해 교육들은 법적사항이기 때문에 근무시간에 실시하는 것이 바람직하며 유급으로 인정해 줘야 합니다. 다만, 최근 노사관계에서 이슈가 되고 있는 직장 내 괴롭힘과 관련한 교육은 아직 법정의무교육은 아닙니다.

🔍 직장 내 성희롱 예방교육

직장 내 성희롱 예방교육은 직장 내 성희롱을 예방하고 근로자의 권익을 보호하고, 건강하고 안전한 근무환경을 조성하기 위한 교육으로 대표자 및 모든 근로자를 대상으로 연 1회 이상 최소 1시간 이상의 교육을 실시해야 합니다.

그리고 당해 교육은 교육 실시일 기준 모든 임직원을 대상으로 해야 하는 바, 교육 당일 출장, 파견, 휴직 등의 경우 해당자에게 별도의 교육계획을 수립하여 교육을 실시하여야 합니다. 다만, 해당 연도에 장기간 휴직, 해외출장 등 교육 미참석자를 상대로 별도의 교육계획을 수립하였음에도 교육이 사실상 불가한 경우에는 교육이 실시되지 않았다고 볼 수는 없을 것이나, 동 해당자에 대해서는 사이버 학습, 교육자료 배포 및 서면교육 등의 방법으로 최대한 교육을 제공하는 것이 바람직합니다 여성고용정책과-3309, 2019.12.10 .

다만, 상시 10명 미만의 근로자를 고용하는 회사, 사업주 및 근로자 모두가 남성 또는 여성 중 어느 한 성性으로 구성된 회사의 경우 근로자가 알 수 있도록 교육자료 또는 홍보물을 게시하거나 배포하는 방법으로 직장 내 성희롱 예방 교육을 대신 할 수 있습니다. 그리고 회사는 성희롱 예방교육의 내용을 근로자가 자유롭게 열람할 수 있는 장소에 게시해 두어야 합니다.

🔍 장애인 인식개선 교육

　장애인 인식개선 교육은 장애인에 대한 편견과 차별을 해소하고, 장애인과 비장애인이 함께 어우러지는 근무여건을 조성하기 위한 교육으로 대표자 및 모든 근로자를 대상으로 연 1회 이상 최소 1시간 이상의 교육을 실시해야 합니다.

　상시 근로자 300인 미만 사업장은 사업주 또는 내부 직원이 직접 교육 가능하며, 상시 근로자 300인 이상 사업장은 한국장애인고용공단의 강사양성과정을 수료한 사내강사가 직접 교육하거나 한국장애인고용공단의 강사양성과정을 수료한 전문강사 초빙하여 교육을 실시해야 합니다 상시 근로자수와 관계없이 원격교육 시행 가능.

　다만, 장애인 고용 의무가 없는 상시 50명 미만의 근로자를 고용하는 회사의 경우 교육자료 등을 배포·게시하거나 전자우편을 보내는 등의 방법으로 장애인 인식개선 교육을 실시할 수 있습니다.

🔍 산업안전보건 교육

　산업안전보건법에 따른 산업안전보건 교육은 사업장 내 사고와 질병을 예방하고, 근로자의 안전과 건강을 보호하기 위한 교육으로 회사는 정기교육, 채용 시 교육, 작업내용 변경 시 교육, 특별교육 등을 실시해야 합니다. 다만, 유해·위험의 정도, 사업의 종류, 사업장의 상시 근로자수 등에 따라 당해 교육이 면제되거나 교육시간이 경감될 수 있습니다.

퇴직연금 교육

퇴직연금제도는 근로자가 퇴직 후에도 안정적인 생활을 유지할 수 있도록 하기 위해 회사가 퇴직급여 지급을 위한 돈을 사외금융기관에 적립하고, 근로자가 퇴직할 때 금융기관을 통해 퇴직급여를 일시금 또는 연금으로 받는 제도입니다.

근로자퇴직급여보장법에 따라 퇴직연금을 설정한 회사 사용자는 매년 1회 이상 근로자 가입자에게 해당 사업의 퇴직연금제도 운영상황 등에 대하여 가입자 교육을 실시해야 합니다 교육시간은 법적으로 정해진 바 없음. 다만, 회사는 퇴직연금 사업자에게 해당 교육을 위탁할 수 있습니다.

개인정보보호 교육

개인정보보호법 제28조에 따라 개인정보처리자 업무를 목적으로 개인정보파일을 운용하기 위하여 스스로 또는 다른 사람을 통하여 개인정보를 처리하는 공공기관, 법인, 단체 및 개인 등는 개인정보를 처리함에 있어서 개인정보가 안전하게 관리될 수 있도록 개인정보취급자개인정보를 처리하는 자에 대하여 적절한 관리 · 감독을 해야 합니다.

또한 개인정보처리자는 개인정보의 적정한 취급을 보장하기 위하여 개인정보취급자에게 정기적으로 필요한 교육을 실시해야 하는데 교육주기 및 시간은 법적으로 정해진 바 없음, 모든 근로자를 대상으로 해야 하는 것은 아니고 인사팀 직원과 같이 성명, 주민등록번호 등의 개인정보를 실질적으로 처리하는 개인정보취급자를 대상으로 합니다.

개인정보보호 교육은 법에 규정된 의무사항이지만, 다른 법정 의무교육과 달리 당해 교육을 실시하지 않은 것에 대한 직접적인 처벌규정을 두고 있지는 않습니다. 다만, 개인정보가 유출되는 사고가 발생한 경우 개인정보보호 교육의 실시여부는 개인정보 보호를 위한 노력 유무의 고려대상이 될 수 있습니다.

🔍 법정의무교육 기준

교육	교육기준	법적근거	과태료 기준
성희롱 예방교육	연 1회/1시간	남녀고용평등법 제13조	500만 원 이하 과태료
장애인 인식개선교육	연 1회/1시간	장애인고용법 제5조의 2	300만 원 이하 과태료
산업안전보건 교육	반기당 6~12시간	산업안전보건법 제29조	500만 원 이하 과태료
퇴직연금 교육	연 1회	퇴직급여법 제32조	1천만 원 이하 과태료
개인정보보호 교육	연 1~2회(권고)	개인정보보호법 제28조	보안사고 발생시 20억 원 이하 과징금

채용공고를 낼 때도 주의할 사항이 있나요?

🔍 관련 법률

<채용절차의 공정화에 관한 법률>

제4조(거짓 채용광고 등의 금지)

① 구인자는 채용을 가장하여 아이디어를 수집하거나 사업장을 홍보하기 위한 목적 등으로 거짓의 채용광고를 내서는 아니 된다.

② 구인자는 정당한 사유 없이 채용광고의 내용을 구직자에게 불리하게 변경하여서는 아니 된다.

③ 구인자는 구직자를 채용한 후에 정당한 사유 없이 채용광고에서 제시한 근로조건을 구직자에게 불리하게 변경하여서는 아니 된다.

④ 구인자는 구직자에게 채용서류 및 이와 관련한 저작권 등의 지식 재산권을 자신에게 귀속하도록 강요하여서는 아니 된다.

제4조의3(출신지역 등 개인정보 요구 금지)
구인자는 구직자에 대하여 그 직무의 수행에 필요하지 아니한 다음 각 호의 정보를 기초심사자료에 기재하도록 요구하거나 입증자료로 수집하여서는 아니 된다.
1. 구직자 본인의 용모·키·체중 등의 신체적 조건
2. 구직자 본인의 출신지역·혼인여부·재산
3. 구직자 본인의 직계 존비속 및 형제자매의 학력·직업·재산

최근 기사를 통해 청년층의 고용률2025.11 기준, 15~29세 청년층 고용율 44.3% 이 상당히 저조하다는 뉴스를 많이 접하게 되는데 그렇다 보니 취업 자체를 포기한 청년층 또한 많다는 우울한 기사들이 어렵지 않게 눈에 들어오는 상황입니다. 이러한 상황에도 많은 구직자들은 본인이 목표한 회사에 입사를 하기 위해 밤을 새워가면서 이력서, 자기소개서 등을 수정하고 또 수정하는 고된 시간을 보내기도 합니다.

구직자들이 회사에 입사지원을 하기 위해 가정 먼저 접하게 되는 것이 채용공고인데 회사에서는 근로자를 구인하기 위한 채용공고를 낼 때에도 법에 따라 일정한 규제를 받게 됩니다. 해

당 법률은 채용절차의 공정화에 관한 법률_{이하 '채용절차법'이라 함} 인데 채용절차법은 채용절차에서의 공정성과 구직자의 권익을 보호하기 위해 회사가 지켜야 할 사항을 규정하고 있는 법률로 상시 30명 이상 사업 또는 사업장에 적용됩니다.

🔍 거짓 채용광고, 채용 전후 채용광고 내용 변경금지

회사_{구인자} 는 채용을 가장하여 아이디어를 수집하거나 사업장을 홍보하기 위한 목적 등으로 거짓의 채용광고를 내서는 안 되며, 채용 전후로 정당한 사유 없이 채용광고의 내용을 구직자에게 불리하게 변경해서는 안 됩니다.

따라서 특정 사업을 발전시키기 위한 아이디어를 입사서류로 제출하게 하고 지원자의 동의 없이 해당 아이디어를 차용하거나 채용진행 중 채용을 중단하거나, 채용공고에는 정규직 채용으로 하였음에도 불구하고 정당한 사유 없이 계약직 채용으로 채용공고를 변경 또는 채용 합격 통보 후 일방적으로 계약직으로 근로계약을 체결하는 것 또한 법 위반에 해당합니다.

다만, 채용공고에 정규직 채용으로 명시하였지만 채용 후 수습 근로계약을 체결하는 경우와 관련하여 정규직이라고 하더라도 수습기간을 둘 수 있으므로 수습 근로계약을 체결하였다는 이유만으로 근로조건의 불리한 변경으로 볼 수는 없습니다.

다만, 해당 수습 근로계약이 실질적으로 정규직 채용을 부정하게 되거나 기간의 정함이 있는 근로계약을 체결한 것으로 간주되는 경우 등 사안에 따라 근로조건의 불리한 변경으로 볼 수도 있습니다.

🔍 출신지역 등 개인정보 요구 금지

회사구인자는 직무 수행에 필요하지 않은 정보를 요구하거나 수집하면 안 됩니다. 직무 수행에 필요하지 않은 정보에는 용모, 키, 체중 등 신체적 조건과 혼인여부, 출신지역, 재산, 구직자의 직계 존비속 및 형제자매의 학력, 재산, 직업 등이 포함됩니다.

다만, 채용절차법에서 요구 금지하는 신체적 조건은 외견상 드러나는 신체적 특징을 의미하므로 혈액형, 시력, 색맹 여부 정보를 수집하는 것은 법 위반으로는 볼 수 없으며 취미, 특기에 관한 정보 또한 법에서 금지하는 개인정보에 해당하지 않습니다.

또한 채용절차법에서 금지하고 있는 '출신지역'은 출생지, 등록기준지, 성년이 되기 이전의 주된 거주지 등 사회통념상의 출신지역을 의미합니다. 따라서 대부분의 사람들은 대학진학, 취업준비 등의 사유로 출신지역을 떠나 다른 지역에서 생활하는 것이 일반적이므로 현 거주지 주소나 주민등록상 주소는 '출신지역'에 포함되지 않습니다.

🔍 채용절차법상 요구·수집의 금지·허용되는 정보

요구·수집이 금지되는 개인정보	요구·수집이 허용되는 정보
• 용모·키·체중 등의 신체적 조건 • 출신지역·혼인여부·재산 • 직계 존비속 및 형제자매의 학력·직업·재산	• 혈액형, 시력, 색맹, 왼손잡이 여부 • 취미, 특기 • 현 거주지 주소, 주민등록상 주소

🔍 기타

회사구인자는 구직자에게 채용서류 및 이와 관련한 저작권 등의 지식재산권을 자신에게 귀속하도록 강요해서는 안 되며, 구직자의 채용여부가 확정된 이후 채용서류의 반환을 청구하는 경우에는 본인임을 확인한 후 관련 법령에서 정하는 바에 따라 반환하여야 합니다. 다만, 채용서류가 홈페이지 또는 전자우편으로 접수된 경우 반환 및 보관 의무는 없으나 파기 의무는 있습니다.

또한 회사구인자는 구직자에게 채용서류의 접수사실, 채용일정 및 채용과정, 채용서류의 반환 등, 채용여부에 대하여 홈페이지 게시, 휴대전화에 의한 문자전송, 전자우편, 팩스, 전화 등으로 알려야 합니다.

Chapter 2

개별적 근로관계

1장
근로 계약

채용 합격자를
채용취소해도 되나요?

회사가 근로자를 채용하기 위해 채용절차를 진행하여 지원자에게 최종 합격 통보를 한 이후 해당 근로자가 입사_{출근}하기 전에 합격을 취소하는 경우가 종종 발생합니다. 해당 지원자가 기존 직장에 퇴사통보를 하기 전이라면 그래도 다행이지만 만약 다른 회사로 이직하겠다며 이미 기존 직장에 퇴사통보를 한 이후라면 이런 낭패도 없을 것입니다.

채용 합격통보 및 취소의 법률적 성격

회사 입장에서는 채용 합격통보 취소의 경우 재용질자의 일환으로 채용 합격자 통보만 하였을뿐 정식 근로계약을 작성하기 전이기 때문에 크게 문제되지 않는다고 생각할 수 있습니다.

계약의 성립은 청약과 승낙으로 이루어지는데 회사의 채용공고는 근로계약 청약의 유인에 해당하고 근로자가 채용공고에 응하는 것은 근로계약의 청약에 해당하며, 이에 대하여 회사가 일정한 채용전형을 거쳐 근로자에게 최종 합격통보_{채용통보}를 하면 근로계약의 승낙의 의사표시를 한 것이므로 채용 합격통보_{채용내정 상태에 해당}에 대하여 근로계약이 체결된 것으로 보고 있습니다_{대법 2000다51476, 2000. 11. 28}.

다시 말해 근로계약서를 정식으로 체결한 것은 아니지만, 회사가 합격통보를 하는 시점에 근로계약이 성립하는 것으로 간주되기 때문에 채용 합격자에 대한 채용취소 통보는 해고에 해당할 수 있다는 것입니다.

따라서 채용 합격통보의 취소는 해고로 간주됨에 따라 근로기준법 제23조_{해고 등의 제한}이 적용되며 사회통념상 정당한 해고사유, 해고요건_{서면통지 등}을 갖추어야 합니다. 다만, 실제로 근로제공 및 임금지급 등이 이루어지기 전이므로 일반적인 해고보다는 정당성의 판단기준이 완화되어 적용된다고 볼 수 있습니다.

🔍 채용 취소의 정당한 사유

회사가 채용 합격통보를 한 내정자에 대하여 합격 ^{채용} 취소를 하기 위해서는 합격의 경위, 근로자가 담당할 업무의 내용과 성질 등에 비추어 볼 때 채용을 하기에 적합하지 않다고 볼 만한 객관적이고 합리적인 이유가 존재하여야 하며 사회통념상 상당한 이유가 인정되어야 할 것입니다. 다음과 같은 사유가 이에 해당할 수 있습니다.

- 내정자의 채용 결격사유가 확인된 경우
- 내정자가 지원자격을 갖추지 못하였음이 확인된 경우
- 채용여부 판단의 중요한 근거가 되는 내정자의 경력사항이 허위임이 확인된 경우
- 채용비리를 통해 채용된 경우
- 손해발생책임 및 서면통지 의무

회사에게 채용 취소의 정당한 사유가 존재하더라도 회사가 아무런 법률상 책임이 없다고 보기는 어렵습니다. 채용 합격자의 경우 합격통보를 받은 이후에는 다른 회사에 지원을 하지 않았을 것인 바 이에 따라 취업의 기회를 상실함으로써 입게 될 손해를 배상해야 할 수 있습니다.

또한 근로기준법 제27조는 해고 처분 시 헤고사유와 해고시

기를 서면으로 통지하도록 규정하고 있고, 이를 위반하였을 경우 해고의 정당한 사유가 존재하더라도 절차상 하자로 부당해고로 보고 있습니다. 따라서 채용 합격통보를 취소하는 경우 취소의 사유와 시기를 반드시 서면으로 통지를 해야 할 것입니다.

🔍 관련 기사

합격 통보에 들떴는데 갑자기 채용취소, 법원 "부당해고"

회사 지원자에게 최종 합격을 통지한 이후 문자 메시지로 채용을 취소했다면 근로기준법이 정한 서면통지의무를 위반해 효력이 없다는 법원 판결이 나왔다. 입사 지원자에게 최종 합격을 통보했다면 근로계약이 성립하고 이를 취소한 것은 해고와 같다는 종전 대법원 판례도 재확인됐다.

17일 <매일노동뉴스> 취재에 따르면 서울중앙지법 민사41부(재판장 정회일 부장판사)는 시스템 개발업체 A사에서 해고된 직원 B씨가 회사를 상대로 낸 근로에 관한 소송에서 최근 원고 승소로 판결했다. A사는 2021년 2월 B씨와 면접을 진행한 뒤 다음달 12일 최종 합격을 통지했다. 이에 B씨는 18일 인력 프로필과 인사기록카드를 작성해 이메일로 제출했다. 그런데 다음날 갑자기 인사담당자가 "회사 내부사정으로 채용이 어렵다"는 내용의 문자 메시지를 발송했다. 3월 29일 근무가 예정돼 있었다.

그러자 B씨는 "최종 합격 통지를 받았으므로 근로계약이 성립했는데도 일방적으로 채용취소를 통보한 것은 사실상 해고에 해당하고, 부당해고로서 무효"라며 소송을 냈다. 회사는 소송이 시작되자 B씨에게 출근하라고 통지했다. 하지만 B씨는 이미 다른 회사에 들어가 제안을 거절하고 출근을 통보한 4월 26일로 사직을 처리해 달라고 요청했다.

… <중략> …

눈여겨 볼 판단은 채용취소의 '절차적 정당성' 부분이다. 재판부는 "회사가 채용내정 취소를 통보한 것은 사용자인 회사의 일방적인 의사에 따른 근로관계의 종료로서 근로기준법상 해고에 해당한다"며 "그런데 회사는 B씨에게 일방적으로 채용내정을 취소하는 내용의 문자 메시지를 발송했을 뿐 해고사유와 해고시기를 서면으로 통지하지 않았으므로 근로기준법 27조의 서면통지의무를 위반해 효력이 없다"고 판단했다.

채용내정 취소 이유가 '긴박한 경영상 위기'라는 사측 주장도 인정하지 않았다. 회사는 당시 코로나19 사태로 인해 구조조정 논의를 시작해 퇴사자 발생시 신규 충원을 보류하고, 신규채용 규모도 축소했다고 주장했다. 그러나 재판부는 "이러한 사실만으로는 B씨를 해고해야 할 정도로 긴박한 경영상 위기가 발생했다는 점을 인정하기에 부족하다"고 지적했다. 그러면서 근무예정일부터 사직처리된 날까지의 미지급 임금을 지급하라고 주문했다.

출처 : 매일노동뉴스, 2023. 05. 18

일용직도 근로계약서를 작성해야 하나요?

관련 법률

> **<근로기준법>**
>
> 제2조(정의)
>
> ① 이 법에서 사용하는 용어의 뜻은 다음과 같다.
>
> 4. "근로계약"이란 근로자가 사용자에게 근로를 제공하고 사용자는 이에 대하여 임금을 지급하는 것을 목적으로 체결된 계약을 말한다.
>
> 제17조(근로조건의 명시)
>
> ① 사용자는 근로계약을 체결할 때에 근로자에게 다음 각 호의 사항을 명시하여야 한다.
>
> … <이하 생략> …

> [기간제 및 단시간근로자 보호 등에 관한 법률]
> 제17조(근로조건의 서면명시) 사용자는 기간제근로자 또는 단시간 근로자와 근로계약을 체결하는 때에는 다음 각 호의 모든 사항을 서면으로 명시하여야 한다.
> … <이하 생략> …

근로계약이란 근로자가 회사의 지시와 감독에 따라 정해진 근로를 제공하고 그 대가로 임금을 지급받기로 한 계약을 의미합니다. 근로기준법 제17조에는 사용자는 근로자에게 임금, 근로시간, 휴일, 휴가 등의 내용을 명시한 근로계약서를 체결하여야 하며 근로자에게 교부해야 함을 규정하고 있습니다.

좀 더 구체적으로 설명하자면 사용자는 근로계약을 체결 변경포함할 경우 법에서 정하고 있는 근로조건을 명시해야 하는데, 근로조건의 명시의 방법에는 제한이 없으므로 구두로 하여도 무방합니다. 다만, 임금의 구성항목 · 계산방법 · 지급방법, 소정근로시간, 휴일, 연차유급휴가에 관한 사항은 반드시 서면으로 명시하고 근로자의 요구가 없더라도 교부해야 합니다.

이러한 근로계약서의 작성의무는 고용형태에 상관없이 적용되며, 이는 일용직 근로자도 예외가 아닙니다. 근로계약서를 작성하는 것은 근로자와 사용자 간의 권리와 의무를 명확히 하고, 추후 발생할 수 있는 분쟁을 예방하기 위한 중요한 절차입니다.

따라서 일용직 근로자라도 근로계약서에는 근로시간, 임금, 휴일, 휴가 및 기타 근로조건을 명시한 근로계약서를 서면으로 작성하여 근로자에게 교부해야 합니다. 만약, 이러한 의무사항을 위반하였을 경우 사용자에 대하여 처벌 정규직의 경우 500만 원 이하의 벌금, 계약직·단시간근로자·일용직 등의 비정규직의 경우 500만 원 이하의 과태료 하도록 규정하고 있습니다.

🔍 근로조건의 종류와 내용

근로계약을 체결할 때 명시해야 할 근로조건은 다음과 같습니다 ①~④항목은 서면명시 대상.

① 임금 구성항목, 계산방법, 지급방법

② 소정근로시간 노사 간의 합의로 근로하기로 정한 시간

③ 휴일 주휴일, 공휴일

④ 연차유급휴가

⑤ 근무장소와 담당업무

⑥ 취업규칙 필수 기재사항

⑦ 사업장의 부속 기숙사에 근로자를 기숙하게 하는 경우에는 기숙사 규칙에서 정한 사항

기간제 및 단시간근로자 보호 등에 관한 법률에 따른 기간제 또는 단시간근로자에 해당하는 경우에는 근로기준법에 따른 의무에 더해 '근로일 및 근로일별 근로시간' 등에 대해 추가적인 서면명시 의무를 부여하고 있습니다.

상기의 내용처럼 법에서 근로계약서 작성의무를 두고 있음에도 불구하고 여전히 많은 사업장에서는 근로자가 입사하더라도 구두상으로 임금이나 근로시간 정도만을 정하고 일을 시작하는 경우가 상당히 많으며, 특히 근로자 5인 미만 사업장의 경우에는 근로계약서를 작성하지 않아도 된다고 오해하는 경우조차도 많습니다. 하지만 근로계약서의 작성의무는 근로자 5인 미만 사업장을 포함한 모든 사업장에 적용됩니다.

또한 근로계약서는 근로를 개시하기 전에 작성해야 합니다.

🔍 근로계약 체결시 명시해야 할 항목

서면명시·교부	① 임금(구성항목, 계산방법, 지급방법) ② 소정근로시간 ③ 휴일(주휴일, 공휴일) ④ 연차유급휴가
명시	⑤ 근무장소와 담당업무 ⑥ 취업규칙 필수 기재사항 ⑦ 사업장의 부속 기숙사에 근로자를 기숙하게 하는 경우에는 기숙사 규칙에서 정한 사항

근로계약서

　　　　　(이하 "사업주"라 함)과(와)　　　　　(이하 "근로자"라 함)
은 다음과 같이 근로계약을 체결한다.

1. 근로개시일 :　　년　월　일부터
2. 근 무 장 소 :
3. 업무의 내용 :
4. 소정근로시간 :　시　분부터　시　분까지 (휴게시간 : 시 분~ 시 분)
5. 근무일/휴일 : 매주　일(또는 매일단위)근무, 주휴일 매주　요일
6. 임　금
　- 월(일, 시간)급 :　　　　　원
　- 상여금 : 있음 (　)　　　　　　　원, 없음 (　)
　- 기타급여(제수당 등) : 있음 (　), 없음 (　)
　　·　　　　원,　　　　　　원
　　·　　　　원,　　　　　　원
　- 임금지급일 : 매월(매주 또는 매일)　　일(휴일의 경우는 전일
　　지급)
　- 지급방법 : 근로자에게 직접지급(　), 근로자 명의 예금통장에
　　입금 (　)
7. 연차유급휴가
　- 연차유급휴가는 근로기준법에서 정하는 바에 따라 부여함

8. 사회보험 적용여부(해당란에 체크)

□ 고용보험 □ 산재보험 □ 국민연금 □ 건강보험

9. 근로계약서 교부

- 사업주는 근로계약을 체결함과 동시에 본 계약서를 사본하여 근로자의 교부요구와 관계없이 근로자에게 교부함(근로기준법 제17조 이행)

10. 근로계약, 취업규칙 등의 성실한 이행의무

- 사업주와 근로자는 각자가 근로계약, 취업규칙, 단체협약을 지키고 성실하게 이행하여야 함

11. 기 타

- 이 계약에 정함이 없는 사항은 근로기준법령에 의함

년   월   일

(사업주) 사업체명 :   (전화 :   )

주 소 :

대 표 자 :   (서명)

(근로자) 주 소 :

연 락 처 :

성 명 :   (서명)

작업복 비용을 월급에서 공제한다는 약정을 해도 되나요?

 **관련 법률**

> **<근로기준법>**
> 제20조(위약 예정의 금지) 사용자는 근로계약 불이행에 대한 위약
> 금 또는 손해배상액을 예정하는 계약을 체결하지 못한다.

민법은 계약 당사자 간 채무불이행에 대비해 손해배상액을 예정하거나 위약금을 약정하는 것을 허용하고 있으나 민법 제398조 일반적으로 힘의 불균형이 존재하는 것으로 여겨질 수 있는 사용자와 근로자 간의 근로계약에 이를 허용할 경우 근로자가 위약금이나 손해배상금에 대한 부담으로 본인의 자유의사에 반하

는 강제노동을 강요받을 우려가 있습니다.

따라서 근로기준법 제20조는 사용자는 근로계약 불이행에 대한 위약금 또는 손해배상액을 예정하는 계약을 체결하지 못한다는 위약 예정의 금지를 규정하고 있습니다 위약의 예정을 약정하는 계약 체결한 경우 500만 원 이하 벌금.

위약 예정의 금지는 근로계약을 체결함에 있어 근로자의 근로계약 불이행시 사용자가 손해발생 여부 및 실손해액과 관계 없이 일정한 손해액이나 위약금액을 청구할 수 있도록 미리 정하여 두는 것으로 인해, 퇴직의 자유가 부당하게 제약되어 불리한 근로조건 하에서 강제근로의 위험으로부터 근로자를 보호하기 위한 것입니다.

따라서 근로자가 근무 도중에 사용자에게 피해를 입힐 것을 대비하여 실제 발생된 손해액과 관계없이 일정액을 미리 정하여 근로자에게 배상케 하는 근로계약을 체결하거나 동 배상액을 사용자가 일방적으로 임금 또는 퇴직금과 상계하는 것은 근로기준법 제20조 위약 예정의 금지 및 제36조 금품청산에 위배됩니다.

다만, 근로자의 불법행위 등으로 사용자에게 손해를 발생시킨 경우 실손해액의 일부를 청구하거나 이러한 취지의 내용을 근로계약에 정하는 것은 위약 예정의 금지에 위반된다고 볼 수는 없습니다. 예를 들어, 근로계약서에 '근로자의 과실로 인해 회사의 물품이 파손되거나, 회사가 금전적인 피해를 입었을 경우 회사는 근로자에게 손해배상을 청구할 수 있다'와 같은 내용은 약정할 수 있습니다.

🔍 작업복 비용의 공제 약정

위약 예정의 금지와 관련하여 현장에서 빈번하게 발생하는 분쟁 중의 하나가 입사 후 특정 기간ex. 3개월 이내 퇴사 시 작업복 비용을 월급에서 공제하는 경우입니다. 작업복의 경우 회사가 근로자에게 필수적으로 지급해야 하는 물품은 아니고 작업복 비용의 공제가 근로자에게 부당한 근로의 계속을 강요하고, 직장 선택의 자유를 제한할 정도에 이른다고 보기는 어려우므로 상기와 같이 약정하는 것 자체가 위약 예정의 금지에 위배된다고 단정하기는 어렵습니다.

다만, 해당 작업복이 안전모 또는 안전화처럼 산업안전보건법에 따른 사용자의 안전조치의무로 유해·위험한 업무에 근로자에게 종사하게 하는 경우, 보호구 등을 지급하고 착용하도록 해야 하는 사용자의 지급의무 물품이거나 회사가 지급한 작업복을 근무 시 착용이 강제되고 있는 상황에서 상기와 같은 약정을 하는 것은 위약 예정의 금지에 위배될 수 있습니다. 따라서 가급적 근로계약서에는 '입사 후 0개월 이내 퇴사의 경우 근로자는 회사로부터 지급받은 작업복을 반납하여야 한다'고 정하는 것이 바람직합니다.

🔍 연수비 반환약정

　사용자가 근로자에게 해외연수 기회를 부여하면서 연수 후 일정 기간 동안 재직하도록 정하고 이를 지키지 않을 경우 연수비를 반환할 것을 약정하는 경우가 있는데, 이는 연수비라는 회사에 대한 근로자의 채무가 면제되는 기간을 정한 데 불과하므로 위약 예정에 해당하지 않습니다 대판 91다26232, 1992. 02. 25.

　위약 예정의 금지와 관련한 다양한 판례 대법 2006다37274, 2008. 10. 23 등를 종합하여 보면, 다음과 같은 기준들이 중요한 판단의 지표가 될 수 있습니다.

- 해당 비용이 원래 근로자가 부담해야 하는 비용인지 여부
- 해당 비용을 사용자가 우선 지출하고 이를 근로자가 사용자에게 상환해야 하지만 약정한 재직기간 근속 시 이를 면제해 주는 것으로 평가될 수 있는지 여부
- 사용자의 업무상 이익 등을 위한 것이 아니라, 근로자의 자발적 희망과 이익까지 고려해서 근로자가 전적으로 또는 공동으로 부담해야 할 비용을 사용자가 대신 지출한 것으로 평가될 수 있는지 여부

위약 예정의 금지 해당/비해당 예시

위약 예정의 금지 위반 약정	① 입사 1개월 이내 퇴사의 경우 최저임금 지급약정 ② 지각 3회의 경우 1일분 임금을 월급에서 공제한다는 약정 ③ 퇴사 30일 전 회사에 알리지 않을 경우 퇴사하는 달의 임금 미지급 약정 ④ 의무재직기간 전에 퇴사의 경우 실제 손해와 상관없이 일정한 소정의 금액을 사용자에게 지급하기로 하는 약정
허용되는 약정	① 연수기회를 부여하면서 의무재직기간을 정하고 위반 시 연수비를 반환한다는 약정 ② 기업 매각 등 기업변동 시 위로금 명목으로 금전을 지급하면서 의무재직기간을 정하고 위반시 반환한다는 약정

계약직 형태로 계속 고용할 수 있나요?

관련 법률

<기간제 및 단시간근로자 보호 등에 관한 법률>

제4조(기간제근로자의 사용)

① 사용자는 2년을 초과하지 아니하는 범위 안에서(기간제 근로계약의 반복갱신 등의 경우에는 그 계속근로한 총기간이 2년을 초과하지 아니하는 범위 안에서) 기간제근로자를 사용할 수 있다.

···<중 략>···

② 사용자가 제1항 단서의 사유가 없거나 소멸되었음에도 불구하고 2년을 초과하여 기간제근로자로 사용하는 경우에는 그 기간제근로자는 기간의 정함이 없는 근로계약을 체결한 근로자로 본다.

회사가 근로자를 고용함에 있어 정규직으로 고용할지 또는 계약직으로 고용할지는 사적자치의 원칙에 따라 회사가 자유롭게 결정할 수 있습니다. 그러나 정규직 채용에 대한 부담으로 정규직이 아닌 계약직으로 직원을 채용하여 계약직 근로계약을 갱신해 나가고자 하는 회사가 많은데 기간제 및 단시간근로자 보호 등에 관한 법률 이하 '기간제법'이라 함 은 계약직의 고용기간에 대하여 일정한 제한을 두고 있습니다 5인 이상 사업장 적용.

기간제법의 핵심적인 내용은 사용자가 2년을 초과하지 아니하는 범위 안에서 기간제근로자를 고용할 수 있다는 것이며, 기간제근로자를 2년을 초과하여 고용하는 경우에는 기간의 정함이 없는 근로자 실질적 정규직 로 간주한다는 것입니다.

🔍 정규직 간주의 예외 사유

그러나 기간제법 제4조 1항에는 다음과 같은 몇 가지 예외적인 사유를 두고 있다.

① 사업의 완료 또는 특정한 업무의 완성에 필요한 기간을 정한 경우
② 휴직 · 파견 등으로 결원이 발생하여 해당 근로자가 복귀할 때까지 그 업무를 대신할 필요가 있는 경우

③ 근로자가 학업, 직업훈련 등을 이수함에 따라 그 이수에 필요한 기간을 정한 경우

④ 〈고령자고용촉진법〉 제2조 제1호의 고령자와 근로계약을 체결하는 경우

⑤ 전문적 지식 · 기술의 활용이 필요한 경우와 정부의 복지정책 · 실업대책 등에 따라 일자리를 제공하는 경우로서 대통령령이 정하는 경우

⑥ 그밖에 ①~⑤에 준하는 합리적인 사유가 있는 경우로서 대통령령이 정하는 경우

상기 예외 사유 중 ④의 고령자는 55세 이상인 근로자를 의미하는 바, 55세 이상인 기간제근로자를 채용한 경우에는 2년을 초과하더라도 계속하여 기간제근로자로 사용할 수 있으며 ⑤의 전문적 지식 · 기술의 활용이 필요한 경우란 박사와 변호사, 공인회계사, 공인노무사 등 전문자격사에 해당하는 자가 이에 속합니다.

그리고 ⑥에 해당할 수 있는 근로자에는 4주 동안을 평균하여 1주 동안의 소정근로시간이 15시간 미만인 근로자 초단시간근로자 와 한국표준직업분류 대분류 2 직업에 종사하는 자 중 연봉이 74,285,000원 2025년 기준 이상인 기간제근로자이며 이러한 초단시간근로자와 고액 연봉자 등의 경우 2년을 초과하여도 기간제근로자로 계속하여 고용할 수 있습니다.

🔍 근로계약기간이 종료되었음에도 근로조건 갱신이 가능한가요?

근로계약의 기간이 종료하였음에도 불구하고 노사 간 별도의 합의 없이 근로자가 계속하여 근로를 제공하고 이에 대하여 노사 간에 상당한 기간 동안 아무런 이의를 제기하지 않은 경우에는 특별한 경우가 아닌 이상 이전과 동일한 기간 및 근로조건근로시간, 임금 등 으로 갱신된 것으로 볼 수 있습니다.

🔍 관련 법률

<민법>

제662조(묵시의 갱신)

① 고용기간이 만료한 후 노무자가 계속하여 그 노무를 제공하는 경우에 사용자가 상당한 기간 내에 이의를 하지 아니한 때에는 전 고용과 동일한 조건으로 다시 고용한 것으로 본다.

···<이하 생략>···

🔍 근로계약의 갱신 기대권

근로계약 기간은 사용자가 1년, 6개월, 3개월, 1개월 등 자유롭게 정할 수 있으며 근로계약 체결의 횟수 또한 법에서 특별히 정하고 있지는 않습니다. 그러나 단기간 근로계약을 여러 차례 반복 갱신하는 경우 해당 근로계약이 자동으로 갱신될 것이라는 기대가 인정될 수 있으며 해당 근로계약은 갱신되어 체결된 것으로 볼 수 있습니다. 따라서 이러한 경우 회사가 근로자에 대해 근로계약 만료를 통보하거나 재계약을 거부할 경우 부당해고에 해당될 수 있습니다.

상기와 같은 갱신기대권은 기간제법에는 별도 명시되어 있지 않으나, 판례에서 일관적으로 인정되고 있습니다. 대법원 대법 2014두45765, 2016. 11. 10 등은 근로계약의 갱신기대권이 인정될 수 있는 다음과 같은 몇 가지 기준을 제시하고 있습니다.

- 근로계약, 취업규칙, 단체협약 등에서 기간제근로자의 계약기간이 만료될 무렵, 인사평가 등을 거쳐 일정한 요건이 충족되면 기간의 정함이 없는 근로자로 전환된다는 취지의 규정을 두고 있거나
- 해당 규정이 없더라도 근로계약의 내용과 근로계약이 이루어지게 된 동기와 경위, 기간의 정함이 없는 근로자로의 전환에 관한 기준 등 그에 관한 요선이나 질차의 설정 어부 및

그 실태, 근로자가 수행하는 업무의 내용 등 당해 근로관계를 둘러싼 여러 사정을 종합하여 볼 때

- 근로계약 당사자 사이에 일정한 요건이 충족되면 기간의 정함이 없는 근로자로 전환된다는 신뢰관계가 형성되어 있어 근로자에게 기간의 정함이 없는 근로자로 전환될 수 있으리라는 정당한 기대권이 인정되는 경우에는, 사용자가 이를 위반하여 합리적 이유 없이 기간의 정함이 없는 근로자로의 전환을 거절하며 근로계약의 종료를 통보하더라도 부당해고와 마찬가지로 효력이 없고, 그 이후의 근로관계는 기간의 정함이 없는 근로자로 전환된 것과 동일하다고 보아야 한다고 판결하고 있습니다.

다만 근로자에게 근로계약의 갱신기대권이 인정되더라도 사용자가 이를 배제하고 근로계약의 갱신을 거절한 데에 합리적 이유가 있는지를 따져 봐야 하는데 사용자의 사업 목적과 성격, 사업장 여건, 근로자의 지위 및 담당 직무의 내용, 근로계약 체결 경위, 근로계약의 갱신에 관한 요건이나 절차의 설정 여부와 그 운용 실태, 근로자에게 책임 있는 사유가 있는지 여부 등 당해 근로관계를 둘러싼 여러 사정을 종합하여 갱신 거부의 사유와 그 절차가 사회통념에 비추어 볼 때 객관적이고 합리적이며 공정한지를 기준으로 판단하여야 한다고 판시하고 있습니다대법 2015두44493,2017. 10. 12.

🔍 근로계약 갱신기대권 판단 기준 예시

갱신기대권 인정에 긍정적 요소	① 과거에 반복적으로 계약이 갱신된 경우 ② 근로계약서, 취업규칙 등에 구체적인 근로계약의 갱신요건, 절차 등을 규정하고 있는 경우 ③ 채용공고, 면접 등 채용과정 또는 재직기간 동안 특별한 사정이 없다면 재계약이 가능하다고 언급, 명시한 경우 ④ 다른 근로자들 대부분이 특별한 사유가 없는 한 근로계약이 갱신되어 왔다는 사정이 존재하는 경우 ⑤ 근로자가 수행하는 업무가 일시적·한시적 업무가 아닌 경우
갱신기대권 인정에 부정적 요소	① 근로계약서, 취업규칙 등에 계약기간 만료 시 퇴직시킬 수 있다고 규정하고 있는 경우 ② 경쟁 채용 방식으로 재계약(고용)이 이루어지는 경우 ③ 근로자의 근무태도 등에 관한 재량적 판단에 따라 근로계약의 갱신 여부를 결정하는 경우

2장
근로시간과 휴식

근로시간과 휴게시간이 어떻게 구분되나요?

🔍 관련 법률

<근로기준법>

제50조(근로시간)

① 1주 간의 근로시간은 휴게시간을 제외하고 40시간을 초과할 수 없다.

② 1일의 근로시간은 휴게시간을 제외하고 8시간을 초과할 수 없다.

③ 제1항 및 제2항에 따라 근로시간을 산정하는 경우 작업을 위하여 근로자가 사용자의 지휘·감독 아래에 있는 대기시간 등은 근로시간으로 본다.

제54조(휴게)

① 사용자는 근로시간이 4시간인 경우에는 30분 이상, 8시간인 경우에는 1시간 이상의 휴게시간을 근로시간 도중에 주어야 한다.

② 휴게시간은 근로자가 자유롭게 이용할 수 있다.

근로기준법 등 노동관계법령은 근로자의 건강과 문화적 생활을 저해하는 것을 방지하고 생산성을 향상시키고자 근로시간의 상한을 설정하고 있으며 근로시간은 임금과 직결되기 때문에 추후 분쟁을 예방하기 위해서도 그 의미를 정확하게 이해하고 관리하는 것이 무엇보다 중요합니다.

여기서 근로시간이라 함은 근로자가 사용자의 지휘·감독 아래 근로계약상의 근로를 제공하는 시간으로서 작업의 개시부터 종료까지의 시간에서 휴게시간을 제외한 실근로시간을 의미하는데, 판례는 근로자가 작업 중 실제 일을 하지 않은 대기시간이나 휴식·수면시간 등이라 하더라도 그것이 휴게시간으로서 근로자에게 자유로운 이용이 보장된 것이 아니라 실질적으로 사용자의 지휘·감독 아래 놓여 있는 시간이라면 근로시간에 포함된다고 보고 있습니다.

따라서 근로시간이란 근로자의 사용자의 지휘·감독 아래 종속되어 있는 시간, 다시 말해 근로자의 노동력을 사용자의 처분 아래 둔 실제 구속시간이라고 할 수 있으므로 작업개시를 위한 준비시간 또는 작업종료 후의 기계·용구의 정리·청소 등에 소요되는 시간, 대기시간, 근무시간 중 용변시간, 회사가 주최하는 각종 행사에 참여하는 시간 등도 임금 지급의 대상이 되는 근로시간에 해당합니다.

법정근로시간과 소정근로시간

법정근로시간은 근로자를 보호하기 위해 근로기준법 등 노동관계법령에서 정한 일정 단위기간1일, 1주에 대하여 일할 수 있는 상한선을 의미합니다. 한편, 소정근로시간은 '법정근로시간의 범위 내'에서 근로자와 사용자 사이에 근로하기로 정한 근로시간을 의미합니다.

법정근로시간

구분	1일	1주	근거 법령
일반 근로자	8시간	40시간	근로기준법 제50조
연소근로자 (만15세 이상 만18세 미만)	7시간	35시간	근로기준법 제69조
유해·위험 작업근로자	6시간	34시간	산업안전보건법 제139조

근로기준법 제54조는 근로자의 휴식 보장을 위해서 근로시간이 4시간인 경우에는 30분 이상, 8시간인 경우에는 1시간 이상

의 휴게시간을 근로시간 도중에 주도록 규정하고 있는데, 휴게시간은 근로자가 사용자의 지휘·감독에서 벗어나 자유롭게 이용이 보장된 시간을 의미합니다.

따라서 회사의 질서유지 등의 목적으로 휴게 장소 및 방법 등이 일부 제약이 있어도 근로시간과 휴게시간이 명백히 구분되고, 근로자에게 독립적으로 휴게 또는 수면할 수 있는 공간이 확보되어 근로자가 그 시간을 자유롭게 이용할 수 있다면 휴게시간으로 인정됩니다.

또한 휴게시간은 일시에 부여하는 것이 원칙이지만 분할부여하는 것이 위법하지는 않습니다. 작업의 성질, 근로여건 등에 비추어 사회통념상 합리성이 있고 휴게제도의 취지를 벗어나지 않는 한 이를 위법으로 보기는 어렵습니다근기 68207-3307, 2002. 12. 02. 그리고 휴게시간은 근로시간이 아니므로 무급이 원칙이지만, 휴게시간을 유급으로 처리하는 것도 가능하며 이 경우 해당 유급 휴게시간이 통상임금 산정 기준시간에 포함됩니다근로기준정책과-295, 2023. 01. 30.

유형별 근로시간 여부

조기출근	조기출근을 하지 않을 경우 임금을 감액하거나 복무 위반으로 제재를 가하는 등 조기출근이 의무화되어 있는 경우 근로시간에 해당
아침조회·체조	근로계약에 정한 시업시간 전이라도 조회·회의·체조 등이 사용자의 지휘·감독 하에 의무적으로 행하여지는 시간은 근로시간에 해당

일과 후 정리정돈	작업종료 후 정리시간, 기계점검·청소·인수·인계 등 작업종료 이후라도 계속하여 사용자의 지휘·감독을 받는 경우 근로시간에 해당
교육시간	작업안전과 생산성 향상 등 업무와 관련하여 실시하는 직무교육 등이 사용자의 지시·명령에 의해 이루어지고 근로자가 이를 거부할 수 없다면 근로시간에 해당
워크숍·세미나	사용자의 지휘·감독 하에 업무수행의 목적인 경우 근로시간에 해당. 단, 친목도모의 목적인 경우 근로시간 불인정
접대	사용자의 지시 또는 최소한의 승인하에 업무수행과 관련이 있는 제3자를 접대하는 경우 근로시간에 해당
회식	노무제공과 관련없이 구성원의 사기진작 및 친목 등을 위한 차원의 회식은 근로시간 불인정

🔍 관련 기사

쉬지 못하고 일한 휴식시간, 근무시간으로 봐야

계약서에 휴식시간으로 명시돼 있더라도 근무자가 사실상 근무를 했다면 근무시간으로 봐야 한다는 판결이 나왔다.

춘천지방법원 원주지원(판사 김지연)은 강원도 원주 소재 모 아파트 경비원 A씨가 쉬지 못하고 근무한 휴식시간에 대한 임금을 지급하라며 경비업체를 대상으로 제기한 임금 청구 소송에서 A씨의 손을 들어줬다.

재판부는 "A씨가 근무기간 동안 근무한 아파트 정문초소는 다른 초소와 달리 휴식 공간이 없었던 점, A씨가 근무한 초소의 경우 차량통제 업무를 주된 이유로 관리사무소장이 A씨를 비롯한 정문초소 근로자들에게 야간을 포함해 상시 근무할 것을 지시한 점, A씨가 휴게시간에도 제대로 쉬지 못하고 주변 초소 근무자들에게 부탁해 그들이 20분 정도 교대해 주는 시간에 식사를 한 점 등을 종합해 보면 A씨가 계약에서 정한 휴게시간을 자유로이 이용한 것이 아니라 실질적으로 사용자인 경비업체의 지휘·감독 아래에서 휴게시간에도 근로를 제공했다고 봄이 상당하다"고 판단했다.

또한 재판부는 경비업체의 "A씨는 휴식을 취했다는 취지로 경비일지를 작성했고, 노동부가 A씨의 근무에 대해 감시적 근로자임을 이유로 근로기준법상 휴게에 관한 규정의 적용 제외 승인을 했다"는 주장에 대해서도 "A씨가 휴식을 취했다는 취지로 경비일지를 작성한 것은 피고측의 지시에 따라 기계적·일괄적으로 작성한 것"에 불과하고 "감시적 근로 종사자라는 이유로 근로기준법이 정하는 휴게 관련 규정을 적용 제외할 것을 고용노동청으로부터 승인받은 사실이 있는 것을 이유로 휴게시간에 실제로 근로를 제공한 것에 관해 피고의 임금 지급 의무까지 면하게 할 수는 없다"며 받아들이지 않았다.

출처 : 아파트관리신문, 2023. 03. 27

주 52시간제 한도에 연장·휴일 근로가 모두 포함되나요?

🔍 관련 법률

<근로기준법>

제53조(연장 근로의 제한)

① 당사자 간에 합의하면 1주 간에 12시간을 한도로 제50조의 근로 시간을 연장할 수 있다.

주 52시간제는 대한민국 근로기준법에 따라 근로자의 근로시간을 주당 52시간으로 제한하는 제도입니다. 이 제도는 근로자의 건강과 삶의 질을 보호하고, 일과 삶의 균형을 맞추기 위한 목적으로 도입되었으며 2018년 7월부터 단계적으로 시행되었습니다.

🔍 주 52시간제 적용 시기

- 300인 이상 사업 장, 지자체, 공공기관 : 2018. 07. 01.
- 50인 이상 ~ 300인 미만 사업 장 : 2020. 01. 01.
- 5인 이상 ~ 30인 미만 사업 장 : 2021. 07. 01.

주 52시간제의 핵심 내용은 법정 근로시간인 주 40시간을 초과하는 연장근로는 최대 12시간까지 허용된다는 것으로써, 근로자는 1주 최대 52시간 40시간 + 연장근로 12시간 까지 근무할 수 있다는 것입니다. 고용노동부는 근로기준법이 개정 2018. 03. 02 되기 전까지 연장근로와 휴일근로를 별개로 보고 당사자 간 합의에 의한 연장근로시간에는 휴일근로시간이 포함되지 않는 것으로 해석하였습니다.

- 연장근로 : 법정근로시간 1일 8시간, 1주 40시간 을 초과하는 근로

- 야간근로 : 오후 10시부터 다음날 오전 6시까지의 근로
- 휴일근로 : 법정휴일 또는 약정휴일에 하는 근로

그러나 주 52시간제를 도입하면서 2018. 03. 02. 근로기준법 개정을 통해 1주란 휴일을 포함한 7일 말함/제2조 제1항 제7호 휴일근로를 포함한 연장근로가 1주간 12시간 총 52시간 을 초과할 수 없도록 명확히 하였습니다. 여기서 연장근로는 실 근로시간을 기준으로 1주 기준 40시간을 초과하는 시간을 말하며, 소정근로일과 휴일을 구분하지 않습니다.

근로기준법 개정에 따른 1주 최대 근로시간의 변화

구분	소정근로	연장근로	휴일근로	1주 최대 근로시간
법 개정 전	평일 40시간	12시간	8시간+8시간	68시간
법 개정 후	평일 40시간	12시간(평일+휴일)		52시간

 **관련 기사**

'주 52시간 위반, 1주 단위로 판단'···
연장근로수당 기준은?

정부가 주 52시간제 위반 여부를 일 단위가 아닌 주 단위 연장근로 시간으로 판단한다. 이는 최근 대법원 판결에 따른 것이다.

고용노동부는 1일 법정근로시간 8시간을 초과한 시간은 연장근로라고 규정했던 기존 행정해석을 '1주 총 근로시간 중 1주 법정근로시간 40시간을 초과하는 시간을 연장근로'로 변경한다고 22일 밝혔다.

근로기준법은 1주 근로시간이 40시간, 1일엔 8시간을 초과할 수 없도록 했다. 다만 당사자 간 합의하면 1주 12시간 한도로 근로시간을 연장할 수 있어 총 52시간까지 근무가 가능하다. 정부는 기존 주 전체 근로시간이 52시간을 초과할 때뿐 아니라 하루 8시간을 넘는 연장근로시간을 합쳐 총량이 주 12시간을 넘길 때도 연장근로 한도를 초과한 것으로 판단했다. 예를 들어 하루 15시간씩 주 3일만 일하는 A근로자가 있다면 지금까진 하루 8시간을 제외한 연장근로가 7시간씩 3일, 총 21시간이어서 연장근로 한도 위반이었다.

그러나 바뀐 행정해석은 주 단위로 판단하기 때문에 1주 40시간을 넘긴 것만 연장근로이다. 이 경우 A근로자는 총 근로시간 45시간 중 5시간만 연장근로로, 주 12시간 이내이기 때문에 위반이 아니다.

앞서 대법원은 지난달 근로기준법 위반 혐의 등으로 기소된 사업자에 대해 "연장근로 초과는 1일 8시간을 초과했는지를 고려하지 않고 1주 40시간을 초과하는 근로시간을 기준으로 판단해야 한다"며 무죄 취지로 파기환송했다.

… <중략> …

한편 고용부는 이번 행정해석 변경은 한도 위반 판단 기준에 관한 것일 뿐 연장근로수당 지급 기준은 기존 해석을 유지한다고 설명했다.

연장근로수당은 1주 40시간뿐 아니라 1일 8시간을 초과하는 연장근로에 대해 통상임금의 50% 이상을 가산하게 돼 있다. 가령 주 3일, 일 15시간씩 일하는 근로자의 경우 연장근로 한도 위반을 판단할 때 연장근로는 주 5시간이지만 하루 8시간을 넘긴 모든 연장근로, 다시 말해 일주일 총 21시간(7 × 3시간)이 연장근로수당 대상이다.

출처 : 파이낸셜뉴스, 2024. 01. 22

임산부를
연장근무시켜도 되나요?

 **관련 법률**

> **<근로기준법>**
>
> 제70조(야간근로와 휴일근로의 제한)
>
> ① 사용자는 18세 이상의 여성을 오후 10시부터 오전 6시까지의 시간 및 휴일에 근로시키려면 그 근로자의 동의를 받아야 한다.
>
> ② 사용자는 임산부와 18세 미만자를 오후 10시부터 오전 6시까지의 시간 및 휴일에 근로시키지 못한다. 다만, 다음 각 호의 어느 하나에 해당하는 경우로서 고용노동부장관의 인가를 받으면 그러하지 아니하다.
>
> 1. 18세 미만자의 동의가 있는 경우

2. 산후 1년이 지나지 아니한 여성의 동의가 있는 경우

3. 임신 중의 여성이 명시적으로 청구하는 경우

우리나라는 근로자의 안전 등을 이유로 근로기준법 등의 법률에 따라 연장·야간·휴일 근로를 제한하고 있으며, 본인의 동의가 있거나 일정한 경우에는 고용노동부장관의 인가 등을 연장·야간·휴일 근로의 요건으로 정하고 있습니다.

여성 근로자 특히, 임산부 및 연소자의 경우 안전과 건강을 보호할 필요성이 더욱 크기 때문에 휴일 및 야간 근로를 금지하고 제한적으로만 인정하고 있습니다. 남성 근로자의 경우 휴일 및 야간 근로에 대하여 별도의 제한 규정을 두고 있지 않으나 단, 당사자 간 '합의' 또는 근로자의 '동의'가 필요하다고 보는 것이 타당 근로기준법 제70조는 여성 근로자의 경우 휴일 및 야간 근로를 시키고자 한다면, 근로자의 동의를 받아야 하는 것으로 규정하고 있습니다.

임신 중인 여성 임부 에게 연장·야간·휴일 근로는 유·사산, 조산, 저체중아의 출산을 유발할 수도 있고 산후 1년이 지나지 않은 여성 산부 에게는 출산 후 건강 회복에 영향을 줄 수 있기 때문에 일반 여성 근로자보다 더욱 큰 보호 규정을 두고 있습니다. 따라서 임신 중인 여성 근로자의 경우 근로자가 요청하더라도 연장근로가 금지되며, 산후 1년이 지나지 않은 여성 근로자의 경우 1일에 2시간, 1주일에 6시간, 1년에 150시간을 초과하는

연장근로를 시킬 수 없습니다.

또한 임신 중인 여성 근로자와 산후 1년이 지나지 않은 여성 근로자에 대해서 야간이나 휴일근로를 시키려면 ① 산후 1년이 지나지 않은 여성 근로자가 동의하거나, 임신 중인 여성 근로자가 명시적으로 청구해야 하며, ② 고용노동부장관의 인가를 받아야 합니다.

임산부에 대해서는 연장·야간·휴일 근로에 대한 제한 이외에도 임신 중인 여성 근로자의 요구가 있으면 쉬운 종류의 근로로 전환해 주어야 하며, 임신 후 12주 이내 또는 32주2025. 02. 23.부터 변경 시행/36주→32주 이후에 있는 여성 근로자가 1일 2시간의 근로시간 단축을 신청하면 이를 허용해야 합니다. 다만, 1일의 근로시간이 8시간 미만인 근로자에 대해서는 1일 근로시간이 6시간이 되도록 근로시간 단축을 허용할 수 있으며, 회사가 임신기 근로시간 단축을 이유로 근로자의 임금을 삭감할 수 없습니다.

연소자만 18세 미만의 경우 성장과정에 있다는 점을 고려하여 법정 근로시간 또한 성인 근로자에 비하여 짧은 1일 7시간, 1주 35시간으로 규정하고 있으며 연장근로 또한 1일에 1시간, 1주에 5시간 이내로 제한하고 있습니다. 그리고 산업안전보건법에서는 유해·위험한 업무에 종사하는 근로자의 법정 근로시간을 1일 6시간, 1주 34시간으로 정하고 있습니다.

법정근로시간 및 연장·야간·휴일 근로 기준

구분	법정근로시간		연장근로		야간·휴일 근로
	1일	1주	제한	요건	요건
남성 근로자	8시간	40시간	1주 12시간	당사자 합의	별도 규정 없음
여성 근로자	8시간	40시간	1주 12시간	당사자 합의	근로자 동의
임신 중인 여성 근로자	8시간	40시간	금지		근로자의 명시적 청구 + 고용노동부장관 인가
산후 1년 미만 여성 근로자	8시간	40시간	1일 2시간 1주 6시간 1년 150시간	당사자 합의	근로자의 동의 + 고용노동부장관 인가
만 18세 미만 연소 근로자	7시간	35시간	1일 1시간 1주 5시간	당사자 합의	근로자의 동의 + 고용노동부장관 인가
유해·위험작업 근로자	6시간	34시간	금지		별도 규정 없음

육아 등의 사유로 근로시간 단축을 요구할 수 있나요?

우리나라는 근로자들의 일과 삶의 균형을 맞출 수 있도록 하기 위해 임신기 근로시간 단축, 육아기 근로시간 단축, 가족돌봄 근로시간 단축제도 규정을 두고 있습니다.

 임신기 근로시간 단축

임신기 근로시간 단축제도는 임신 중인 여성 근로자의 건강과 태아의 안전을 위해 근로시간을 줄일 수 있는 제도로, 임신 12주 이내 또는 32주 2025. 02. 23.부터 변경 시행/36주→32주 이후에 있는 여성 근로자가 1일 2시간의 근로시간 단축을 신청하면 회사는 이를 허용해야 하며 조기 진통, 다태아 임신 등 고위험 임산부의 경우 의사의 진단을 받아 임신 진 기간에 대해 근로시간 단축 사용 가능 회사는 근로시간 단축을 이유로 임신 중인 여성 근로자의 임금을 삭감할 수 없습니다.

임신기 근로시간 단축제도는 유산과 사산의 위험성이 높은 임신 초기와 말기의 인신 중인 여성 근로자를 보호하기 위한 제도이며, 임신 12주 이내 또는 32주 이후에 있더라도 해당 여성 근로자가 근로시간 단축을 신청하지 않는다면 부여하지 않아도 됩니다.

또한 1일의 근로시간이 8시간 미만인 단시간근로자는 근로시간이 6시간이 되도록 단축할 수 있으며 근로시간이 이미 6시간 미만인 단시간근로자의 경우에는 회사가 근로시간 단축을 허용하지 않을 수 있습니다.

임신기 근로시간 단축은 단축 개시 3일전까지는 근로자가 회사에 신청을 해야 하며, 근로시간 단축기간 시작·종료 예정일 , 근무시간 개시·종료 시간 을 적은 문서와 의사의 진단서를 첨부하여 회사에 제출해야 합니다.

근로시간을 단축하는 방법에 대해서는 ① 출근시간을 1시간 늦추고 퇴근시간을 1시간 당기는 방식, ② 출근시간을 2시간 늦추는 방식, ③ 휴게시간을 늘리는 방식 등 특별한 제한은 없으나 회사가 정상적인 사업 운영에 중대한 지장이 있는 경우 등을 제외하고는 근로자가 신청하는 방식으로 허용해야 합니다 회사가 일방적으로 단축방법을 강제할 수 없음 .

🔍 육아기 근로시간 단축

육아기 근로시간 단축제도는 만 12세 이하 또는 초등학교 6학년 이하의 자녀 2025. 02. 23.부터 변경 시행/8세(초2) →12세(초6) 를 양육하는 근로자를 대상으로, 일과 가정 양립을 지원하기 위해 근로시간을 줄일 수 있도록 하는 제도입니다.

육아기 근로시간 단축제도는 일정기간 동안 근무를 하지 않는 것을 전제로 하는 육아휴직과는 달리 근로자가 육아를 하면서도 근무를 할 수 있어 근로자의 일가정 양립과 여성의 경력단절 방지에도 기여하는 바가 크다고 볼 수 있습니다.

육아기 근로시간 단축은 기본 1년 분할 사용 시 1개월 이상 되어야 함 이 보장되는데 육아휴직 최대 1년 으로 사용하지 않는 기간이 있다면 육아휴직 미사용기간을 두 배 가산하여 육아기 근로시간 단축에 사용할 수 있습니다. 따라서 육아휴직을 전혀 사용하지 않은 경우 육아기 근로시간 단축을 최대 3년까지 사용할 수 있습니다.

육아기 근로시간 단축 방법, 근로조건 등은 다음과 같습니다.

① 육아기 근로시간 단축을 신청하려는 근로자는 단축을 시작하려는 날의 30일 전까지 양육하는 대상 자녀의 성명, 생년월일, 단축개시 · 종료예정일, 단축 중 근무개시 · 종료시각 등을 적은 문서를 회사에 제출해야 합니다.

② 회사는 육아기 근로시간 단축 신청에 대하여 근로한 기간이 6개월 미만인 근로자가 신청한 경우, 대체인력 채용이 불가능한 경우, 정상적인 사업 운영에 중대한 지장을 초래하는 경우 등이 있는 경우를 제외하고는 이를 허용해야 하며, 허용하지 아니하는 경우에는 해당 근로자에게 그 사유를 서면으로 통보하고 육아휴직을 사용하게 하거나 출근 및 퇴근 시간 조정 등 다른 조치를 통하여 지원할 수 있는지를 해당 근로자와 협의하여야 합니다.

③ 단축 후 근로시간은 1주 15시간 이상이어야 하고 35시간을 초과할 수 없습니다. 단축 전 1주 근무시간이 반드시 40시간일 필요는 없으며 3일 동안 8시간만을 근무하여 1주 24시간 근무하는 형태도 가능 합니다.

④ 육아기 근로시간 단축을 하고 있는 근로자에 대하여 근로시간에 비례하여 적용하는 경우 외에는 육아기 근로시간 단축을 이유로 근로조건을 불리하게 하여서는 안됩니다다만, 임신기 근로시간 단축을 포함하여 연차휴가 산정 시 단축된 근로시간 미반영/근무한 것으로 간주, 2025. 02. 23.부터 변경 시행. 다시 말해 통상임금ex. 기본급, 직책수당 등 은 단축한 시간에 비례하여 삭감할 수 있지만, 통상임금이 아닌 평균임금에 해당하는 금품ex. 가족수당, 명절상여금 등 은 단축 전의 금액과 동일하게 지급해야 합니다.

⑤ 육아기 근로시간 단축 승인 근로자에게 단축된 근로시간

외에 연장근로를 요구할 수 없습니다. 다만, 해당 근로자가 명시적으로 신청하는 경우에는 주 12시간 이내에서 연장근로를 시킬 수 있습니다.

🔍 가족돌봄 근로시간 단축

가족돌봄 근로시간 단축제도는 가족의 질병, 사고, 노령 등으로 인해 돌봄이 필요한 경우, 근로자가 일시적으로 근로시간을 줄일 수 있는 제도입니다.

가족돌봄 근로시간 단축은 1년 이내 학업을 위한 경우를 제외하고 2년 범위 내 연장 가능 이고 단축 후 근로시간은 1주 15시간 이상이어야 하고 30시간을 초과할 수 없습니다. 또한 근로한 기간이 6개월 미만인 근로자가 신청한 경우, 대체인력 채용이 불가능한 경우, 정상적인 사업 운영에 중대한 지장을 초래하는 경우 등이 있는 경우를 제외하고는 회사는 근로자의 가족돌봄 근로시간 단축 신청을 허용해야 합니다.

가족돌봄 근로시간 단축을 신청할 수 있는 사유는 다음과 같으며, 아래 가족의 범위는 조부모, 부모, 배우자 또는 배우자의 부모, 자녀 또는 손자녀가 포함됩니다.

• 근로자가 가족의 질병, 사고, 노령으로 인하여 그 가족을 돌

보기 위한 경우

- 근로자 자신의 질병이나 사고로 인한 부상 등의 사유로 자신의 건강을 돌보기 위한 경우
- 55세 이상의 근로자가 은퇴를 준비하기 위한 경우
- 근로자의 학업을 위한 경우

가족돌봄 근로시간 단축은 육아기 근로시간 단축과 마찬가지로 근로시간 단축을 하고 있는 근로자에게 근로시간에 비례하여 적용하는 경우 외에는 가족돌봄 등을 위한 근로시간 단축을 이유로 그 근로조건을 불리하게 하여서는 안 되며, 단축된 근로시간 외에 연장근로를 요구할 수 없습니다. 다만, 해당 근로자가 명시적으로 신청하는 경우에는 주 12시간 이내에서 연장근로를 시킬 수 있습니다.

🔍 임신기/육아기/가족돌봄 근로시간 단축

구분	임신기 근로시간 단축	육아기 근로시간 단축	가족돌봄 근로시간 단축
대상	임신 12주 이내, 임신 32주 이후의 기간에 있는 여성 근로자	만 8세 또는 초등학교 6학년 이하의 자녀를 가진 근로자	①가족 돌봄 ②본인 질병·부상 ③은퇴준비 ④학업

기간	-	기본 1년 최대 3년(육아휴직 미사용 시)	1년(단, 2년 범위에서 연장가능/학업의 경우 연장 불가)
근로 시간	1일 2시간 단축 (1일 근무시간이 6시간 되기까지 단축)	단축 후 근무시간은 1주 15시간~35시간	단축 후 근무시간은 1주 15시간~30시간
임금	임금 삭감 없음	단축된 근로시간에 대해서 무급 적용	단축된 근로시간에 대해서 무급 적용
연차 휴가	연차휴가 산정시 단축된 근로시간 미반영 (근무한 것으로 간주)	연차휴가 산정시 단축된 근로시간 미반영 (근무한 것으로 간주)	연차휴가 산정시 단축된 근로시간 비례적용

※ 행정해석 변경(여성고용정책과-003, 2025. 09. 30) : 임신기 근로시간 단축을 사용한 근로자(ex. 6시간)에 비해 통상근로자(ex. 8시간)가 불리하지 않도록 1일 단위의 연차휴가를 사용한 경우, 동일하게 1일(8시간) 단위로 사용한 것으로 보는 것으로 변경. 마찬가지로 시간단위로 사용한 경우 통상근로자(8시간)의 근로시간에 비례하여 연차를 사용하는 것으로 함.

지각한 근로자가 업무의 종업시간 이후 추가로 근로하는 경우 연장근로에 해당되나요?

근로계약서상 1일 소정근로시간을 8시간 09:00~18:00 으로 정하고 있는 사업장에서 근로자가 1시간 지각 10:00 출근 하고 잔무처리를 위해 종업시간 18:00 이후인 19:00까지 근무를 한 경우 1시간 추가근무 해당 근무가 종업시간 이후에 이루어진 근무이므로 연장근로로 보아야 하는지에 대하여 현장에서는 혼란이 있을 수 있습니다.

연장근로의 기준은 실근로시간입니다. 따라서 지각한 근로자가 지각으로 인해 근로자 본래의 정규 업무시간을 다 채우지 못하여 그 부족한 시간을 보충하기 위해 지각한 시간만큼 종업시간 이후 근로를 제공한 경우, 이는 지각으로 근로하지 못한 시간을 보전하는 것이므로 연장근로에 해당하지 않습니다.

다만, 종업시간18:00 이후의 근로자를 연장근로로 본다는 노사 간 약정이 있거나 이를 연장근로로 간주하여 오랜 기간 동안 연장근로수당을 지급하여 온 관행이 존재한다면 1일 총 근무시간이 8시간 이내라도 18:00 이후의 근로에 대하여 연장근로수당 지급 대상이 됩니다.

물론 지각한 근로자가 본래의 정규 업무시간8시간을 채우는 것을 넘어 8시간을 초과하여 근로를 제공한 경우 그 시간은 연장근로에 해당합니다. 예를 들어, 정규 근무시간이 8시간인 날에 지각으로 인해 정규 근무시간에는 7시간만 근무하고 이후 추가로 2시간을 근무한 경우, 하루 동안 근로를 제공한 총 근무시간 중 8시간을 초과한 1시간은 연장근로로 인정됩니다.

또한 연장근로는 법정 근로시간인 1일 8시간 또는 1주 40시간을 초과하는 근로를 의미하는 바 노사 간 약정한 1주의 소정근로시간이 40시간 미만이더라도 특정일이 8시간을 초과하는 부분에 대해서는 연장근로에 해당합니다.

예시: 요일별 소정근무시간

근무일	월요일	화요일	수요일	목요일	금요일	합계(1주)
근무시간	10시간	6시간	6시간	6시간	10시간	38시간

상기와 같이 월요일 및 금요일은 1일 10시간, 화요일부터 목

요일까지는 1일 6시간으로써 1주의 총근무시간이 38시간이더라도 월요일, 금요일의 1일 근무시간이 10시간이므로 8시간을 초과하는 각 2시간씩에 대해서는 연장근로에 해당하여 근로기준법에 정한 가산방식 통상임금의 1.5배 에 따라 가산수당을 지급해야 합니다.

그리고 앞서 설명한 바와 같이 연장근로의 기준은 실근로시간이기 때문에 주중에 1일의 유급휴가로 근로를 제공하지 아니한 경우에는 동 유급휴가일은 실근로시간에 포함되지 않으므로 노사 간 특약이 없는 한, 주중 월요일부터 금요일 사이 유급휴가 1일을 사용하고 토요일 주중 6일째 되는 날 8시간을 근무했을 경우, 실근로시간은 40시간밖에 되지 않아 연장근로에 해당하지 않습니다 근기 01254-16100, 1991. 11. 06 / 근기 68207-2776, 2002. 08. 21 .

이와 관련하여 또 한 가지 고려해 볼 수 있는 사항은 근로기준법상 연장근로라 함은 법정근로시간을 초과하는 시간을 말하며, 근로시간은 실근로시간을 의미하므로 단순히 휴게시간을 근로시간으로 인정한다고 규정한 것만으로 연장근로수당 산정기초가 되는 기준근로시간에 휴게시간이 포함된다고 할 수는 없습니다 근로개선정책과-2215, 2013. 04. 09 .

따라서 휴게시간을 근로시간으로 인정 유급휴게 한다고 규정하고 있더라도 연장근로수당 지급을 위한 기준 및 주52시간 위반 여부를 판단할 시 휴게시간을 제외하고 실근무시간을 기준으로 판단해야 할 것입니다.

24시간 격일제 근무하는 경비원도 연장·야간·휴일 근로가 똑같이 적용되나요?

🔍 관련 법률

<근로기준법>

제63조(적용의 제외)

이 장과 제5장에서 정한 근로시간, 휴게와 휴일에 관한 규정은 다음 각 호의 어느 하나에 해당하는 근로자에 대하여는 적용하지 아니한다.

1. 토지의 경작·개간, 식물의 식재植栽·재배·채취 사업, 그 밖의 농림 사업

2. 동물의 사육, 수산 동식물의 채취·포획·양식 사업, 그 밖의 축산, 양잠, 수산 사업

> 3. 감시監視 또는 단속적斷續的으로 근로에 종사하는 사람으로서 사용
>   자가 고용노동부장관의 승인을 받은 사람
> 4. 대통령령으로 정하는 업무에 종사하는 근로자

　감시監視 또는 단속적斷續的 업무의 경우 통상의 업무와 비교하여 상대적으로 심신의 피로도가 높지 않다는 점에서 감시·단속적으로 근로에 종사하는 사람으로서 사용자가 고용노동부장관의 승인을 받은 사람에 대해서는 근로기준법 제5장에서 규정하고 있는 근로시간, 휴게 및 휴일에 관한 규정이 적용되지 않습니다.

　따라서 감시적 또는 단속적 근로자로 고용노동부 적용제외 승인을 받았다면 연장근로 및 휴일근로수당을 받을 수 없으며단, 야간근로의 경우 적용/22:00~06:00 사이의 근로에 대해서 통상임금의 50% 이상 가산 , 휴게시간근로시간이 4시간인 경우에는 30분 이상, 8시간인 경우에는 1시간 이상의 휴게시간 , 연장근로시간에 대한 제한을 받지 않습니다.

🔍 감시적 또는 단속적 근로자의 의미

감시적 근로자

감시적 근로자는 수위·경비원·물품감시원 또는 계수기감시원 등과 같이 감시업무를 주 업무로 하며 상태적狀態的으로 정신적·육체적 피로가 적은 업무에 종사하는 근로자를 의미합니다 근로기준법 시행규칙 제10조 제2항, 근로감독관집무규정 제68조 제1항 제1호. 다만, 감시적 업무라도 잠시도 감시를 소홀히 할 수 없는 고도의 정신적 긴장이 요구되는 경우는 제외되며, 감시적인 업무가 본래의 업무이나 불규칙적으로 단시간동안 타 업무를 수행하는 경우에도 승인이 가능하지만, 타 업무를 반복하여 수행하거나 겸직하는 경우는 제외됩니다.

단속적 근로자

단속적 근로자는 평소의 업무는 한가하지만 기계고장 수리 등 돌발적인 사고발생에 대비하여 간헐적·단속적으로 근로가 이루어져 휴게시간이나 대기시간이 많은 업무에 종사하는 자를 의미합니다 근로기준법 시행규칙 제10조 제3항, 근로감독관집무규정 제68조 제2항 제1호.

🔍 감시적 또는 단속적 근로자의 연차휴가

　감시적 또는 단속적 근로자는 근로시간, 휴게 및 휴일에 관한 규정이 적용되지 않는다고 하더라도 연차휴가는 적용되는데, 2역일에 걸쳐 반복적으로 근무하고 근무일의 근무를 전제로 다음날 비번일에 휴무하는 24시간 격일제 근무자의 연차휴가를 어떻게 산정해야 하는지 의문점을 가질 수 있습니다.

　이에 대하여 고용노동부는 감시·단속적 근로자의 연차휴가에 대하여 근무주기를 기준으로 하여 해당 주기의 통상 하루의 소정임금이나 1일 소정근로시간으로 산정하는 것이 타당하다고 보고 감시·단속적 근로자의 1일 소정근로시간은 해당 근무주기의 근로시간 합계를 해당 주기의 일수로 나누는 것이 제도 취지에 부합한다고 해석하고 있습니다 임금근로시간과-982, 2022. 05. 04 / 임금근로시간과-911, 2022. 04. 27 .

　예를 들어, 감시적 근로자가 24시간 격일제로 1일 근무 휴게시간 제외한 1일 근무시간 18시간 가정 후 1일 휴무할 경우, 연차휴가수당 연차휴가미사용수당 지급을 위한 통상 하루의 소정임금 1일 소정근로시간 은 9시간분 18시간 ÷ 2일 입니다.

🔍 감시적 또는 단속적 근로자의 '노동절' 적용

　감시적 또는 단속적 근로자는 근로기준법상 휴일에 관한 규정이 적용되지 않는다고 하더라도 고용노동부는 노동절은 〈노동절 제정에 관한 법률〉에 의해 특정일을 기념하여 유급휴일로 보장하고 있으므로, 노동절이 무급휴무일과 겹치더라도 통상 하루의 소정임금을 지급해야 하는 것으로 일관되게 해석하고 있습니다.

　따라서 노동절 유급휴일수당은 노동절에 근무를 한다면 지급받을 수 있는 임금을 지급하는 것이 아니라, 통상 하루의 소정임금1일 소정근로시간 을 산정하여 지급하는 것이 타당합니다통상 1일 소정근로시간은 상기 연차휴가수당 산정방법과 동일/임금근로시간과-982, 2022. 05. 04 . 다시 말해 해당 감시적 또는 단속적 근로자가 노동절에 근로제공을 하지 않고 쉬더라도 통상 하루에 지급하는 소정임금을 추가로 지급하여야 하며, 또한 근무순번에 따라 노동절 당일을 쉬지 못하고 근로를 제공한 경우라도 휴무자비번자 와 동일하게 통상 하루의 소정임금을 추가로 지급해야 합니다임금근로시간정책팀-3356, 2007. 11. 13 .

🔍 감시적·단속적 근로에 종사하는 자에 대한 적용제외 승인 주요 요건

감시적 근로자	○ 사업주의 지배 하에 있는 1일 근로시간이 12시간 이내인 경우 또는 다음 각 목의 어느 하나에 해당하는 격일제(24시간 교대) 근무의 경우 가. 수면시간 또는 근로자가 자유로이 이용할 수 있는 휴게시간이 8시간 이상 확보되어 있는 경우 나. 가목의 요건이 확보되지 아니하더라도 공동주택(아파트, 연립주택, 다세대주택, 기숙사) 경비원에 있어서는 당사자간의 합의가 있고 다음날 24시간의 휴무가 보장되어 있는 경우
단속적 근로자	○ 실 근로시간이 8시간 이내이면서 전체 근무시간의 절반 이하인 업무의 경우. 다만, 격일제(24시간 교대) 근무인 경우에는 이에 대한 당사자간 합의가 있고, 실 근로시간이 전체 근무시간의 절반 이하이면서 다음날 24시간의 휴무가 보장되어야 함.

🔍 관련 기사

"한수원 청원경찰, 감시적 근로자 아냐" 10년만의 대법 판결

고용노동부 장관으로부터 감시적 근로자라고 승인을 받았더라도 실질적으로 감시적 근로에 해당하지 않는다면 연장근로수당 지급 의무가 면책될 수 없다는 대법원 판단이 나왔다.

16일 노동법률 취재에 따르면 대법원 제3부(재판장 오석준)는 한국수력원자력 원자력본부 전·현직 청원경찰 A 씨 등 58명이 회사를 상대로 낸 임금 청구 소송 상고심에서 원심 판결 중 연장근로수당 패소 부분, 퇴직금 패소 부분 등을 파기하고 사건을 부산고등법원으로 돌려보냈다. 2013년 소송이 제기되고 10여 년만의 판결이다.

소송을 제기한 한국수력원자력(한수원) 청원경찰들은 '주간(10시간 근무)-야간(14시간 근무)-비번(24시간 휴무)'의 3조 2교대 형태로 일했다.

지난 2007년 12월 고용노동부는 한수원 청원경찰에 대해 근로기준법 일부 규정 적용제외를 인가했다. 이에 따라 한수원 청원경찰은 근로시간과 휴게시간의 구분이 명확하지 않은 감시 업무를 수행하는 '감시적 근로자'로서 근로기준법에서 정한 근로시간, 휴게, 휴일 규정을 적용받지 못했다.

사건의 발단은 그로부터 약 4년이 지난 2012년 3월 5일이다. 이날 고용부는 한수원 청원경찰이 '정신적·육체적 피로가 적은 업무에 종사하는 자'로 볼 수 없어 감시적 근로자 승인기준에 미달한다면서 인가를 취소했다.

··· <중략> ···

2심은 한수원 청원경찰이 감시적 근로자에 해당하지 않는다는 판단을 내놨다. 감시적 근로자는 '감시업무를 주업무로 하고 상태적으로 정신적·육체적 피로가 적은 업무에 종사하는 자'를 말한다. 2심은 한수원 청원경찰이 감시업무를 주업무로 하는 건 맞지만, 업무로 인한 정신적·육체적 피로가 적지 않다고 봤다.

원자력발전소는 비상상황 외에도 상시 방호체제를 가동해야 하고, 지속적인 탐지와 24시간 경계근무, 상시순찰을 해야 했다. 2심은 "청원경찰은 체계적이고 강도 높은 훈련을 받아야 하고, 출입증 소지자의 출입통제 업무만으로도 업무량이 적지 않다"고 지적했다.

한수원은 2심 판결에 따르더라도 청원경찰이 2010년 말까지는 '실질적으로' 감시적 근로자에 해당했다고 주장했다.

그러나 대법원은 청원경찰이 감시적 근로자에 해당하지 않는다는 원심에 잘못이 없다고 판단했다. 대법원은 "국가 중요시설이자 위험시설인 원자력본부에서 일하는 청원경찰들에게 강도 높은 상시 순찰 · 경계업무와 훈련이 요구되는 점은 2010년 말 이전에도 마찬가지였다"며 "한수원이 주장하는 2010년 말경을 기준으로 근무 내용이나 강도 등이 유의미하게 달라졌다고 볼 수 없다"고 설명했다.

출처 : 노동법률, 2024. 02. 16

연장·야간·휴일 근로에 대하여 수당을 지급하는 대신 휴가로 부여해도 되나요?

 **관련 법률**

> **<근로기준법>**
>
> 제57조(보상 휴가제) 사용자는 근로자대표와의 서면 합의에 따라
> 제51조의 3, 제52조 제2항 제2호 및 제56조에 따른 연장근로·야간
> 근로 및 휴일근로 등에 대하여 임금을 지급하는 것을 갈음하여 휴가
> 를 줄 수 있다.

근로자가 연장·야간·휴일 근로를 하는 경우 가산임금 통상임금의
50% 가산 을 포함하여 임금을 지급하는 것이 원칙입니다. 다만, 근
로기준법 제57조에 따라 사용자와 근로자 대표가 서면합의를

통해 연장, 야간 및 휴일 근로 수당의 지급을 갈음하여 휴가를 부여할 수 있는데 이를 보상휴가제라고 합니다.

사용자가 보상휴가제도를 도입하기 위해서는 반드시 근로자 대표와의 서면 합의를 해야 하며 합의 내용에는 보상휴가의 부여 방식 및 기준, 휴가청구권과 임금청구권과의 관계 등 세부적인 사항을 정하는 것이 바람직합니다.

따라서 ① 보상휴가의 부여에 대하여 근로자의 청구에 의할 것인지 아니면 사용자가 일방적으로 지정할지, ② 휴가청구권과 임금청구권을 선택적으로 인정할지 아니면 임금청구권을 배제하고 휴가청구권만을 인정할지 단, 보상휴가 사용기간 내에 사용자의 귀책사유 없이 근로자가 사용하지 않은 보상휴가에 대해 사용자가 임금지급의무가 없다고 합의한 경우라도 해당 합의 효력은 없으므로 사용자는 미사용휴가에 해당하는 임금지급 의무 존재. 다시 말해 보상휴가 사용기간 내에 휴가·임금청구권 관계의 합의 효력에 한하여 의미 있음/근로기준과-6641, 2004. 12. 10, ③ 보상휴가를 시간단위로 부여할지 이를 적치하여 "일" 단위로 부여할지, ④ 어느 정도의 기간 동안 시간외근로시간을 적치하여 언제까지 휴가로 사용할 수 있는지 등에 대하여 서면으로 합의하는 것이 필요합니다.

여기서 중요한 점은 연장·야간·휴일 근로에 대한 임금과 이에 갈음하여 부여하는 휴가 사이에는 동등한 가치가 있어야 한다는 점입니다. 예를 들어 연장근로를 2시간 한 경우 가산임금을 포함하여 총 3시간분의 연장근로수당을 지급해야 하므로 보상휴가 또한 3시간의 휴가로 부여해야 한다는 것입니다.

🔍 미사용 보상휴가의 임금산정 기준

근로자는 근로자 대표와의 서면합의에 따라 연장·야간·휴일근로에 대하여 임금을 지급하는 것에 갈음하여 보상휴가를 줄 수 있으나 근로자가 보상휴가를 사용기간 내에 사용하지 않으면 사용자는 해당 임금을 지급해야 합니다.

이 경우 근로자는 보상휴가를 사용할 수 없게 된 날의 다음 날부터 임금을 청구할 수 있다고 할 것이고 보상휴가를 사용하지 않아 발생한 임금은 해당 보상휴가를 더 이상 사용할 수 없게 되었을 때의 임금을 기준으로 지급하는 것이 타당하다고 볼 수 있는 바, 사용자는 최종 휴가권이 있는 달의 임금을 기준으로 임금을 산정하여 다음 임금지급일까지 근로자에게 지급해야 할 것입니다 임금근로시간과-2601, 2020. 11. 12

🔍 보상휴가 시 평균임금 계산방법

근로기준법은 평균임금에 대하여 산정하여야 할 사유가 발생한 날 이전 3개월 동안에 그 근로자에게 지급된 임금의 총액을 그 기간의 총일수로 나눈 금액이라고 규정하고 있는데, 보상휴가제도를 시행하고 있는 사업장에서 사용기간 이후 지급되는 미사용 보상휴가에 대한 임금수당 에 대하여 어떻게 평균임금에 산입해야 하는지에 대하여 고민이 될 수 있습니다.

근로자의 연장·야간·휴일 근로 등에 대한 임금청구권은 보상휴가 실시와 관련 없이 근로를 제공함으로써 이미 발생하는 것이고, 단지 그 지급 방법 및 시기만 바뀐 것으로 보아야 할 것이므로 보상휴가제를 실시할 경우에도 평균임금 산정에 있어서는 보상휴가 미사용에 따른 수당이 아닌, 사유발생 전 3개월 동안의 연장근로 등을 반영해야 합니다 근로기준정책과-2658, 2023.0 8. 11

🔍 휴일대체와의 차이

갑작스런 회사 사정으로 인하여 휴일인 일요일에 근무를 하고 이를 대신하여 다른 근무일인 평일에 휴무를 부여받는 경우가 발생할 수 있는데 이러한 경우를 휴일대체라고 할 수 있습니다. 휴일대체는 사용자와 근로자 간에 사전 합의를 통하여 당초 휴일로 정해져 있는 날과 근로한 날을 교체해 휴일에 근로를 하고, 근로일은 휴일로 바꾸는 것을 말합니다.

보상휴가제와 가장 큰 차이점은 본래의 휴일과 소정근로일을 1:1로 맞교환함으로써 휴일근로에 대한 가산수당을 지급하지 않아도 된다는 점입니다. 그리고 휴일대체를 하기 위해서는 휴일대체 전 적어도 24시간 전에 근로자에게 통지하여야 하며 지정된 휴일의 변경은 단체협약이나 취업규칙에 그 변경요건 및 절차 등이 미리 정하여져 있거나 근로자의 동의를 얻어야 합니다 근기 68207-806, 1994. 05. 16 .

다만, '노동절'은 노사가 합의하더라도 휴일을 대체할 수 없으며 관공서 공휴일에 대한 휴일대체의 경우 개별 근로자의 동의가 아닌 근로자대표와 서면으로 합의를 통해서 시행할 수 있습니다 근로기준법 제55조 제2항 .

보상휴가제와 휴일대체 비교

구 분	보상휴가제	휴일대체
대체대상	연장·야간·휴일 근로	휴일근로
운영요건	근로자 대표 서면합의	근로자 개별동의+대체일 사전특정
운영효과	근로시간 1:1.5 예) 휴일근로 8시간 → 휴가 12시간 부여	근로시간 1:1 예) 휴일근로 8시간 → 대체휴일 8시간 부여

주로 회사 밖에서 근무하는 경우 근로시간 산정은 어떻게 해야 하나요?

관련 법률

<근로기준법>

제58조(근로시간 계산의 특례)

① 근로자가 출장이나 그 밖의 사유로 근로시간의 전부 또는 일부를 사업장 밖에서 근로하여 근로시간을 산정하기 어려운 경우에는 소정근로시간을 근로한 것으로 본다. 다만, 그 업무를 수행하기 위하여 통상적으로 소정근로시간을 초과하여 근로할 필요가 있는 경우에는 그 업무의 수행에 통상 필요한 시간을 근로한 것으로 본다.

② 제1항 단서에도 불구하고 그 업무에 관하여 근로자대표와의 서면합의를 한 경우에는 그 합의에서 정하는 시간을 그 업무의 수행에 통상 필요한 시간으로 본다.

시대가 변화하면서 다양한 업종, 직업이 생기면서 기존의 사무직이나 생산직과 달리 근무시간을 명확하게 확인하기 어려운 근로자가 점차 증가하고 있습니다. 예를 들어 영업사원, 배송사원, 취재기자, 수리기사 A/S, 시장조사자 등처럼 근로의 상당 부분이 사업장 밖에서 이루어짐에 따라 실제 근로한 시간을 계산하기 어려운 경우가 많아졌습니다.

이렇게 근로자가 출장이나 그 밖의 사유로 근로시간의 전부 또는 일부를 사업장 밖에서 근로하여 실근로시간을 산정하기 어려운 경우 실제 근무한 시간과 관계없이 소정근로시간 또는 통상 소요된다고 노사 간에 합의한 시간을 근로한 것으로 간주하는 것을 간주근로시간제라고 합니다.

🔍 간주근로시간제 도입요건

사업장 밖의 근로일 것

소속 사업장에서 장소적으로 이탈하여 자신의 본래 소속 사업장의 근로시간 관리로부터 벗어나 있는 상황으로써 사용자의 근로시간 관리조직으로부터 구체적 지휘 · 감독을 받지 않고 근로를 수행하는 것이어야 합니다.

근로시간을 산정하기 어려울 것

사업장 밖 근로의 시업 및 종업시각이 해당 근로자의 자유에 맡겨져 있고 근로자의 조건이나 업무 상태에 따라 근로시간의 장단이 결정되는 경우여야 합니다. 따라서 사업장 밖 근로라도 사용자의 구체적인 지휘·감독이 미치는 경우에는 근로시간의 산정이 가능하므로 간주근로시간제가 적용되지 않습니다.

근로한 시간으로 인정하는 시간을 규정할 것

근로시간을 산정하는 방법은 '소정근로시간으로 보는 경우', '업무수행에 통상 필요한 시간으로 보는 경우', '노사가 서면합의에 의한 시간으로 보는 경우'로 구분됩니다.

▶ 소정근로시간으로 보는 경우

사업장 밖에서 근로하면서 회사의 직접적인 지휘·감독을 받지 않는 경우 근로시간을 확인·산정하기 어렵기 때문에 소정근로시간을 근로한 것으로 보는 것입니다.

▶ 통상 필요한 시간으로 보는 경우

해당 업무를 수행하기 위하여 통상적으로 소정근로시간을 초과하여 근로할 필요가 있는 경우에는 그 업무의 수행에 필요한 시간을 근로한 것으로 인정하는 것입니다. 따라서 해당 업무를 수행하는 데 평균적으로 9시간이 소요되는 경우 소정근로시간 8시간을 초과하는 1시간에 대해서는 연장근로에 해당하기 때문에 연장근로수당을 지급해야 합니다.

여기서 그 업무의 수행에 통상 필요한 시간은 통상적 상태에서 그 업무를 수행하기 위해 객관적으로 필요한 시간을 의미합니다. 다시 말해 사업장 밖에서의 업무에 관하여 근무일의 상황이나 종사하는 근로자 등에 따라 필요한 시간이 다를 수 있으므로 평균적으로 보아 당해 업무의 수행에 필요한 시간을 뜻합니다.

▶ 노사가 서면합의한 시간으로 보는 경우

해당 업무를 수행하기 위하여 통상적으로 소정근로시간을 초과하여 근로할 필요가 있는 경우에 사용자와 근로자 대표가 서면합의한 시간을 업무수행에 통상 필요한 시간으로 인정합니다. 합의는 서면으로 작성해야 하며 근로자 개별 동의만으로 인정되지 않습니다.

사업장 밖 간주근로시간제와 관련하여 중요한 점은 근로가 사업장 밖에서 이루어질 뿐만 아니라 실제 근로시간을 계산하기 어려운 경우에 한정된다는 것인 바, 다음과 같은 경우에는 간주근로시간제가 적용되지 않습니다 고용노동부, 유연근로시간제 가이드, 2019.

- 여러 명이 그룹으로 사업장 밖에서 근로하더라도 그 구성원 중 근로시간 관리를 하는 자가 있는 경우
- 사업장 밖에서 업무를 수행하는 사람이 정보통신기기 등에 의하여 수시로 사용자의 지시를 받으면서 근무하는 경우
- 미리 회사로부터 방문처와 귀사 시간 등 당일 업무를 구체적으로 지시받은 다음 사업장 밖에서 업무를 수행하고 사업장에 돌아오는 경우

따라서 사업장 밖에서의 근로로 근로시간 산정이 어려운 경우 근로시간 및 임금계산 등을 둘러싸고 노사 간의 분쟁이 야기될 수 있으므로 간주근로시간제를 도입하여 일정시간을 근로한 것으로 인정할 수 있는 근거를 마련할 필요가 있을 것입니다.

사업장 밖 간주 근로시간제 노사합의서(예시)

_____ 대표이사 _____ 와(과) 근로자대표 _____ 은(는) 취업규칙 제OO조에 따라, 근로자에 대하여 사업장 밖 근로를 시키는 경우의 근로시간 산정에 관하여 다음과 같이 합의한다.

제1조(대상의 범위) 이 합의서는 영업부 및 판매부에 속하는 사업으로 주로 사업장 밖의 업무에 종사하는 자에게 적용한다.

제2조(인정근로시간) 제1조에 정한 직원이 통상근로시간의 전부 또는 일부를 사업장 밖에 있어서의 업무에 종사하고, 근로시간을 산정하기 어려운 경우에는 휴게시간을 제외하고 1일 OO시간을 근로한 것으로 본다.

제3조(휴게시간) 제1조에 정한 직원에 대해 취업규칙 제OO조에 정한 휴게시간을 적용한다. 다만, 업무에 따라서 정해진 휴게시간에 휴게할 수 없는 경우는 별도의 시간대에 소정의 휴게를 부여하는 것으로 한다.

제4조(휴일근로) 제1조에 정한 직원이 특별한 지시에 따라 취업규칙 제00조에 정한 휴일에 근무하는 경우에는 회사는 취업규칙 제00조에 기초하여 휴일근로 가산수당을 지급한다.

제5조(야간근로) 제1조에 정한 직원이 특별한 지시에 따라 야간(22:00~06:00)에 근무한 경우에는 취업규칙 제00조에 기초하여 야간근로 가산수당을 지급한다.

제6조(연장근로) 제2조에 따라 근무로 인정된 시간 중 소정근로시간을 넘는 시간에 대해서는 취업규칙 제00조에서 정한 연장근로 가산수당을 지급한다.

제7조(유효기간) 이 합의서의 유효기간은 2000년 00월 00일부터 1년간으로 한다.

년 월 일

주식회사 ○○ 대표이사   (인)   근로자대표   (인)

유연근무제에는 어떤 것들이 있나요?

디지털 기술의 발전과 4차 산업혁명으로 인해 업무의 방식이 상당히 다양해졌으며 전통적인 9-to-6 방식의 근무가 아닌, 장소와 시간에 구애받지 않는 업무수행이 가능해졌습니다. 특히 코로나19는 우리에게 일하는 방식, 근무시간, 근무장소 등에 대한 큰 화두를 던졌습니다. 또한, 요즘 젊은 세대들에게는 워라밸 Work-Life Balance 다시 말해 일과생활의 균형이 직장생활을 함에 있어 상당히 중요한 덕목이 된 시대입니다.

이러한 시대적 변화에 맞춰 고려해 볼 수 있는 것이 바로 유연근무제입니다. 유연근무제는 근로자와 사용자가 근로시간이나 근무장소 등을 선택·조정하여 일과 생활을 조화롭게 하고, 일하는 방식의 변화를 통해 생산성을 높일 수 있는 근무방식을 의미합니다.

유연근무의 유형으로는 근로시간을 유연하게 활용하는 시차출퇴근, 선택근무제, 근로시간 단축제 등과 근로장소를 유연하게 활용하는 재택근무, 원격근무 등이 있습니다.

유형	정의
시차출근제	기존의 소정근로시간을 유지하면서 출퇴근시간을 조정하는 방식
선택근무제	1개월(신상품 또는 신기술의 연구개발 업무의 경우에는 3개월) 이내의 정산기간을 평균하여 1주간의 소정근로시간이 40시간을 초과하지 않는 범위에서 1주 또는 1일 근무시간을 조정하는 제도
근무시간 단축제	임신·육아·가족돌봄 등의 사유로 소정근로시간을 단축하는 제도
재택근무	근로자가 정보통신기기 등을 활용하여 주거지에 업무공간을 마련하여 근무하는 방식
원격근무	주거지, 출장지 등과 가까운 원격근무용 사무실에서 근무 또는 사무실이 아닌 외부장소에서 모바일 기기 등을 활용하여 근무하는 방식

출처 : 고용노동부, 일·생활 균형을 위한 유연근무 활용 매뉴얼, 2024.10

유연근무제는 근로자와 사용자 모두에게 다양한 이점을 제공하며, 조직과 개인의 생산성과 만족도를 향상시키는 데 기여하는 주요 효과는 다음과 같습니다.

일과 삶의 균형 Work-Life Balance

근로자가 개인적인 일정 육아, 학업, 여가활동 등 을 조정하면서 일할 수 있어 삶의 질이 향상될 수 있습니다. 다시 말해 스트레스를 줄이고 심리적 안정감을 제공하여 건강과 근로 만족도를 높입니다.

업무 효율성 및 생산성 향상

근로자는 자신이 가장 생산적인 시간에 일을 할 수 있게 됨으로써 업무에 대한 집중력과 효율성을 높일 수 있으며 이는 기업의 생산성 향상에도 기여할 수 있습니다.

교통혼잡 완화

출퇴근 시간이 분산됨으로써 교통혼잡을 다소 완화할 수 있으며 이는 근로자의 스트레스를 줄일 수 있을 뿐만 아니라 재택근무나 원격근무를 통해 차량 이용감소로 탄소 배출량이 줄어 환경 보호에도 기여할 수 있습니다.

노동시장 참여율 증가

장애인, 경력단절 여성, 고령자 등 다양한 계층이 경제활동에 참여할 수 있는 기회가 늘어 날 수 있는데, 이는 노동력 부족 문제 해결에 도움이 될 수 있을 뿐만 아니라 인구 고령화에 대한 대응책이 될 수 있습니다.

우수 인재 유치 및 유지

유연근무제는 기업에게 더 많은 우수 인재를 유치하고 기존의 인재를 유지할 수 있는 경쟁력을 안겨 줄 수 있으며, 이는 기업의 지속 성장의 밑거름이 될 수 있습니다.

3장
휴일과 휴가

노동법상 법정휴일에는 무엇이 있나요?

최근 근로자의 일과 생활의 균형 Work-Life Balance 에 대한 관심이 높아지면서 이와 함께 휴일에 대한 관심 또한 어느 때보다 커지고 있는 상황입니다. 휴일은 근로관계는 유지되지만, 노동관계법이나 취업규칙 · 단체협약 등에서 정하는 바에 따라 근로를 제공하지 않아도 되는 날을 의미합니다.

우선 휴일과 휴가의 차이를 살펴 보면, 휴일은 처음부터 근로제공 의무가 없는 날로 소정근로일에서 제외되는 날인 반면, 휴가는 본래 근로제공 의무가 있는 소정근로일이지만 근로자의 청구나 일정한 조건이 충족됨으로써 근로제공 의무를 면제받은 날이라는 점에서 구분이 됩니다.

휴일은 크게 약정휴일과 법정휴일로 구분이 됩니다. 먼저 약정휴일은 휴일을 부여하는 것이 법적 의무사항은 아니나 근로계약서·취업규칙·단체협약·관행 등으로 부여되는 휴일을 말하며, 회사창립기념일, 노조설립일, 재량휴일 등이 약정휴일에 해당할 수 있습니다.

법정휴일은 법률에 따라 반드시 부여해야 하는 휴일을 말하며, 〈근로기준법〉 제55조에 따른 주휴일 **사용자는 근로자에게 1주일에 평균 1회 이상의 유급휴일을 보장하여야 한다**, 〈노동절 제정에 관한 법률〉에 따른 노동절 **5월 1일을 노동절로 하고 이 날을 〈근로기준법〉에 따른 유급휴일로 한다**과 〈관공서의 공휴일에 관한 규정〉에 따른 공휴일이 있습니다.

과거에는 공휴일이 유급휴일이 아니었기 때문에 공휴일을 근무일로 정하는 것이 가능했고 근무일로 정하고 공휴일에 휴무하는 것에 대하여 연차휴가로 **대체**사용하도록 하는 것 또한 가능하였습니다.

그러나 근로기준법 개정으로 300인 이상 사업장 및 공공기관은 2020년 1월 1일부터, 30인 이상 사업장은 2021년 1월 1일부터, 5인 이상 사업장은 2022년 1월 1일부터 공휴일도 법정휴일로 적용되기 시작하였습니다. 따라서 상시 근로자수 5인 이상 사업장의 근로자가 공휴일에 근무를 할 경우 유급휴일로 근무하지 않더라도 보장되는 유급임금 **기본급에 포함** 이외에 통상시급의 150%를 적용한 휴일근로수당을 추가적으로 지급해야 합니다.

법정휴일 적용 기준

구 분	주휴일	노동절	공휴일
근거 법령	근로기준법	노동절 제정에 관한 법률	근로기준법 및 관공서의 공휴일에 관한 규정
적용 사업장	모든 사업장	모든 사업장	5인 이상 사업장
적용 근로자	초단시간 근로자 및 근로기준법 제63조의 휴일 등 적용 제외 근로자를 제외한 모든 근로자	모든 근로자	초단시간 근로자 및 근로기준법 제63조의 휴일 등 적용 제외 근로자를 제외한 모든 근로자
유급여부	유급	유급	유급
휴일대체	가능	불가	가능

🔍 근로기준법 제64조의 휴일 등 적용 제외 근로자

- 토지의 경작 · 개간, 식물의 식재植栽 · 재배 · 채취 사업, 그 밖의 농림 사업
- 동물의 사육, 수산 동식물의 채취 · 포획 · 양식 사업, 그 밖의 축산, 양잠, 수산 사업
- 감시監視 또는 단속적斷續的으로 근로에 종사하는 사람으로서 사용자가 고용노동부장관의 승인을 받은 사람
- 사업의 종류에 관계없이 관리 · 감독 업무 또는 기밀을 취급하는 업무에 종사하는 근로자

임시공휴일, 선거일도 법정유급휴일에 해당하나요?

🔍 관련 법률

<근로기준법>

제55조(휴일)

② 사용자는 근로자에게 대통령령으로 정하는 휴일을 유급으로 보장하여야 한다.

<근로기준법 시행령>

② 법 제55조 제2항 본문에서 "대통령령으로 정하는 휴일"이란 〈관공서의 공휴일에 관한 규정〉 제2조 각 호(제1호는 제외한다)에 따른 공휴일 및 같은 영 제3조에 따른 대체공휴일을 말한다.

<관공서의 공휴일에 관한 규정>

제2조(공휴일)

관공서의 공휴일은 다음 각 호와 같다. 다만, 재외공관의 공휴일은 우리나라의 국경일 중 공휴일과 주재국의 공휴일로 한다.

1. 일요일

2. 국경일 중 3·1절, 광복절, 개천절 및 한글날

… <중략> …

10의 2. <공직선거법> 제34조에 따른 임기만료에 의한 선거의 선거일

11. 기타 정부에서 수시 지정하는 날

우리는 가끔 대중매체를 통해 정부에서 특정일을 임시공휴일로 지정했다는 기사를 접하곤 합니다. 국가의 중요한 행사가 있거나 국내 소비 진작을 위해 징검다리 연휴 사이의 특정일을 휴일로 지정하는데, 이렇게 정부의 필요에 따라 수시로 지정하는 휴일을 임시공휴일이라고 합니다. 다시 말해 임시공휴일은 정부가 필요에 따라 휴일로 지정한 날로 본래 공휴일이 아니지만 국무회의를 통해 추가로 부여한 휴일을 의미합니다.

근로기준법 개정으로 300인 이상 사업장 및 공공기관은 2020년 1월 1일부터, 30인 이상 사업장은 2021년 1월 1일부터, 5인 이상 사업장은 2022년 1월 1일부터 <관공서의 공휴일에 관한 규정>에 따른 공휴일이 근로기준법상 유급휴일인 법정휴일로

적용되기 시작하였습니다.

따라서 〈관공서의 공휴일에 관한 규정〉 제2조의 11호 "기타 정부에서 수시 지정하는 날"에 따른 임시공휴일 또한 법정유급휴일에 해당하기 때문에 상시 근로자수 5인 이상 사업장의 근로자가 임시공휴일에 근무를 할 경우 유급휴일로 근무하지 않더라도 보장되는 유급임금기본급에 포함 이외에 통상시급의 150%를 적용한 휴일근로수당을 추가적으로 지급해야 합니다.

선거권 행사와 관련하여 과거 근로기준법은 선거일을 포함하고 있는 〈관공서의 공휴일에 관한 규정〉에 따른 공휴일을 유급휴일로 규정하고 있지 않았기 때문에 선거일 전체를 휴무할 필요는 없습니다.

다만, 근로기준법의 개정으로 상시 근로자수 5인 이상 사업장의 경우 〈관공서의 공휴일에 관한 규정〉에 따른 공휴일이 법정휴일로 적용되면서 임기만료에 의한 선거의 선거일은 유급휴일이 되었습니다. 다만, 임기만료에 따른 선거일이 아닌 재·보궐선거일은 법정 공휴일에 해당하지는 않습니다.

다만, 5인 미만 사업장 또는 임기만료에 따른 선거가 아닌 재·보권선거라도 근로기준법 제10조는 근로자가 근로시간 중에 선거권, 그 밖의 공민권公民權 행사 또는 공公 의 직무를 집행하기 위하여 필요한 시간을 청구하면 거부하지 못하도록 규정하고 있기 때문에 선거일이 휴일로 적용되지 않더라도 선거에 필요한 시간은 보장해야 합니다.

여기서 선거에 필요한 시간의 범위는 투표의 행사에 필요한 왕복 이동시간까지 포함한 시간을 의미한다고 볼 수 있으며, 해당 시간을 유급으로 처리해야 한다고 명시적 규정은 없으나 고용노동부는 공직선거법 제6조를 근거로 '선거에 필요한 시간을 보장하여야 할 뿐만 아니라 유급으로 처리함이 타당하다'는 입장입니다 근로개선정책과-2571, 2012. 05. 09 .

노동절은 모두 쉬어야 하나요?

 관련 법률

> **<노동절 제정에 관한 법률>**
> 5월 1일을 노동절로 하고, 이 날을 <근로기준법>에 따른 유급휴일
> 有給休日로 한다.

　<노동절 제정에 관한 법률>에서는 5월 1일을 '노동절'로 정하고 있으며 이 날을 <근로기준법>에 따른 유급휴일로 정하고 있습니다. 따라서 근로자가 '노동절'에 근무를 할 경우 유급휴일로 근무하지 않더라도 보장되는 유급임금기본급에 포함 이외에 통상시급의 150%를 적용한 휴일근로수당을 추가적으로 지급해야

하며, '노동절'은 모든 사업장에 공통적으로 적용됨에 따라 5인 미만 사업장이나 계약직, 단시간근로자 등의 비정규직에도 동일하게 적용됩니다.

'노동절'과 다른 유급휴일 ex. 주휴일 이 중복되었을 경우 추가적으로 휴일을 부여하거나 유급처리할 필요는 없습니다. 다만, 유급휴일인 노동절과 무급휴무일이 중복되는 경우에는 해당 무급휴무일에 대하여 유급으로 처리해야 합니다.

여기서 구분해야 할 것은 월급직에게 있어 월급은 임금이 월 단위로 결정되어 월의 근로일수나 근로시간의 많고 적음에 관계없이 일정한 임금이 지급되는 임금 형태를 뜻하며 대법원 93다32514 판결, 1994. 05. 24 , 근로자의 임금을 월급으로 지급할 경우 월급에는 소정의 유급휴일에 대한 임금이 포함 대법원 97다28421 판결, 1998. 04. 24. 등 된 것으로 간주하기 때문에 유급휴일인 '노동절'과 무급휴무일이 중복되는 경우라도 추가적인 휴일수당을 별도로 지급할 필요는 없습니다 근로기준정책과-2677, 2016. 04. 21 .

그러나 1일 단위 또는 시간 단위로 임금을 계산하여 매월 지급하는 일급제 또는 시급제 근로자에 대해서는 유급휴일인 '노동절'이 사업장의 무급휴무일과 중복되는 경우 사업장의 통상의 1일 근로를 제공하였을 때 지급해야 할 임금을 지급하고 휴일을 부여해야 하며, 만일 유급휴일인 '노동절'에 근로를 제공하는 경우에는 근로제공이 없더라도 지급받을 수 있었던 임금 100% 에 근로기준법 제55조의 규정에 의한 휴일근로가산임금

150%을 추가 지급해야 합니다 근로기준과-2156, 2004. 04. 30 .

다만, 고용노동부는 '노동절'과 달리 관공서 공휴일과 무급휴무일이 중복되는 경우에는 해당 무급휴무일에 대하여 유급으로 처리할 필요는 없다고 해석하고 있습니다 임금근로시간과-743, 2020. 03. 30 .

그리고 일급제 또는 시급제 근로자에 대하여 근무편성표상 소정근로일이 관공서 공휴일에 해당된다면 1일의 통상임금을 유급휴일수당으로 지급해야 하며, 해당일에 근로를 제공하는 경우에는 휴일근로가산수당을 포함한 임금을 추가로 지급하여야 합니다. 다만, 근로제공이 예정되지 않은 비번일, 무급휴무일 등이 관공서 공휴일에 해당하는 경우, 이 날에 대하여 유급으로 보장한다는 노사 간 특약이나, 그간의 관행이 인정되지 아니한 이상, 사용자는 별도의 추가 임금을 지급할 의무는 없습니다 임금근로시간과-653, 2021. 03. 22 .

또한 '노동절'은 법률로서 특정한 날을 유급휴일로 정하고 있으므로 다른 날로 대체할 수 없으며 당사자 간 합의로 노동절을 다른 날로 대체하였더라도 무효, 다른 날로 대체하였더라도 '노동절'에 근로한 경우에는 근로기준법 제55조에 의한 휴일근로수당을 지급하여야 합니다.

그러나 휴일의 사전대체가 아닌 '노동절' 근로에 대하여 휴일근로수당을 지급하는 대신 보상휴가를 부여하는 것은 가능합니다. 다만, 여기서 중요한 점은 휴일근로에 대한 임금과 이에 갈음하여 부여하는 휴가 사이에는 동등한 가치가 있어야 한다는 점입니다. 예를 들어 '노동절'에 휴일근로를 8시간 한 경우 가산임금을 포함하여 총 12시간분의 휴일근로수당을 지급해야 하므로 보상휴가 또한 12시간의 휴가로 부여해야 한다는 것입니다.

🔍 격일제 근무자의 '노동절' 적용기준

격일제 근로자가 '노동절' 전일에 근로를 개시하여 익일까지 근로를 하였더라도 그 익일의 사업시작 이전까지는 전일 근로의 연장으로 보아 휴일근로수당을 지급하지 않아도 무방합니다 근로개선정책과-4304, 2012. 08. 25 . 다시 말해, 격일제 교대근무 로 인하여 이틀에 걸쳐 근무하더라도 각각의 시간대를 구분하여 휴일근무 적용을 판단·산정하는 것이 아닙니다.

따라서 5월 1일부터 5월 2일까지 근무하면 전체를 5월 1일의 근로로 보기 때문에 휴일근로가 적용되지만, 4월 30일부터 5월 1일까지 근무하는 경우에는 휴일근로가 적용되지 않습니다.

🔍 초단시간 근로자의 '노동절' 적용기준

단시간근로자 중에서도 4주 동안을 평균하여 1주 동안의 소정근로시간이 15시간 미만인 근로자를 '초단시간 근로자'라고 하는데 초단시간 근로자에 대해서는 휴일 주휴일, 공휴일, 퇴직금, 연차유급휴가가 적용되지 않으며 해당 초단시간 근로자가 계약직 근로자로 계속하여 2년을 초과하여 근무하더라도 정규직으로 간주되지 않습니다.

다만, 근로기준법 제18조 제3항은 1주 소정근로시간이 15시간 미만인 단시간 근로자에 대하여 같은 법 제55조의 휴일 적용을 제외하는 것으로서 다시 말해 '노동절' 적용을 배제하는 것으로 보기는 어려우므로 초단시간 근로자의 경우에도 '노동절'이 유급휴일로 보장되어야 할 것이며 근로기준정책과-4361, 2015. 09. 10 제56조 연장·야간 및 휴일 근로의 적용을 배제한다는 명시적 규정을 두고 있지 않으므로 휴일근로에 대한 가산수당도 발생한다고 보아야 할 것입니다.

🔍 감시적·단속적 근로자의 '노동절' 적용기준

감시적 또는 단속적 근로자는 근로기준법상 휴일에 관한 규정이 적용되지 않는다고 하더라도 고용노동부는 '노동절'은 〈노동절 제정에 관한 법률〉에 의해 특정일을 기념하여 유급휴일로 보장하고 있으므로, '노동절'이 무급휴무일과 겹치더라도 통상 하루의 소정임금을 지급해야 하는 것으로 일관되게 해석하고 있습니다.

따라서 노동절 유급휴일수당은 '노동절'에 근무를 한다면 지급받을 수 있는 임금을 지급하는 것이 아니라, 통상 하루의 소정임금1일 소정근로시간을 산정하여 지급하는 것이 타당합니다통상 1일 소정근로시간은 근무주기를 기준으로 하여 해당 근무주기의 근로시간 합계를 해당 주기의 일수로 나눔/임금근로시간과-982, 2022. 05. 04.

다시 말해 해당 감시적 또는 단속적 근로자가 '노동절'에 근로제공을 하지 않고 쉬더라도 통상 하루에 지급하는 소정임금을 추가로 지급하여야 한다. 또한 근무순번에 따라 노동절 당일을 쉬지 못하고 근로를 제공한 경우라도 휴무자비번자와 동일하게 통상 하루의 소정임금을 추가로 지급해야 합니다임금근로시간정책팀-3356, 2007. 11. 13.

🔍 '노동절'과 무급휴⁽무⁾일의 중복 시 적용기준

임금형태	근로하지 않은 경우	근로한 경우
월급제	추가 수당 지급의무X (월급에 포함)	휴일근로에 대한 수당 지급의무O (8시간 이내 150%, 8시간 초과 200%)
일급·시급제	실제 근무하지 않아도 받을 수 있는 유급휴일수당(100%) 지급의무O	실제 근무하지 않아도 받을 수 있는 유급휴일수당(100%) + 실제 근로에 대한 휴일근로수당(150%)
	cf. 관공서 공휴일의 경우 : 추가 수당 지급의무X (임금근로시간과-743, 2020. 03. 30)	cf. 관공서 공휴일의 경우 : 휴일근로에 대한 수당 지급의무O (8시간 이내 150%, 8시간 초과 200%)

일용직에게도 주휴일 및 관공서 공휴일을 부여해야 하나요?

🔍 관련 법률

<근로기준법>

제55조(휴일)

① 사용자는 근로자에게 1주에 평균 1회 이상의 유급휴일을 보장하여야 한다.

② 사용자는 근로자에게 대통령령으로 정하는 휴일을 유급으로 보장하여야 한다.

〈근로기준법〉 제55조는 사용자는 근로자에게 1주일에 평균 1회 이상의 유급휴일을 보장하여야 한다고 주휴일 부여 의무를 규정하고 있으며, 이와 함께 〈관공서의 공휴일에 관한 규정〉에 따른 공휴일에 대하여 유급휴일을 부여하도록 규정하고 있습니다 5인 이상 사업장 .

사업장에서는 일시적인 인력부족 등의 사유로 일용직을 고용하게 되는데, 〈근로기준법〉에서는 일용직의 개념, 기준 등에 대하여 별도로 규정하고 있지는 않습니다. 다만, 〈산업재해보상보험법 시행령〉 제23조에서 일용직에 대하여 "1일 단위로 고용되거나 근로일에 따라 일당 형식의 임금을 지급받는 근로자 단, 3개월 이상 계속하여 근로, 근로형태가 상용직 근로자와 유사한 경우에는 상용근로자로 봄 ", 〈고용보험법〉 제2조에서는 일용직을 " 1개월 미만 동안 고용되는 사람"이라고 규정하고 있습니다.

따라서 일용직은 고정적인 장기 계약 없이 필요할 때마다 단기간 보통 하루 또는 며칠 근무하는 근로자로 요약할 수 있을 것인데, 이런한 일용직에게도 주휴일, 관공서의 공휴일이 적용되는지에 대하여 논란이 있을 수 있습니다.

대법원 2007다73277, 2009. 12. 24 은 〈근로기준법〉상의 휴일제도는 연속된 근로에서의 근로자의 피로회복과 건강회복 및 여가의 활용을 통한 인간으로서의 사회적 · 문화적 생활의 향유를 위해 마련된 것입니다. 이러한 유급휴일 제도를 규정한 규범적 목적에 비추어 보면 근로의 제공 없이도 근로자에게 임금을 지급하도록 한 유급휴일의 특별규정이 적용되기 위해서는 평상적인 근로관계, 다시 말해 근로자가 근로를 제공해 왔고 또한 계속적 근로제공이 예정되어 있는 상태가 전제되어 있어야 한다고 보고 있습니다.

이에 따라 고용노동부는 일일단위로 근로계약하고 그 날의 근로를 마치면 근로관계가 종료되는 일용근로자인 경우에는 원칙적으로 유급휴일 부여 문제는 발생하지 않는다고 해석하고 있습니다 임금근로시간과-1743, 2021. 08. 05 .

다만, 형식적으로 일용근로자라 하더라도 일용관계가 중단되지 않고 계속되어 온 경우에는, 상용근로자로 보아야 하므로 일일단위 근로계약을 반복·갱신하여 일용관계가 계속된 경우에는 주휴일 유급휴일 을 부여해야 합니다.

관공서 공휴일에 대한 적용여부는 주휴일 적용여부와 마찬가지로 '순수한 일용직'인지 아니면 "계속적 근로제공이 예정된 일급직"인지에 따라 달리 판단이 될 것인데, 다음과 같은 내용들을 종합하여 판단해야 할 것입니다.

- 근로계약서를 작성할 때 일용직 근로자로 명시했는가?
- 계약이 매일 갱신되는 방식인가, 일정 기간을 정하여 반복 갱신되는가?
- 일정한 주기 예: 매주 5일, 월~금 고정 로 반복적인 근무를 하는가?
- 업무 종료 후에도 지속적인 근로 제공이 예정되어 있는가?
- 업무 종료 후에도 별도 계약 없이 다시 출근하는 관행이 있는가?
- 현재 사업장에서 근무하지 않는 날에는 다른 회사에서 일용직으로 근무하는가?

단시간근로자의 경우
주휴일이 어떻게 발생하나요?

🔍 **관련 법률**

<**근로기준법**>

제2조(정의)

① 이 법에서 사용하는 용어의 뜻은 다음과 같다.

9. "단시간근로자"란 1주 동안의 소정근로시간이 그 사업장에서 같은 종류의 업무에 종사하는 통상 근로자의 1주 동안의 소정근로시간에 비하여 짧은 근로자를 말한다.

제18조(단시간근로자의 근로조건)

① 단시간근로자의 근로조건은 그 사업장의 같은 종류의 업무에 종사하는 통상 근로자의 근로시간을 기준으로 산정한 비율에 따라 결정되어야 한다.

직장생활을 하는 대부분의 근로자들은 휴게시간을 제외하고 하루 8시간씩, 5일을 근무하게 됩니다. 다만, 이들보다 짧은 시간을 근무하는 근로자들이 있는데 해당 근로자들은 비정규식의 유형 중 하나로, 근로기준법에서는 1주 동안의 소정근로시간이 그 사업장에서 같은 종류의 업무에 종사하는 통상근로자의 1주 동안의 소정근로시간에 비하여 짧은 근로자를 '단시간근로자' 로 규정하고 있습니다.

단시간근로자들도 근로기준법을 포함한 노동법이 적용되는 근로자로 기본적으로 근로계약서 작성, 퇴직금, 해고의 제한 등이 똑같이 적용되지만, 근로기준법에서는 해당 단시간근로자의 근로조건에 대하여 통상근로자Full-time 의 근로시간에 비례하여 결정된다는 기준을 규정하고 있습니다.

따라서 단시간근로자도 통상근로자와 마찬가지로 1주의 근무일을 만근할 경우 1일의 유급주휴일이 발생합니다. 다만, 하루를 쉬더라도 유급주휴일로 발생하는 시간주휴수당 이 통상근로자에 비하여 적게비례하여 발생합니다.

예를 들어, 1일 8시간씩 주 5일주 40시간 을 근무하는 통상근로자의 경우 8시간의 주휴수당이 발생하지만 1일 6시간씩 주 3일주 18시간 을 근무하는 단시간근로자에게는 유급으로 발생하는 주휴시간주휴수당 은 8시간이 아닌 3.6시간통상근로자의 주휴시간 8시간 x 단시간근로자의 1주 근무시간 18시간/통상근로자의 1주 근무시간 40시간 입니다.

🔍 단시간근로자가 아닌 주 40시간 미만 근로자

단시간근로자의 정의에 대하여 근로기준법에서는 '그 사업장에서 같은 종류의 업무에 종사하는 통상 근로자의 1주 동안의 소정근로시간에 비하여 짧은 근로자'로 규정하고 있는 만큼, 1주 근무시간이 주 40시간 미만 근로자라고 하여 모두가 단시간근로자가 되는 것은 아니며, 해당 근로자가 근로기준법상의 단시간근로자가 되기 위해서는 해당 사업장에서 같은 종류의 업무에 종사하는 통상 근로자가 존재해야 한다는 것이 전제가 되어야 합니다.

따라서 해당 사업장에서 같은 종류의 업무에 종사하는 통상 근로자가 존재하지 않는 주 40시간 미만 근로자에 대하여 주휴시간 등에 대한 근로조건을 어떻게 책정해야 하는지에 대한 의문을 가질 수 있습니다. 특히, 해당 사업장에서 같은 종류의 업무에 종사하는 근로자가 없는 경우뿐만 아니라 같은 종류의 업무에 종사는 하지만 해당 통상 근로자조차 주 40시간 미만인 경우 또는 모든 근로자의 근로시간이 제 각각인 경우도 있을 수 있습니다.

고용노동부는 일반적으로 단시간근로자가 아닌 1주 소정근로시간이 40시간 미만 근로자의 경우, 단시간근로자의 산출방식을 준용하여 주 40시간에 비례하여 산정한 주휴수당을 부여하면 된다고 해석하고 있습니다 근로기준정책과-5943, 2017. 09. 25.

다만, 1주간 일별 소정근로시간이 다른 경우에는 '정상근로일'의 소정근로시간을 주휴로 부여한다는 견해도 존재합니다_{임금}정책과-2492, 2004. 07 .07 . 예를 들어 소정근로시간이 월~금까지 7시간, 토요일은 5시간인 경우 위의 산정방식에 따르면 1일 소정근로시간 수는 8시간이지만, 월~금까지 5일의 소정근로시간을 '정상근로일'의 소정근로시간으로 보아 주휴시간을 7시간으로 보는 견해도 있습니다.

휴일대체와
대휴제도가 다른가요?

직장생활을 하다 보면 평소보다 늘어난 작업량이나 추가적인 업무로 인하여 휴일인 일요일에 근무를 해야 하는 경우가 종종 발생합니다. 이렇게 회사의 업무상 사정으로 인하여 휴일인 일요일에 근무를 하고 이를 대신하여 다른 근무일인 평일에 휴무를 부여받게 되는 경우가 있는데 이를 휴일대체라고 합니다. 다시 말해 휴일대체는 사용자와 근로자 간에 사전 합의를 통하여 당초 휴일로 정해져 있는 날과 근로한 날을 교체해 휴일에 근로를 하고, 근로일은 휴일로 바꾸는 것을 말합니다.

다만, 근로기준법 제57조의 보상휴가제와 다른 점은 본래의 휴일과 소정근로일을 1:1로 맞교환함으로써, 휴일근로에 대한 가산수당을 지급하지 않아도 된다는 점입니다. 그리고 휴일대체를 하기 위해서는 휴일대체 전 적어도 24시간 전에 근로자에게 통지하여야 하며, 지정된 휴일의 변경은 단체협약이나 취업규칙에 그 변경요건 및 절차 등이 미리 정하여져 있거나 근로자의 동의를 얻어야 합니다 근기 68207-806, 1994. 05. 16.

다만, '노동절'은 노사가 합의하더라도 휴일을 대체할 수 없으며 관공서 공휴일에 대한 휴일대체의 경우 개별 근로자의 동의가 아닌 근로자 대표와 서면으로 합의를 통해서 시행할 수 있습니다 근로기준법 제55조 제2항.

이와 유사한 제도로 다소 혼동이 될 수 있는 것으로 대휴가 있습니다. 휴일대체와 대휴의 가장 큰 차이점은 사용자와 근로자 간의 사전 합의 유무입니다. 사용자와 근로자가 사전 합의 과정을 거쳐 근무일과 휴일을 변경하는 휴일대체와 달리, 대휴는 사전 합의가 되지 않은 상황에서 휴일근무를 먼저 하고 추후에 다른 근로일에 휴무를 부여하는 것을 의미합니다.

다시 말해 대휴는 정해진 휴일을 다른 근로일과 대체하는 사전 조치를 취한 것이 아니므로 휴일은 그대로 존재하는 것으로 보아 휴일에 근무한 것은 변함이 없으므로 휴일근로에 대한 가산금을 지급해야 합니다 2004가단273036, 2005. 12. 28.

따라서 휴일에 근로한 것에 대해 휴일근로수당으로서 통상임금의 150%를 지급할 의무가 있으나, 휴일에 대신하여 대휴로서 통상의 근로일에 휴무하였으므로 통상임금의 100%에 해당하는 금품은 제외하고 통상임금의 50%를 지급할 의무는 있습니다.

🔍 휴일대체와 대휴 비교

구 분	휴일대체	대휴
정의	사전 서면합의로 휴일로 정해진 날을 다른 근로일과 교체하여 휴일은 근로일로 하고 근로일을 휴일로 대체하는 것	사전 합의 또는 지정하지 않은 상황에서 사용자의 지시로 휴일 근무 후 다른 날 휴무를 부여하는 것
요건	근로자 대표와 서면합의(공휴일) 또는 당사자와 사전 합의(24시간 전)	특별한 요건 없음
가산수당	본래의 휴일과 소정근로일을 1:1로 대체됨으로써 휴일근로에 대한 가산수당 지급의무 없음	휴일근무를 먼저 하고 추후 다른 근로일에 휴무를 부여하더라도 휴일에 근무한 것은 변함없으므로 휴일근로에 대한 가산수당(통상임금 50%)을 지급의무 있음

노동법상 법정휴가에는 무엇이 있나요?

근로자가 업무와 상관 없이 부상을 당하거나 질병에 걸려 결근해야 하는 상황에서 회사가 해당 근로자에게 결근기간에 대하여 유급으로 휴가를 부여해야 하는지에 대하여 고민하는 경우가 많습니다. 병가가 법정휴가라면 해당 기간에 대하여 유급으로 휴일/휴가를 부여해야 하지만, 병가는 통상 약정휴가라고 하여 법적으로 정해진 바는 없으며 회사가 자체적으로 복지차원에서 회사의 재량에 따라 정할 수 있는 휴가로 사용자의 승인, 근로계약서, 취업규칙 등으로 유/무급 여부를 결정할 수 있습니다. 이러한 약정휴가에는 일반적으로 경조휴가, 병가, 하계휴가, 안식년 휴가 리프레시 휴가 등이 있습니다.

그러나 약정휴가와 달리 법정휴가는 근로기준법 등 노동관계

법에 근로자에게 부여의무가 있는 휴가로 휴가의 일수 및 부여
방식을 법률로 규정하고 있습니다. 이러한 법정휴가는 근로자
의 건강과 삶의 질 보장, 노동력 재충전, 가족 및 사회생활의 균
형 유지라는 중요한 목적을 가지고 법에서 규정하고 있는데 법
정휴가는 다음과 같은 종류가 있습니다.

연차유급휴가

회사는 계속근로기간이 1년 미만인 근로자 또는 1년 간 80%
미만 출근한 근로자에게 1개월 개근 시 1일의 연차유급휴가를
부여해야 하며, 계속근로기간이 1년 이상인 근로자가 80% 이상
출근한 경우 15일의 연차유급휴가를 부여해야 합니다. 또한 계
속근로기간이 3년 이상인 근로자는 매 2년 마다 1일씩 가산휴가
를 주어야 합니다.

출산 전후 휴가·유사산휴가

출산 전후 휴가는 임산부 근로자가 출산 전후에 사용할 수 있
는 휴가로, 사용자는 근로자의 계약 및 근무 형태와 관계없이 임
산부 근로자가 출산 전후에 총 90일 다태아 120일, 미숙아 100일 간 출
산 전후 휴가를 사용할 수 있도록 해야 합니다. 또한 출산 전후
휴가와 별도로 임산부 근로자가 유산 또는 사산한 경우 유산 ·

사산 전 임신기간에 따라 그 기간을 달리 유사산휴가를 부여해
야 합니다.

배우자 출산휴가

남녀고용평등법은 배우자의 출산에 따른 배우자의 건강보호
및 태어난 자녀의 양육을 위해 배우자 출산 시 남성 근로자에게
20일의 배우자 출산휴가를 부여하도록 규정하고 있습니다. 배
우자 출산휴가는 배우자가 출산한 날부터 120일이 지나면 사용
할 수 없으며, 3회에 한정하여 분할4개의 구간으로 나누어 하여 사용
할 수 있습니다.

다만 고용노동부는 배우자 출산휴가가 배우자의 출산을 이유
로 사용할 수 있는 휴가이므로, 출산한 날부터 사용할 수 있을
뿐만 아니라 출산을 위한 준비과정 등을 고려하여 휴가기간 안
에 출산예정 일을 포함하고 있다면 출산일 전에 휴가를 사용하는
것도 가능하다고 해석하고 있습니다여성고용정책과-3212, 2019. 12. 04 .

생리휴가

회사는 여성 근로자의 건강권 보호를 위해 여성 근로자가 생
리휴가를 신청할 경우 월 1일의 생리휴가를 부여해야 합니다.
생리휴가는 무급이 원칙이지만, 취업규칙 또는 단체협약을 통

해 유급으로 정하는 것은 가능합니다.

난임치료휴가

회사는 인공수정이나 체외수정 등 난임치료를 받기 위해 휴가를 청구하는 근로자 남성/여성 에게 연간 입사일 기준 1년 6일의 난임치료휴가를 부여해야 합니다. 최초 2일은 유급, 나머지 4일은 노사 합의에 따라 유/무급을 정할 수 있습니다.

태아 검진시간(휴가)

임신 중인 여성 근로자는 〈모자보건법〉 제10조에 따른 임산부 정기건강진단을 받는 데 필요한 시간을 청구할 수 있으며, 회사는 해당 건강진단 시간을 유급으로 처리해야 합니다. 임산부 정기건강진단기준은 임신 28주까지는 4주마다 1회, 임신 29주에서 36주까지는 2주마다 1회, 임신 37주 이후에는 1주마다 1회입니다 모자보건법 시행규칙 별표1 .

가족돌봄휴가

회사는 근로자가 가족의 질병, 사고, 노령 또는 자녀의 양육으로 인하여 긴급하게 그 가족을 돌보기 위한 휴가를 신청하는 경우 연간 최대 10일의 무급 가족돌봄휴가를 부여해야 합니다. 가족돌봄휴가는 일단위로 사용할 수 있으며 해당 휴가기간은 가족돌봄휴직 기간에 포함됩니다.

🔍 법정휴가의 종류

종류	내용	근거법령
연차유급휴가	1개월과 1년 동안의 근로에 대한 휴식을 위한 휴가 : 1년 미만자 또는 80% 미만자 월 1일, 1년 이상자 15일 이상	근기법 제60조
출산 전후 휴가 (유사산휴가)	• 출산 전후의 여성 근로자 보호를 위한 휴가 : 출산 전후 총 90일(다태아 120일, 미숙아 100일) • 유사산한 여성 근로자 보호를 위한 휴가	근기법 제74조
배우자 출산휴가	배우자가 출산 시 남성 근로자에게 부여하는 휴가 : 근무일 기준 20일, 출산일부터 120일 이내 사용	고평법 제18조의 2
생리휴가	생리중의 여성 근로자를 보호하기 위한 휴가 : 무급, 월 1일	근기법 제73조
난임치료 휴가	난임치료를 받는 근로자를 보호하기 위한 휴가	고평법 제18조의 3

태아 검진시간 (휴가)	임신 중인 여성 근로자에게 부여하는 임산부 정기건강진단을 위한 시간(휴가)	근기법 제74조의 2
가족돌봄 휴가	가족의 질병, 사고, 노령 등을 이유로 부여하는 휴가	고평법 제22조의 2

재직기간 1년 초과한 퇴사자에 대하여 연차유급휴가 26일을 부여해야 하나요?

관련 법률

<근로기준법>

제60조(연차 유급휴가)

① 사용자는 1년간 80퍼센트 이상 출근한 근로자에게 15일의 유급 휴가를 주어야 한다.

② 사용자는 계속하여 근로한 기간이 1년 미만인 근로자 또는 1년 간 80퍼센트 미만 출근한 근로자에게 1개월 개근 시 1일의 유급 휴가를 주어야 한다.

③ 삭제 <2017. 11. 28.>

④ 사용자는 3년 이상 계속하여 근로한 근로자에게는 제1항에 따

른 휴가에 최초 1년을 초과하는 계속 근로 연수 매 2년에 대하여 1일
을 가산한 유급휴가를 주어야 한다. 이 경우 가산휴가를 포함한 총
휴가 일수는 25일을 한도로 한다.

근로기준법 제60조는 근로자에게 일정 기간의 유급휴가를 제
공함으로써, 지속적인 근로로 인한 피로를 회복하고 업무 효율
성을 높이기 위하여 연차유급휴가제도를 규정하고 있습니다.
연차유급휴가는 근로자 5인 이상 사업장에서 4주 동안을 평균
하여 1주 동안의 소정근로시간이 15시간 이상인 근로자에게 적
용됩니다.

🔍 계속근로 1년 미만 근로자

사용자는 계속하여 근로한 기간이 1년 미만인 근로자에게 1
개월 개근 시 1일의 특별연차유급휴가를 부여해야 합니다. 1년
미만 근로자에게 부여해야 하는 특별연차유급휴가는 매월 1일
이 아닌 입사일을 기준으로 1개월의 기간 동안 결근 없이 출근
하였다면 '1개월+1일'이 되는 날에 1일의 특별연차유급휴가가
발생합니다.

과거에는 계속근로 1년 이상 근로자의 경우 1년 간 80% 이

상 출근율 달성 시 15일**계속근로 1년 미만 근로자의 경우 1개월 개근 시 1일** 의 유급휴가가 발생되었으나, 2021년 10월 대법원**대법원 2021.10.14. 2021다2227100** 이 연차휴가는 1년 간 혹은 1개월 간 근로를 마친 다음날에 발생한다는 판결을 내림으로써 연차유급휴가의 발생 시점이 변경되었습니다.

따라서 근로자가 1월 1일에 입사한 경우 1월 1일부터 1월 31일까지 결근 없이 출근하면 2월 1일에 1일의 **특별** 연차유급휴가가 발생하고 동일한 방식으로 3월 1일, 4월 1일… 11월 1일, 12월 1일에 각 1일의 **특별** 연차유급휴가가 발생하여 최대 11일의 휴가가 발생할 수 있습니다.

또한 1년 미만인 근로자에게 1개월 개근 시 발생하는 1일의 **특별** 연차유급휴가와 관련하여 과거에는 '사용자는 근로자가 해당 휴가를 사용한 경우에는 그 사용한 휴가 일수를 1년 간 80% 이상 근무하여 발생한 15일의 휴가 일수에서 뺀다'고 규정하고 있었으나 근로기준법 개정으로 해당 규정이 삭제되어 2017년 5월 30일 이후 입사자부터는 입사 1년 전에 최대 11 및 '1년+1일'이 되는 시점에 15일의 연차유급휴가가 각각 발생하여 '1년+1일'이 되는 시점에는 최대 26일의 연차유급휴가가 발생합니다.

🔍 계속근로 1년 이상 근로자

　사용자는 근로자의 1년 간 출근율이 80% 이상이고 그 1년의 근로를 마친 다음날 1년+1일 까지 근로관계가 유지되는 경우 15일의 연차유급휴가를 부여해야 하며, 1년 간 출근율이 80% 미만인 경우에는 15일의 휴가가 발생하는 것이 아니라 매 1개월 단위로 개근 여부를 판단하여 개근한 월에 대해서만 1일의 연차유급휴가를 부여하면 됩니다.

　또한 퇴직금은 1년을 초과하여 근무하게 되면 1년 미만의 초과 일수에 대해서도 퇴직금을 일할계산해야 하지만, 연차유급휴가는 입사일 기준으로 매 1년 단위의 근로에 대해 부여되기 때문에 '1년+1일'을 재직하지 않고 퇴사하면 그 해의 연차유급휴가는 전혀 발생하지 않습니다 헌법재판소 2013헌마619, 2015. 05. 28 .

　그리고 1년 간 80% 이상 출근한 경우 15일의 연차유급휴가가 발생하며, 입사 이후 2년마다 1일씩 근속기간에 대한 추가 휴가가 발생합니다. 따라서 입사 1~2년차는 15일의 휴가가 발생하지만 3~4년차는 16일 발생합니다. 다만, 연차유급휴가의 최대 일수는 25일까지 발생하기 때문에 25일을 초과하는 휴가에 대해서는 추가로 휴가를 부여하거나 수당으로 지급하지 않아도 됩니다.

연차휴가 발생 기준 예시 - 1월 1일 입사자의 경우

구분 월	입사 1년차						입사 2년차					합계
	1월	2월	3월	.....	12월	소계	1월	2월	3월	.....	12월	
발생 연차	0일	1일	1일		1일	11일	15일					26일
사용 기간	입사일로부터 1년 (01. 01 ~ 12. 31)						발생일로부터 1년 (01. 01 ~ 12. 31)					-

🔍 **관련 기사**

'딱 365일' 일한 근로자, 연차휴가 26일 → 11일로 준다

앞으로 계약직과 정규직을 구분하지 않고 딱 1년 일한 근로자의 연차유급휴가(연차)는 기존 26일에서 11일로 줄어들게 된다. 그간 주어진 15일 연차에 대한 '연차 미사용 수당'도 청구할 수 없다. 고용노동부는 16일 근로기준법 제60조 제1항 '1년 간 80% 이상 출근한 근로자에게 주어지는 15일의 연차'에 대한 행정해석을 변경해 이날부터 시행한다고 밝혔다.

고용부의 이번 행정해석 변경은 지난 10월14일 대법원 판결에 따른 것이다. 근로기준법에 따르면 사용자는 1년 간 80% 이상 출근한 근로자에게 15일의 연차를 줘야 한다. 또 계속근로 기간이 1년 미만인 근로자나 1년 간 80% 미만 출근한 근로자에게는 1개월 개근 시마다 1일의 연차를 주도록 했다. 다시 말해 입사 후 1년 미만일 때는 최대 11일까지 연차가 주어지다가 근속기간이 1년이 되고 그 중 80% 이상 출근하면 2년차에 사용할 15일의 연차가 추가로 주어지는 것이다.

문제는 '1년 계약직' 같이 딱 1년만 일하고 퇴사한 경우 발생했다. 고용부는 그간 1년 계약직이 1년 근무하고 바로 퇴직하더라도 80% 이상 출근 요건을 충족했다면 11일에 더해 15일의 연차가 발생해 총 26일의 연차가 발생한다고 해석해왔다.

또 퇴사로 사용하지 못한 15일의 연차에 대해서는 연차 미사용 수당을 청구할 수 있다고 봤다. 11일의 연차도 전혀 사용하지 않았다면 최대 26일분의 수당 청구권이 발생하는 셈이다.

… <중략> …

그러나 최근 대법원은 이러한 고용부 해석을 뒤집었다. 1년 간 80% 이상 출근한 근로자에게 주어지는 15일의 연차는 1년의 근로를 마친 '다음날' 근로관계가 있어야 발생하는 만큼 1년 계약직에게는 주어지지 않는다고 판단하면서다. 최대 11일의 연차만 부여된다는 것이다. 이에 따라 앞으로는 1년 간 80% 이상 출근해도 1년의 근로를 마친 다음날 근로관계가 있어야 15일의 연차가 발생한다.

365일까지 일하고 퇴사한 경우는 15일의 연차가 부여되지 않지만, 만약 366일까지 일하고 퇴사했다면 15일의 연차가 발생하는 것이다. 이때는 15일 연차에 대한 미사용 수당도 청구할 수 있다.

출처 : 뉴시스, 2021. 12. 16

질병휴직으로 1년 80% 미만 출근율의 근무자에게 연차유급휴가를 며칠 부여해야 하나요?

🔍 관련 법률

<근로기준법>

제60조(연차 유급휴가)

② 사용자는 계속하여 근로한 기간이 1년 미만인 근로자 또는 1년간 80퍼센트 미만 출근한 근로자에게 1개월 개근 시 1일의 유급휴가를 주어야 한다.

⑥ 제1항 및 제2항을 적용하는 경우 다음 각 호의 어느 하나에 해당하는 기간은 출근한 것으로 본다.

1. 근로자가 업무상의 부상 또는 질병으로 휴업한 기간

2. 임신 중의 여성이 제74조 제1항부터 제3항까지의 규정에 따른 휴가로 휴업한 기간

3. <남녀고용평등과 일·가정 양립 지원에 관한 법률> 제19조 제1항에 따른 육아휴직으로 휴업한 기간

4. <남녀고용평등과 일·가정 양립 지원에 관한 법률> 제19조의 2 제1항에 따른 육아기 근로시간 단축을 사용하여 단축된 근로시간

5. 제74조 제7항에 따른 임신기 근로시간 단축을 사용하여 단축된 근로시간

    사용자는 근로기준법에 따라 1년 간 80% 미만 출근한 근로자에게 1개월 개근 시 1일의 휴가를 부여해야 하는데, 여기서 80%라는 출근율을 구체적으로 어떠한 기준으로 판단해야 하는지에 대하여 의문점이 들 수 있습니다.

    판례는 근로자가 1년 간 8할 이상 출근하였는지는 1년 간의 총 역일曆日 에서 법령, 단체협약, 취업규칙 등에 의하여 근로의무가 없는 날로 정하여진 날을 제외한 나머지 일수, 다시 말해 연간 근로의무가 있는 일수 이하 '연간 소정근로일수' 를 기준으로 그중 근로자가 현실적으로 근로를 제공한 날이 얼마인지를 비율적으로 따져 판단하여야 한다고 판시하고 있습니다 대법원 2013. 12. 26, 2011다4629 .

출근율 계산

$$\frac{\text{실제 출근일수}}{\text{연간 소정근로일수}} \times 100\% \geq \text{출근율 80\%}$$

따라서 예를 들어 입사 2년차 근로자가 1년 중 8개월은 개근 하였으나 나머지 4개월은 회사로부터 정직처분을 받아 1년 간 80% 미만 출근한 경우, 15일의 연차유급휴가는 발생하지 않더 라도 8개월 개근에 대한 매월 1일씩 총 8일의 연차유급휴가가 발생합니다.

다만, 근로기준법 제60조 제6항에 따라 출근율 산정 시 근로 자가 업무상의 부상 또는 질병으로 휴업한 기간산재기간, 출산 전 후 휴가 기간, 육아휴직 기간, 임신기·육아기 근로시간 단축기 간은 출근한 것으로 봅니다.

🔍 업무 외 부상 또는 질병으로 인한 휴직의 경우

남녀고용평등법에 따른 육아휴직 기간이 아닌 근로계약, 취 업규칙 또는 단체협약 등에 근거하거나 사용자의 허락 하에 부 여받은 약정 육아휴직 또는 업무 외 부상·질병휴직 등의 기간은 근로제공 의무가 정지되는 휴직으로, 개인적 귀책사유로 근로제 공을 하지 않은 결근과는 다릅니다. 이에 고용노동부는 개인적 사 정 등에 의한 약정 육아휴직 또는 질병휴직 기간은 연차휴가 산 정 시 결근으로 처리하는 것은 부당하며, 근로관계의 권리·의무 가 정지된 기간으로 보아 소정근로일수에서 제외하는 것이 타당 하나고 해석하고 있습니다임금근로시간과-1736, 2021. 08. 04.

이에 '연간 소정근로일수'에서 휴직기간 등의 기간을 제외한 나머지 일수 '실질 소정근로일수'를 기준으로 근로자의 출근율을 산정하되, 그 출근율이 연간 소정근로일수에 대하여 80% 미만인 경우에는 본래 평상적인 근로관계에서 산출되었을 연차휴가일수 15일에 대하여 '실질 소정근로일수'를 '연간소정근로일수'로 나눈 비율을 곱하여 산출하고, 그 출근율이 80% 이상인 경우까지 비례하여 적용하지 않습니다 대법원 2019. 02. 14, 2015다66052, 임금근로시간과-1818, 2021. 08. 12.

15일 × [(연간 소정근로일수 - 휴직기간 중 소정근로일수) / 연간 소정근로일수]

다시 말해 특별한 사유로 근로관계가 정지된 경우의 연차유급휴가 산정방법과 관련하여 '실질 소정근로일수'에 대한 출근율이 80% 이상이고 연차유급휴가 취득 요건의 충족 여부 판단, '연간 소정근로일수'에 대한 출근율이 80% 미만인 경우에만 비례부여하면 되는데, 이는 연간 소정근로일수에서 업무 외 부상 또는 질병으로 인한 휴직의 경우 등이 차지하는 일수를 제외한 후 나머지 일수 실질 소정근로일수 만을 기준으로 근로자의 출근율을 산정하여 연차휴가 취득 요건의 충족 여부를 판단하게 되는 경우, 연간 소정근로일수에서 제외하지 않고 결근으로 처리할 때 인정되는 연차휴가일수와의 불균형 등을 고려한 기준입니다.

🔍 업무 외 부상·질병의 경우 연차유급휴가 산정 예시

연간 소정근로일수 250일, 직원의 연차휴가일수 15일 가정

(1) 휴직기간이 30일이고 나머지 기간은 모두 출근한 경우

- 출근율 100%(= 출근일 220일 / [(연간 소정근로일수 250일 - 병가휴직 30일)]
- 출근율 100%로 연차휴가 발생요건 충족
- 실제 출근율 88% = 실제 출근일 220일 / 연간 소정근로일수 250일
- 연차유급휴가 발생일수 : 15일

(2) 휴직기간이 100일이고 나머지 기간은 모두 출근한 경우

- 출근율 100%(= 출근일 150일 / [(연간 소정근로일수 250일 - 병가휴직 100일)]
- 출근율 100%로 연차휴가 발생요건 충족
- 실제 출근율 60% = 실제 출근일 150일 / 연간 소정근로일수 250일
- 연차유급휴가 발생일수 : 9일 = [15일 X (150일/250일)]

쟁의행위와 직장폐쇄의 경우

쟁의행위는 헌법이나 법률에 의하여 보장된 근로자의 정당한 권리행사로 이를 두고 근로자가 결근한 것으로 볼 수는 없습니다. 본래 평상적인 근로관계에서 8할의 출근율을 충족할 경

우 산출되었을 연차유급휴가일수에 대하여 '연간 소정근로일수에서 쟁의행위 등 기간이 차지하는 일수를 제외한 나머지 일수'를 '연간 소정근로일수'로 나눈 비율을 곱하여 산출된 연차유급휴가일수를 근로자에게 부여하면 됩니다 대법원 2023. 12. 26, 2011다4629 .

앞에서 살펴 본 업무 외 부상 또는 질병으로 인한 휴직의 경우와 같이, 연간 소정근로일수에서 쟁의행위 등 기간이 차지하는 일수를 제외한 나머지 일수를 기준으로 근로자의 출근율을 산정하여 연차유급휴가 취득 요건의 충족 여부를 판단하되, 그 요건이 충족된 경우에는 본래 평상적인 근로관계에서 8할의 출근율을 충족할 경우 산출되었을 연차유급휴가일수에 대하여 '연간 소정근로일수에서 쟁의행위 등 기간이 차지하는 일수를 제외한 나머지 일수'를 '연간 소정근로일수'로 나눈 비율을 곱하여 산출된 연차유급휴가일수를 근로자에게 부여합니다.

다만, 쟁의행위 기간 중 사용자의 직장폐쇄가 있는 경우에는 구분하여 판단해야 합니다. 대법원은 사용자의 적법한 직장폐쇄로 인하여 근로자가 출근하지 못한 기간은 원칙적으로 연차휴가일수 산정을 위한 연간 소정근로일수에서 제외되어야 한다. 다만 노동조합의 쟁의행위에 대한 방어수단으로서 사용자의 적법한 직장폐쇄가 이루어진 경우, 이러한 적법한 직장폐쇄 중 근로자가 위법한 쟁의행위에 참가한 기간은 근로자의 귀책으로 근로를 제공하지 않은 기간에 해당하므로, 연간 소정근로일수에 포함시키되 결근한 것으로 처리하여야 한다고 판시하였습니다.

한편 위법한 직장폐쇄 중 근로자가 쟁의행위에 참가하였거나 쟁의행위 중 위법한 직장폐쇄가 이루어진 경우에, 만일 위법한 직장폐쇄가 없었어도 해당 근로자가 쟁의행위에 참가하여 근로를 제공하지 않았을 것이 명백하다면, 이러한 쟁의행위가 적법한지 여부를 살펴 적법한 경우에는 그 기간을 연간 소정근로일수에서 제외하고, 위법한 경우에는 연간 소정근로일수에 포함시키되 결근한 것으로 처리하여야 한다라고 하였습니다 대법원 2019. 2. 14. 선고 2015다66052 .

이와 같이 개인 사정에 의한 휴직기간이 소정근로일수에서 제외되기 때문에 해당 휴직기간이 연차휴가 산정대상기간 1년 중 일부 1년 미만 인 경우에는 앞서 본 바와 같이 그 기간을 제외한 나머지 소정근로일수와 연간 총 소정근로일수의 비율에 따라 연차유급휴가일수를 산정할 수 있지만, 휴직기간이 1년 이상인 경우에는 해당 기간을 소정근로일수에서 제외하면 나머지 소정근로일수가 전혀 없으므로 연차휴가도 발생하지 않습니다 법제처 19-0427, 2020. 02. 20 .

퇴사할 때 남은 연차유급휴가는 어떻게 해야 하나요?

연차유급휴가는 일정기간 계속 근로한 근로자에 대해 정신적·육체적 휴양을 통한 노동의 재생산 유지와 문화생활의 기회를 부여하기 위해 마련되었으며, 이러한 연차유급휴가는 발생일로부터 1년 간 사용 가능합니다 다만, 입사 1년 미만 기간의 연차유급휴가는 입사일로부터 최초 1년이 되는 날까지 사용가능.

그러나 근로자의 사정으로 연차유급휴가의 전부 또는 일부를 사용하지 못한 경우, 해당 연차유급휴가는 발생일로부터 1년의 사용 기간이 지나면 수당으로 전환되며, 근로자가 중도퇴직을 하게 되면 더 이상 연차유급휴가를 사용할 수 없게 되어 미사용한 연차유급휴가는 1년의 사용기간 종료 전에 수당으로 전환되기 때문에 퇴직일로부터 14일 이내에 지급해야 합니다.

다시 말해 이러한 연차유급휴가 미사용 수당청구권은 근로자가 일정기간의 근로의 대가로 발생한 연차유급휴가를 사용하지 아니하고 근로를 제공한 경우, 그 미사용 연차유급휴가 일수에 해당하는 연차유급휴가 미사용 수당을 사용자에 대하여 청구할 수 있는 권리로서 연차유급휴가청구권이 소멸된 시점에 발생합니다 임금근로시간과-2861, 2021. 12. 15 .

따라서 사용자는 근로자에게 발생한 연차유급휴가에 대하여 발생일로부터 1년의 사용기간을 부여하고 해당 기간 동안 근로자가 해당 연차유급휴가를 사용하지 아니하고 근로를 제공한 경우, 사용하지 못한 연차유급휴가 일수에 대하여 취업규칙이나 그 밖의 정하는 바에 의하여 통상임금 또는 평균임금을 지급하여야 하며, 특별히 정함이 없는 한 연차유급휴가청구권이 소멸된 날 이후 첫 임금 지급일에 지급하면 됩니다.

다시 말해 1월 1일에 연차유급휴가가 발생하였다면, 당해 연도 1월 1일부터 12월 31일까지 사용하지 못한 연차유급휴가 미사용 수당 지급일은 다음해 1월 임금정기지급일에 지급하면 됩니다.

또한 회사가 근로자에게 연차유급휴가 미사용 수당을 지급해야 하는 경우, 그 지급액은 취업규칙 등에서 정한 바에 따라 통상임금 또는 평균임금으로 지급하면 되지만, 별도의 규정이 없으면 통상임금으로 지급하되 휴가청구권이 있는 마지막 달의 통상임금으로 지급하면 됩니다 근로개선정책과-4218, 2013. 07. 19 .

연차유급휴가를 회계년도 기준으로 관리해도 되나요?

🔍 연차유급휴가 산정

　근로기준법에 따른 연차유급휴가 산정은 근로자의 개별 입사일을 기준으로 하지만, 직원이 많은 경우 이를 개별 입사일을 기준으로 산정함에 따른 많은 시간과 노력이 소요됨으로써 노무관리의 편의상 회계연도 기준으로 관리하는 경우가 많습니다. 이로 인하여 퇴직 시 어느 기준으로 연차휴가 미사용 수당을 산정하여야 하는지 논란이 되는 경우가 있습니다.

　고용노동부는 단체협약, 취업규칙에 의하여 연차유급휴가 산정에 대하여 근로자의 개별 입사일이 아닌 일률적으로 회계연도 기준으로 산정하는 것을 인정하고 있습니다. 다만, 근로자에게 불리하지 않아야 하므로 퇴직 시점에서 총휴가일수가 근로자의 입사일을 기준으로 산정한 휴가일수에 미달하는 경우에 그 미달하는 일수에 대해 연차휴가 미사용 수당으로 정산해 지급해야 합니다 근로개선정책과-5352, 2011. 12. 19 .

또한 입사일 기준으로 산정한 연차유급휴가보다 회계연도를 기준으로 연차유급휴가를 산정하는 것이 더 유리한 경우에는, 회계연도 기준에 따라 연차휴가 미사용 수당을 지급해야 하고 근로개선정책과-5352, 2009. 12. 31 , 퇴직시점에서 입사일 기준으로 재산정한다는 취업규칙이나 단체협약이 없는 한 발생한 휴가일수 전체를 부여해야 한다고 해석하고 있습니다 임금근로시간정책팀-489, 2008. 02. 28 .

연차유급휴가의 회계연도 기준에 따른 관리방식에 대해서 법으로 정하고 있는 바가 없으나, 일반적으로 입사한 지 1년이 되지 않는 근로자에 대하여 입사한 다음 연도 1월 1일에 입사한 해의 근속기간에 비례하여 연차유급휴가를 부여하고 그 다음 연도부터는 회계연도를 기준으로 휴가를 부여합니다. 다시 말해 연도 중에 입사한 근로자에 대해서 다음 연도에는 근속기간에 비례하여 미리 휴가를 부여하고, 그 이후 연도부터는 회계연도를 기준으로 연차유급휴가를 부여하게 됩니다.

예를 들어 7월 1일에 입사한 근로자의 경우, 입사한 해의 근속기간 입사 연도 7.1~12.31 이 회계연도 기준으로 산정하기 위한 대상기간 입사 연도 1.1~ 2.31 의 절반에 해당하므로 다음 연도 1월 1일에

7.5일 15일 × 6개월/12개월 의 휴가를 미리 부여하고, 다다음 연도 1월 1일부터 정상적으로 15일의 휴가를 부여하는 방식으로 처리할 수 있습니다. 또한 근로기준법 제60조 제2항에 따라 입사연도 6개월 동안 입사 연도 7.1~12.31 의 매월 개근 시 1일의 연차유급휴가를 별도 부여하는 방식을 따르면 됩니다.

또한 회사가 연차유급휴가의 관리방식을 회계연도 기준에서 입사일 기준으로 변경하거나 퇴사 시점에 입사일 기준으로 재정산한다는 내용으로 취업규칙을 변경하는 경우, 회계연도를 기준으로 적용받고 있는 근로자에게 연차유급휴가의 일수가 줄어들 수도 있습니다. 이는 근로조건의 불이익 변경에 해당하므로 해당 사업 또는 사업장에 근로자의 과반수로 조직된 노동조합이 있는 경우에는 그 노동조합, 근로자의 과반수로 조직된 노동조합이 없는 경우에는 근로자의 과반수의 동의를 받아야 할 것입니다.

🔍 회계연도 기준 연차유급휴가

회계연도 기준 연차유급휴가 산정 예시(2025. 07. 01 입사 가정)

날짜		휴가일수	산정방식
근속기간 1년 미만분		6일	매월 개근 시 8.1 ▶ 9.1 ▶ 10.1 ▶ 11.1 ▶ 12.1 ▶ 1.1에 (특별)연차유급휴가 1일씩 발생
2026. 1. 1.	회계연도분	7.5일	15일 X 6개월/12개월
근속기간 1년 미만분		5일	매월 개근 시 2.1 ▶ 3.1 ▶ 4.1 ▶ 5.1 ▶ 6.1에 (특별)연차유급휴가 1일씩 발생
2027. 1. 1.	회계연도분	15일	대상기간(전년도 1.1~ 2.31) 전체 근속
2028. 1. 1.	회계연도분	15일	대상기간(전년도 1.1~ 2.31) 전체 근속
2029. 1. 1.	회계연도분	16일	15일 + 1일(가산휴가)
2030. 1. 1.	회계연도분	16일	15일 + 1일(가산휴가)

단시간근로자의 연차휴가는
어떻게 부여해야 하나요?

관련 법률

<근로기준법>

제2조(정의)

① 이 법에서 사용하는 용어의 뜻은 다음과 같다.

9. "단시간근로자"란 1주 동안의 소정근로시간이 그 사업장에서 같
   은 종류의 업무에 종사하는 통상 근로자의 1주 동안의 소정근로
   시간에 비하여 짧은 근로자를 말한다.

제18조(단시간근로자의 근로조건)

① 단시간근로자의 근로조건은 그 사업장의 같은 종류의 업무에 종
   사하는 통상 근로자의 근로시간을 기준으로 산정한 비율에 따라

결정되어야 한다.

[근로기준법 시행령 별표2]

4. 휴일·휴가의 적용

나. 사용자는 단시간근로자에게 법 제60조에 따른 연차유급휴가
를 주어야 한다. 이 경우 유급휴가는 다음의 방식으로 계산한
시간단위로 하며, 1시간 미만은 1시간으로 본다.

$$\text{통상 근로자의 연차휴가일수} \times \frac{\text{단시간근로자의 소정근로시간}}{\text{통상 근로자의 소정근로시간}} \times 8\text{시간}$$

사업장 내·외의 경영환경으로 인하여 전일제 Full-time 근로
자만으로 운영하기보다는 필요한 특정시간에 아르바이트, 파트
타임 등의 전일제 근로자에 비하여 근무시간이 짧은 근무시간
형태로 운영하는 경우가 있습니다. 이렇게 전일제 근로자에 비
하여 근무시간이 짧은 근로자들은 비정규직의 유형 중 하나에
해당하기도 하는데, 근로기준법에서는 1주 동안의 소정근로시
간이 그 사업장에서 같은 종류의 업무에 종사하는 통상근로자
의 1주 동안의 소정근로시간에 비하여 짧은 근로자를 '단시간근
로자'로 규정하고 있습니다.

단시간근로자들도 근로기준법을 포함한 노동법이 적용되는
근로자로 기본적으로 근로계약시 작성, 퇴직금, 해고의 제한 등

이 똑같이 적용되지만, 근로기준법에서는 해당 단시간근로자의 근로조건에 대하여 통상근로자 Full-time 의 근로시간에 비례하여 결정된다는 기준을 규정하고 있습니다.

따라서 단시간근로자는 1년 동안 근로일의 80% 이상 출근한 경우 15일의 연차유급휴가가 똑같이 발생하지만 연차유급휴가로 사용할 수 있는 시간은 통상근로자의 근로시간에 비례하여 발생하게 됩니다 단, 1주 15시간 미만 근로자인 '초단시간 근로자'에게는 연차유급휴가가 발생하지 않음.

예를 들어, 1일 8시간씩 주 5일 주 40시간 을 근무하는 통상근로자의 경우 120시간 1일 8시간 × 15일 의 연차유급휴가로 사용할 수 있는 시간이 부여되지만 1일 6시간씩 주 3일 주 18시간 을 근무하는 단시간근로자에게는 48시간 1일 3.6시간 × 15일 의 연차유급휴가로 사용할 수 있는 시간이 부여됩니다. 다시 말해, 상기 해당 단시간근로자가 본인의 근무일 1일 6시간 에 연차유급휴가를 사용한다면 총 8일 48시간/1일 6시간 을 사용할 수 있습니다.

🔍 단시간근로자가 아닌 주 40시간 미만 근로자

단시간근로자의 정의에 대하여 근로기준법에서는 '그 사업장에서 같은 종류의 업무에 종사하는 통상 근로자의 1주 동안의 소정근로시간에 비하여 짧은 근로자'로 규정하고 있는 만큼, 1

주 근무시간이 주 40시간 미만 근로자라고 하여 모두가 단시간 근로자가 되는 것은 아니며, 해당 근로자가 근로기준법상의 단시간근로자가 되기 위해서는 해당 사업장에서 같은 종류의 업무에 종사하는 통상 근로자가 존재해야 한다는 것이 전제가 되어야 합니다.

따라서 해당 사업장에서 같은 종류의 업무에 종사하는 통상 근로자가 존재하지 않는 주 40시간 미만 근로자에 대하여 연차유급휴가 등에 대한 근로조건을 어떻게 책정해야 하는지에 대한 의문을 가질 수 있습니다. 특히 해당 사업장에서 같은 종류의 업무에 종사하는 근로자가 없는 경우뿐만 아니라, 같은 종류의 업무에 종사는 하지만 해당 통상 근로자조차 주 40시간 미만인 경우 또는 모든 근로자의 근로시간이 제각각인 경우도 있을 수 있습니다.

다만, 고용노동부는 일반적으로 단시간근로자의 근로조건은 통상 근로자의 근로시간을 기준으로 산정한 비율에 따라, 연차유급휴가를 산정하는 취지를 감안하여 비교대상인 통상근로자가 없는 1주 소정근로시간이 40시간 미만인 근로자의 경우에도 법정 근로시간에 비례하여 연차유급휴가를 산정하는 것이 타당하다고 해석하고 있습니다 임금근로시간과-2754, 2021. 12. 03 .

근로기준법 제60조의 연차휴가일수× [대상근로자의 1주 평균 소정근로시간 / 법정 근로시간(40)]× 8시간

연차유급휴가 사용촉진을 하면 사용하지 않은 휴가라도 소멸되나요?

🔍 관련 법률

> **<근로기준법>**
>
> 제61조(연차 유급휴가의 사용 촉진)
>
> ① 사용자가 제60조 제1항·제2항 및 제4항에 따른 유급휴가(계속하여 근로한 기간이 1년 미만인 근로자의 제60조 제2항에 따른 유급휴가는 제외한다)의 사용을 촉진하기 위하여 다음 각 호의 조치를 하였음에도 불구하고 근로자가 휴가를 사용하지 아니하여 제60조 제7항 본문에 따라 소멸된 경우에는 사용자는 그 사용하지 아니한 휴가에 대하여 보상할 의무가 없고, 제60조 제7항 단서에 따른 사용자의 귀책사유에 해당하지 아니하는 것으로 본다.

사용자는 근로자가 연차유급휴가를 청구하면 근로자의 사용 희망시기에 자유롭게 사용할 수 있도록 허용해야 하며, 근로자가 연차유급휴가의 사용시기를 정하여 청구한 경우 사용자의 승인 없이 사용했다 하더라도, 사용자가 시기변권경을 행사하지 않는 한 이를 당연히 결근 처리할 수 없는 근기 68207-1569, 2002. 04. 16 만큼 근로자의 연차유급휴가 사용권한은 사용자가 생각하는 것보다 근로자에게 상당한 권한이 부여됩니다.

따라서 단순히 업무량이 많아진다거나 일손이 바쁘다는 이유로 연차유급휴가의 사용 청구를 거부하는 것은 근로기준법에 위반될 수 있으며, 근로자가 청구한 시기에 휴가를 주는 것이 사업 운영에 막대한 지장이 있는 경우에 한하여 사용자는 사용시기를 변경할 수 있습니다.

그러나 근로기준법 제61조에는 근로자에게 부여되는 연차유급휴가의 사용에 대하여 일정한 제한을 두고 있는데, 사용자가 연차유급휴가의 사용촉진 절차를 거쳤음에도 불구하고 근로자가 해당 연차유급휴가를 사용하지 않으면, 사용자의 연차유급휴가 미사용 수당을 지급할 의무를 면제해주는 연차유급휴가 사용촉진제도를 규정하고 있습니다.

다시 말해 연차유급휴가 사용촉진제도는 사용자의 적극적인 연차유급휴가의 사용 권유에도 불구하고 근로자가 연차유급휴가를 사용하지 않았을 때, 회사의 연차유급휴가 미사용 수당 지급의부를 면제해 주는 제도입니다.

연차유급휴가 사용촉진제도는 근로자 동의 없이도 회사의 결정으로 실시할 수 있지만, 연차유급휴가 사용촉진은 시기, 수단 서면 등 절차를 엄격하게 지켜야 유효함을 인정받을 수 있으며, 1년 이상 근무자와 1년 미만 근무자에게 적용하는 방식이 조금은 다릅니다.

🔍 1년 이상 근무자에 대한 연차유급휴가 사용촉진 방식

- 휴가 사용 기간1년 만료 6개월 전을 기준으로 10일 이내에 회사가 근로자별로 휴가의 사용시기 지정을 서면으로 요구
- 근로자가 통보를 받은 날로부터 10일 이내에 사용시기를 지정 · 통보
- 근로자가 사용시기를 지정하지 않으면, 회사가 휴가 사용 기간 만료 2개월 전에 휴가 사용시기를 지정해 근로자별로 서면으로 통보

🔍 1년 미만 근무자에 대한 연차유급휴가 사용촉진 방식

- 입사일로부터 1년의 근무기간이 끝나기 3개월 전부터 10일 이내 이후 발생한 연차유급휴가 2일은 1개월 전부터 5일 이내 에 회사가 근로자별로 휴가의 사용시기 지정을 서면으로 요구
- 근로자가 통보를 받은 날로부터 10일 이내에 사용시기를 지정·통보
- 근로자가 사용시기를 지정하지 않으면, 회사가 입사일로부터 1년의 근무기간이 끝나기 1개월 전까지 마지막 연차유급휴가 2일은 10일 전까지 휴가 사용시기를 지정해 근로자별로 서면으로 통보

다만, 상술한 바와 같이 연차유급휴가 사용촉진은 시기, 수단 서면 등 절차를 엄격하게 지켜야 유효함을 인정받을 수 있는 바, 다음과 같은 경우에는 정당한 연차유급휴가의 사용촉진으로 보기 어렵기 때문에 사용자는 연차유급휴가 미사용 수당을 지급해야 합니다.

첫째, 근로기준법에서 규정하고 있는 사용촉진의 시기를 준수하지 않은 경우로, 불규칙적으로 사용 촉진을 하거나 매월 초 또는 분기 마다 촉진하는 방식은 정당성이 인정되지 않습니다.

둘째, 근로기준법의 규정에 따라 개별 근로자별로 연차유급휴가의 사용촉진을 하지 않거나 연차유급휴가의 사용시기 지정의 요구 및 사용시기 지정 통보를 서면으로 하지 않는 경우입니다. 예를 들어, 회사 게시판에 게재하는 등의 방식으로 근로자의 연차유급휴가의 미사용일수를 전체적으로 게시하고 사용을 촉진하거나 연차유급휴가의 사용시기의 지정을 통보하는 것은 정당성이 인정되지 않습니다.

셋째, 근로자가 연차유급휴가 사용 예정일에 근로자가 출근하여 근로를 제공한 경우입니다. 이 경우 회사는 노무수령 거부 의사를 명확히 해야 합니다. 명확한 노무수령 거부 의사를 표시 ex. 출입을 거부하거나, 근로자 책상 위에 노무수령 거부 통지서를 올려놓거나, 컴퓨터에 노무수령 거부 통지 화면이 나타나도록 하는 방법 등 한 경우에도 불구하고 근로자가 근로를 제공한 경우에만 사용자의 연차유급휴가 미사용수당 지급의무를 면제받을 수 있기 때문에, 소극적인 노무수령 거부권을 행사한 경우에는 연차유급휴가의 사용촉진의 정당성이 인정되지 않습니다.

🔍 2년차에 발생한 연차휴가 사용촉진 절차

(1월 1일 휴가 발생 기준)

· 대상 : 전년도 1년 간 출근율에 따라 발생한 연차휴가

1차 촉진		2차 촉진
(사용자 → 근로자) 연차휴가미사용일수 고지 및 사용시기 지정·통보 요구	(근로자 → 사용자) 근로자가 사용시기 지정·통보	(사용자 → 근로자) 근로자의 사용시기 미통보시 사용자가 사용시기 지정·통보
7.1.~7. 10. (6개월 전, 10일 간)	1차 촉진을 받은 날로부터 10일 이내	10. 31.까지 (2개월 전)

🔍 1년 미만 연차휴가 사용촉진 절차 (1월 1일 휴가 발생 기준)

· 대상 : 계속근로시간 1년 미만 기간동안 1개월 개근 시 1일씩 발생하는 연차유급휴가

1차 촉진			2차 촉진
(사용자 → 근로자) 연차휴가미사용일수 고지 및 사용시기 지정·통보 요구		(근로자 → 사용자) 근로자가 사용시기 지정·통보	(사용자 → 근로자) 근로자의 사용시기 미통보시 사용자가 사용시기 지정·통보
연차 9일	10.1.~10.10. (3개월 전, 10일 간)	1차 촉진을 받은 날로부터 10일 이내	11.30.까지 (1개월 전)
연차 2일	12.1.~12.5. (1개월 전, 5일 간)	1차 촉진을 받은 날로부터 10일 이내	12.21.까지 (10일 전)

신규입사자라도 출산 전후 휴가를 부여해야 하나요?

🔍 관련 법률

<근로기준법>

제74조(임산부의 보호)

① 사용자는 임신 중의 여성에게 출산 전과 출산 후를 통하여 90일(미숙아를 출산한 경우에는 100일, 한 번에 둘 이상 자녀를 임신한 경우에는 120일)의 출산 전후 휴가를 주어야 한다. 이 경우 휴가 기간의 배정은 출산 후에 45일(한 번에 둘 이상 자녀를 임신한 경우에는 60일) 이상이 되어야 하고, 미숙아의 범위, 휴가 부여 절차 등에 필요한 사항은 고용노동부령으로 정한다.

전 세계적으로 출산율이 감소하고 있는 추세이지만 경제협력개발기구OECD 회원국의 출산율2024년 1.4명 대비 한국2024년 기준 0.72명 은 대표적인 저출산사회로 꼽힙니다. 이에 정부는 대통령 직속 기구인 '저출산고령사회위원회'를 통해 저출산 및 인구의 고령화를 대비하기 위한 정책을 총괄하고 있기까지 하는 상황입니다.

저출산은 노동력 감소, 고령화로 인한 복지 부담 증가, 소비 감소 등 경제 전반에 부정적인 영향을 미칠 수 있으며, 특히 청년층의 감소는 생산성과 혁신 저하로 이어질 수 있기 때문에 정부에서는 출산율 제고를 위한 법·제도적 개선에 상당한 관심을 갖고 있습니다.

이와 관련한 근로기준법 제74조의 출산 전후 휴가는 여성근로자의 건강보호와 태아의 순조로운 발육을 위해 출산 전과 출산 후를 통하여 최소한의 보호휴가를 부여하는 것입니다. 근로기준법에는 임신 중인 여성 근로자에게 출산 전과 후에 90일미숙아 100일, 다태아 120일 의 보호휴가를 부여하되 반드시 출산 후에 45일미숙아 45일, 다태아 60일 이상이 보장되도록 하고 있으며, 고용형태, 직종, 근속기간 등과 관계없이 출산 전후 휴가를 부여해야 합니다.

또한 출산 전후 휴가를 규정한 근로기준법은 근로자의 신청 등에 대한 언급근로자 신청을 전제 이 없는 강행규정이므로, 여성근로자가 신정하지 않았거나 직게 신청히더리도 법으로 규정하고 있는 일수를 부여하지 않는 것은 근로기준법 위반에 해당 됩니다.

🔍 출산 전후 휴가의 시작일

출산 전후 휴가는 출산 전과 후를 통하여 90일을 부여하는 것이 원칙이고, 출산 전후 휴가기간 90일은 역일상의 기간이므로 출산 전후 휴가는 출산일로부터 90일이 지나서는 사용할 수 없습니다. 따라서 근로자가 출산 전후 휴가를 사용하지 않은 상태에서 근로제공 의무가 없는 휴일 또는 휴무일에 출산한 경우라면 출산일 다음 날부터 출산 전후 휴가를 부여하면 될 것이나, 출산일 다음 날이 휴일 또는 휴무일이라고 하더라도 이는 출산 전후 휴가기간에 포함되어야 합니다 여성고용정책과 - 2961, 2017. 07. 19 .

또한 출산 당일 근무개시 이후에 출산한 경우에는 근무한 날을 휴가일수에 산입하는 것이 불합리하므로 그 다음 날부터 휴가를 부여하는 것이 타당하며, 휴가기간은 역일상의 기간이므로 근무일 다음 날이 공휴일이더라도 휴가기간에 포함되어야 합니다 여성고용정책과-1542, 2016. 05. 18 .

🔍 분할사용 및 유산·사산휴가

출산 전후 휴가는 1회의 휴가를 연속 사용하는 것이 원칙이지만 ① 유산·사산의 경험이 있는 경우 ② 출산 전후 휴가를 청구할 당시 연령이 만 40세 이상인 경우 ③ 유산·사산의 위험이 있다는 의료기관의 진단서를 제출한 경우에는 예외적으로 분할하여 사용할 수 있습니다.

또한 출산 전후 휴가를 분할 사용할 수 있는 횟수나 분할기간에 대해서는 제한 규정이 없으므로 분할사용 사유에 해당하면 횟수나 기간 제한 없이 분할사용이 가능하나, 여러 번 분할사용을 할 경우에는 분할사용 시마다 진단서를 포함하여 분할사용을 다시 신청해야 합니다.

그리고 근로기준법은 임신 중인 여성 근로자가 유산 또는 사산한 경우, 여성 근로자의 정신적·신체적 건강을 보호하여 정상적으로 업무에 복귀할 수 있도록 하기 위해 유산·사산휴가를 규정하고 있습니다.

다만, 출산 전후 휴가를 신청 여부와 상관없이 의무적으로 부여해야 하는 것과 달리, 유산·사산휴가는 여성근로자가 신청한 경우에만 부여하면 됩니다. 한편 유산·사산휴가의 산정시점은 유산·사산시점부터 적용되기 때문에 늦게 신청하면 사용할 수 있는 휴가 기간이 줄어들게 됩니다.

🔍 출산 전후 휴가 및 급여

구분		단태아	미숙아	다태아
출산 전후 휴가기간		90일 (출산후 45일)	100일 (출산후 45일)	120일 (출산후 60일)
회사의 급여지급 의무기간		60일	60일	75일
출산 전후 휴가 급여 지원 (월 220만 원 한도 / 2026년 기준)	우선지원 대상기업	90일 모두 지원	100일 모두 지원	120일 모두 지원
	대규모 기업	무급 30일 지원	무급 40일 지원	무급 45일 지원

🔍 유산·사산휴가 일수

유산·사산한 근로자의 임신기간	유산·사산휴가 일수
15주 이내	유산·사산일로부터 10일까지
16주 이상 21주 이내	유산·사산일로부터 30일까지
22주 이상 27주 이내	유산·사산일로부터 60일까지
28주 이상	유산·사산일로부터 90일까지

🔍 관련 기사

올해도 합계출산율 0.7명대
"저출생 근본 원인 못 짚어"

통계청에 따르면 지난해 합계출산율은 0.72명, 4분기 합계출산율은 0.65명으로 역대 최저치를 찍으며 충격을 줬다. 한국은 세계에서 가장 빠른 속도로 출생률이 하락하는 나라다.

올해 들어서는 다소 사정이 나아질 것으로 보인다. 저출산고령사회위원회는 당초 올해 합계출산율을 0.68명으로 예상했으나 실제로는 이를 상회하는 0.74명 수준이 될 것이라고 27일 밝혔다. 출생아 수가 전년대비 증가해 23만 명대 후반을 기록할 것으로 예상했다. 코로나19 확산으로 혼인을 지연했다가 코로나19의 확산이 종식되자 혼인이 몰린 점이 출생아수 증가에 영향을 미친 것으로 보고 있다.

저출생이 지속되면서 정부는 지난 6월 '인구 국가비상사태'를 선언하고, 일·가정 양립, 양육, 주거 3대 핵심 분야 지원을 뼈대로 하는 저출생 대책을 발표했다. 전담부처인 '인구전략기획부' 신설 계획도 내놓았지만 국회에서는 정부조직법 개정 근처에도 가지 못했다.

대신 국회는 지난 9월 배우자 출산휴가와 난임치료휴가, 육아휴직, 육아기 근로시간단축, 출산 전후 휴가, 임신기 근로시간단축 기간과 지원을 확대하는 내용의 이른바 '저출생 3법'을 통과시켰다.

이런 정부의 정책은 구조적인 성차별, 노동시장 이중구조, 장시간 노동시간 등 저출생의 근본적인 원인에 대해서는 전혀 접근하지 못했다는 따가운 질책이 나온다.

출처 : 매일노동뉴스, 2024-12-30

사실혼 배우자가 출산한 경우라도 배우자 출산휴가를 부여해야 하나요?

🔍 관련 법률

<남녀고용평등과 일 · 가정 양립 지원에 관한 법률>

제18조의 2(배우자 출산휴가)

① 사업주는 근로자가 배우자의 출산을 이유로 휴가(이하 "배우자 출산휴가"라 한다)를 고지하는 경우에 20일의 휴가를 주어야 한다. 이 경우 사용한 휴가기간은 유급으로 한다.

② 제1항 후단에도 불구하고 출산 전후 휴가급여등이 지급된 경우에는 그 금액의 한도에서 지급의 책임을 면한다.

③ 배우자 출산휴가는 근로자의 배우자가 출산한 날부터 120일이 지나면 사용할 수 없다.

④ 배우자 출산휴가는 3회에 한정하여 나누어 사용할 수 있다.

⑤ 사업주는 배우자 출산휴가를 이유로 근로자를 해고하거나 그 밖의 불리한 처우를 하여서는 아니 된다.

　남녀고용평등법에는 출산한 여성 및 태아의 건강을 보호하고 남성의 육아참여 확대를 위하여 배우자 출산휴가 20일을 부여하도록 규정하고 있습니다. 배우자 출산휴가는 모든 회사에 의무적으로 적용되며 계약직, 단시간근로자 등 비정규직 또한 동일하게 적용됩니다. 또한 '배우자'라는 용어로 인하여 법적 혼인에 대해서만 적용되는 것으로 생각할 수도 있으나, 여기서 '배우자'는 법률혼뿐만 아니라 사실혼의 배우자도 포함하고 있습니다 여성고용정책과-3563, 2018. 08. 22 .

　사용자는 근로자가 배우자의 출산을 이유로 휴가를 고지하는 경우 20일 유급 의 배우자 출산휴가를 주어야 하는데, 해당 규정은 강행규정이므로 근로자가 휴가를 20일 미만으로 사용하려고 해도 출산한 날부터 120일 이내에 20일의 휴가를 부여해야 합니다.

　여기서 휴가일수 '20일'과 관련하여 배우자 출산휴가 기간 중 근로제공 의무가 없는 날 휴일 등 이 포함된 경우에는 당해 휴가일수에 산입하지 않습니다 다시 말해, 근로제공 의무가 있는 날을 기준으로 20일의 휴가 .

　또한 배우자 출산휴가는 근로자의 배우자가 출산한 날로부터

120일 이내에 모두 사용 120일 이내에 휴가 종료일이 포함 해야 하고, 120일이 지나면 사용할 수 없습니다 2025. 02. 23.부터 휴가 사용 관련 기한이 '90일 이내 청구'에서 '120일 이내 사용'으로 확대됨 . 따라서 배우자 출산휴가 사용 중 근로계약기간 만료 등으로 기존 회사에서 퇴사하고 다른 회사로 이직한 경우라도, 출산한 날로부터 120일이 경과하지 않았다면 이직한 회사에서는 남은 휴가일수만큼 배우자 출산휴가를 부여해야 합니다.

참고로 배우자 출산휴가는 출산일 이후에 사용하는 것이 원칙이지만, 출산을 위한 준비과정 등을 고려하여 휴가기간 안에 출산예정일을 포함하고 있다면 출산예정일 전부터 휴가를 사용하는 것도 가능하며, 출산한 날부터 120일 이내에 휴가를 3회 분할 4개의 구간으로 나누어 사용 하여 사용할 수 있습니다.

배우자 출산휴가 기간은 유급으로 해야 하는데, 중소기업 근로자는 휴가기간 전체에 대해 국가에서 배우자 출산휴가 급여를 지급하고, 사용자는 그 금액의 한도에서 지급 책임을 면하게 됩니다. 물론 근로자의 통상임금과 배우자 출산휴가 급여 상한액 1,684,210 / 2026년 기준 과의 차액은 사용자가 지급해야 합니다.

4장
임금

외국인, 고령자에게도 최저임금 이상을 지급해야 하나요?

🔍 관련 법률

> **<최저임금법>**
>
> 제3조(적용 범위)
>
> ① 이 법은 근로자를 사용하는 모든 사업 또는 사업장(이하 "사업"이
> 라 한다)에 적용한다. 다만, 동거하는 친족만을 사용하는 사업과
> 가사家事 사용인에게는 적용하지 아니한다.
>
> ② 이 법은 「선원법」의 적용을 받는 선원과 선원을 사용하는 선박의
> 소유자에게는 적용하지 아니한다.
>
> 제5조(최저임금액)
>
> ② 1년 이상의 기간을 정하여 근로계약을 체결하고 수습 중에 있는
> 근로자로서 수습을 시작한 날부터 3개월 이내인 사람에 대하여
> 는 대통령령으로 정하는 바에 따라 제1항에 따른 최저임금액과
> 다른 금액으로 최저임금액을 정할 수 있다. 다만, 단순노무업무

로 고용노동부장관이 정하여 고시한 직종에 종사하는 근로자는 제외한다.

제6조(최저임금의 효력)
① 사용자는 최저임금의 적용을 받는 근로자에게 최저임금액 이상의 임금을 지급하여야 한다.

임금에 대한 결정은 근로자와 사용자 간의 협상에 따라 결정할 문제이지만 노사 간 협상력의 불균형으로 인해 저임금의 문제가 발생할 수 있습니다. 그래서 최저임금법에서는 근로자에 대하여 임금의 최저수준을 보장하여 근로자의 생활안정과 노동력의 질적 향상을 꾀함으로써 국민경제의 건전한 발전에 이바지할 목적으로 최저임금제도를 규정하고 있습니다.

최저임금은 고용노동부 장관의 최저임금 심의요청에 의해 고용노동부 소속기관인 최저임금위원회에서 다음 연도 최저임금안을 심의·의결하고, 위원회가 심의·의결한 최저임금안을 제출하면 고용노동부 장관은 매년 8월 5일까지 다음 연도 최저임금을 고시합니다 최저임금의 적용 기간 : 매년 1월 1일부터 12월 31일 .

🔍 연도별 최저임금 시급 및 월 환산액

구분		2023년	2024년	2025년	2026년
최저 임금	시급	9,620원	9,860원	10,030원	10,320원
	월 환산액	2,010,580원	2,060,740원	2,096,270원	2,156,880원

최저임금제도는 직업의 종류 및 업종을 불문하고 근로자에게 일정 수준 이상의 임금을 지급하도록 강제하는 제도로, 기간제근로자, 단시간근로자파트타임, 일용직근로자 등 고용형태를 불문하고 모든 근로자에게 적용됩니다. 따라서 외국인 또는 고령자라는 이유만으로 최저임금보다 낮은 임금을 지급하는 것은 최저임금법 위반에 해당합니다.

다만, 동거하는 친족만을 사용하는 사업과 가사家事 사용인 및 선원법의 적용을 받는 선원과 선원을 사용하는 선박의 소유자에게는 최저임금이 적용되지 않습니다. 또한 정신·신체의 장애로 근로능력이 현저히 낮은 자로서 회사가 고용노동부 장관의 인가를 받은 경우에는 예외적으로 적용이 제외됩니다.

그리고 1년 이상의 기간으로 근로계약을 체결한 근로자에 대해서는 최초 수습 3개월 간은 최저임금의 10% 감액 적용이 가능하지만, 단순노무 업무로 고용노동부 장관이 정하여 고시한 직종에 종사하는 근로자에 대해서는 감액할 수 없습니다.

🔍 최저임금을 감액할 수 없는 단순노무업무 종사자

분류	직종 예시
건설 및 광업	건설 및 광업 단순 종사자
운송	택배원, 음식 및 기타 배달원, 하역 및 적재 단순 종사자, 이삿짐운반원
제조	수작업 포장원, 제조업 단순 종사원, 제품 단순 선별원
청소 및 경비	청소원, 환경미화원, 재활용 수거원, 건물관리원, 검표원, 아파트 경비원
가사음식 및 판매	가사도우미, 육아도우미, 주방보조원, 패스트푸드 준비원, 주유원 등 판매 관련 단순 종사자
기타 서비스	주차관리원, 세탁원

　최저임금 위반 여부는 고용노동부에서 사업장 근로감독 시 기본적으로 확인하는 사항이며 사용자는 해당 최저임금을 그 사업의 근로자가 쉽게 볼 수 있는 장소에 게시하거나 그 외의 적당한 방법으로 근로자에게 널리 알려야 합니다 위반 시 100만 원 이하 과태료. 또한 최저임금액을 이유로 기존의 임금 수준을 낮출 수 없으며 최저임금에 미달하는 근로계약은 그 부분에 한해 무효가 됩니다.

　또한 도급 계약을 할 때 도급인이 책임져야 할 사유 도급계약 체결 시 인건비 단가를 최저임금액 미만으로 책정하는 경우 등로 최저임금에 미치지 못하는 임금을 지급하게 되면 도급인은 해당 근로자의 사용자 수급인와 연대책임을 부담하게 됩니다.

🔍 최저임금 심의 및 결정과정

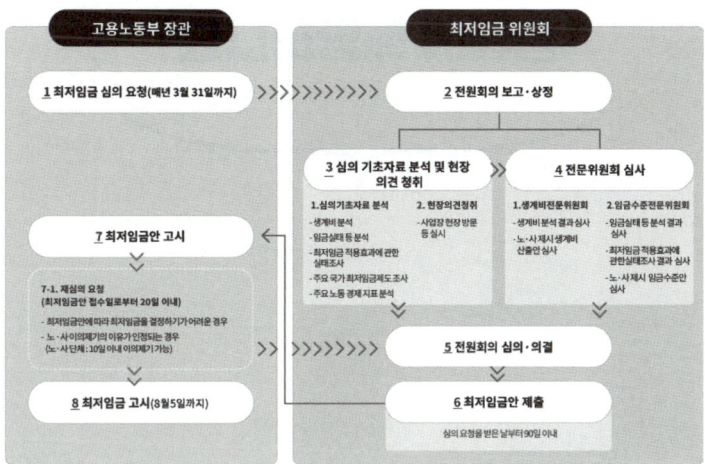

출처 : 최저임금위원회 홈페이지

근로자에게 지급된 경조사비도 임금에 해당하나요?

관련 법률

> **<근로기준법>**
>
> 제2조(정의)
>
> ① 이 법에서 사용하는 용어의 뜻은 다음과 같다.
>
> 5. "임금"이란 사용자가 근로의 대가로 근로자에게 임금, 봉급, 그 밖에 어떠한 명칭으로든지 지급하는 모든 금품을 말한다.

임금은 근로자와 사용자 간 근로계약에서 핵심적인 요소이며, 노동관계법과 사회경제 전반에서 매우 중요한 의미를 갖는데 회사가 근로자에게 지급하는 금품 전부가 임금에 해당하는 것은 아닙니다. 다시 말해 회사가 근로자에게 지급하는 금품은 근로자의 대가로 지급하는 임금과 근로와 무관하게 지급되어 임금에 해당하지 않는 기타 금품으로 구분됩니다.

근로기준법에서는 임금의 정의를 사용자가 근로의 대가로 근로자에게 임금, 봉급, 그밖에 어떠한 명칭으로든지 지급하는 일체의 금품으로 규정하고 있는데, 임금에 해당하는지 여부의 판단에 있어 가장 중요한 기준이 바로 근로의 대상성, 다시 말해 근로의 대가로 받는 금품이어야 임금에 해당합니다.

따라서 근로의 대가로 지급의무가 지워지는 임금을 회사가 지급하지 않거나 적게 지급하는 경우에는, 근로기준법 위반으로 형사책임을 부담하게 되지만 근로자의 대가가 아닌 기타 금품에 해당하는 경우에는 노동관계법이 적용되지 않고 지급받지 못한 기타 금품을 받기 위해서는 민사소송 등을 통해 해결해야 합니다.

🔍 임금이 아닌 기타 금품

회사가 직접 지급하지 않는 금품

임금은 회사가 근로자의 근로에 대한 대가로 지급하는 것이기 때문에 회사가 관리 힐 수 있고 회사가 지급하는 것이어야 함니다. 따라서 근로자가 근로를 제공하고 받은 금품이라도 지급의 주체가 회사가 아닌 경우 임금에 해당하지 않습니다. 예를 들어 골프장 캐디 팁, 봉사료 등이 이에 해당할 수 있습니다. 다만, 회사가 해당 금품을 일괄 회수하여 직접 분배하면 임금에 해당할 수 있습니다.

은혜적·호의적으로 지급되는 금품

경조금, 생일 축하금, 포상금, 명절 떡값, 하계 휴가비 등처럼 임의적 · 은혜적 · 호의적 의미에서 지급되는 금품은 원칙적으로 근로의 대상으로 볼 수 없어 임금에 해당하지 않습니다. 다만, 명절 떡값, 하계 휴가비 등이 장기간 관행적으로 지급되어 오고 취업규칙 등에 지급의무, 지급액 등이 정해져 있다면 관행화된 근로조건으로 임금에 해당할 수 있습니다.

실비 변상적인 금품

근로의 대가가 아닌 근로자가 업무수행 과정에서 지출한 비용 또는 생산수단 구입을 위해 지출한 비용을 보전해 주기 위해 지급되는 금품은 기타 금품에 해당합니다. 작업복 구입비, 작업용품 대금, 출장비, 판공비, 당직비 등이 이에 해당할 수 있습니다.

복리후생비

순수한 의미의 복리후생비는 근로의 대가라고 볼 수 없으므로 임금에 해당하지 않습니다. 사택, 통근차, 주택자금이나 학자금의 대여 등은 근로와 무관하게 다시말해 근로의 질·양 등과 관계 없이 지급되는 금품이기 때문에 임금에 해당하지 않습니다.

복지 포인트의 임금성에 대해서도 논란이 존재했으나, 대법원은 선택적 복지제도의 근거 법령 근로복지기본법의 연혁 및 도입경위, 복지 포인트의 특성 등에 비추어, 복지 포인트의 배정은 근로기준법에서 말하는 임금에 해당하지 않는다고 판단한 바 있습니다 2016다48785, 2019. 08. 22 전원합의체 판결.

성과에 따라 변동되는 성과급 등

상여금 보너스과 성과급 인센티브의 경우 취업규칙 등에 지급조건 금액 시기가 정해져 있거나 관행상 전체 근로자에게 일정 금액을 지급하는 경우에는 임금으로 인정됩니다. 하지만 구체적인 지급기준을 정함이 없이 그 지급이 사용자의 재량에 맡겨져 있는 경우에는 임금에 해당하지 않습니다. 또한 경영성과에 따라 지급되는 경영평가 성과급에 대해서는, 일시적·불확정적으로 지급되는 경우에는 임금이 아니라고 할 수 있지만, 계속적·정기적으로 지급되고 지급대상, 지급조건 등이 확정되어 있다면 경영실적 평가결과에 따라 그 지급률이 달라져도 임금으로 인정될 수 있습니다.

🔍 임금에 대한 판단기준

임금 요건	구체적 판단 기준
근로의 대가성	지급의무 발생이 근로제공과 직접·밀접한 관련성 : 지급의무 발생이 개별 근로자의 특수하고 우연적인 사정으로 지급이 결정되는 경우 임금성 부정
사용자의 지급의무	단체협약, 취업규칙, 근로계약, 노동관행 등에 의해 지급의무가 발생하여 사용자가 지급여부를 임의로 결정할 수 없는 경우 임금성 인정
계속적·정기적 지급	일정한 간격을 두고 계속적·정기적 지급 : 지급주기가 한 달을 넘더라도 계속적·정기적으로 지급되고 지급액이 확정되어 있다면 임금성 인정(ex. 정기상여금)

연장근로수당 등 산정 시 기준이 되는 통상임금이 어디까지 포함되나요?

🔍 관련 법률

> **<근로기준법 시행령>**
>
> 제6조(통상임금)
>
> ① 법과 이 영에서 "통상임금"이란 근로자에게 정기적이고 일률적으로 소정所定근로 또는 총 근로에 대하여 지급하기로 정한 시간급 금액, 일급 금액, 주급 금액, 월급 금액 또는 도급 금액을 말한다.

근로기준법에서는 연장 · 야간 · 휴일근로수당, 연차유급휴가 미사용 수당 등의 산정 시 통상임금을 기준으로 하도록 규정하고 있습니다. 이렇게 각종 법정수당을 계산함에 있어 기초가 되는 임금이 통상임금인데, 사업장에서는 통상임금에 대한 정확한 정의, 범위 등을 제대로 알지 못하고 그냥 월급 총액 또는 기본급을 30일로 나눈 후 이를 다시 8시간으로 나눈 시간당 임금액을 기준으로 하여 연장근로수당 등을 계산하는 경우를 종종 볼 수 있습니다.

근로기준법에서는 통상임금의 정의에 대하여 "근로자에게 정기적이고 일률적으로 소정所定 근로 또는 총근로에 대하여 지급하기로 정한 시간급 금액, 일급 금액, 주급 금액, 월급 금액 또는 도급 금액"이라고 규정하고 있습니다.

과거 대법원은 통상임금에 속하는지는 소정근로의 대가로 지급되는 금품으로서, 정기적·일률적·고정적으로 지급된 것인지를 기준으로 객관적인 성질에 따라 판단하여야 한다고 판시하였습니다 대법원 전원합의체 2012다89399, 2013. 12. 18 .

🔍 변경 전 통상임금 요건

정기성	일정한 간격을 두고 계속적으로 지급되어야 함
일률성	모든 근로자나 일정한 조건 또는 기준에 달한 모든 근로자에게 일률적으로 지급되어야 함
고정성	임의의 날에 소정근로를 제공하면 추가적인 조건의 충족 여부와 관계없이 당연히 지급될 것이 예정되어 임금의 지급 여부나 지급액이 사전에 확정되어 있어야 함

다만, 최근 대법원 2020다247190, 2024. 12. 18. 전원합의체 판결 은 종전 판례의 경우, 법령상 근거 없는 고정성 개념에 통상임금 판단이 좌우되어 조건 부가에 의해 통상임금성이 쉽게 부정되어 통상임금 범위가 부당하게 축소되고 연장근로에 대해 법이 정한 정당한 보상이 이루어지지 못하고 있다며, 기존 대법원에서 통상임금의 요건으로 규정하고 있던 "고정성" 개념을 폐기하고, 근로자가 소정근로를 온전하게 제공하면 그 대가로서 정기적, 일률적으로 지급하도록 정해진 임금은 조건의 존부나 성취 가능성과 관계없이 통상임금에 해당한다고 판시하였습니다.

다시 말해 통상임금은 근로자에게 정기적이고 일률적으로 소정근로 또는 총근로에 대해 지급하기로 정한 시간급·일급·주급·월급 또는 도급 금액으로, 실제로 근로를 제공하여 발생한 임금이 아닌 근로를 제공하기 전에 지급하기로 약정한 임금을 의미합니다.

🔍 임금유형별 통상임금 여부

임금명목	임금의 특징	통상임금 해당여부	
		'13년	'24년
기술수당	기술이나 자격보유자에게 지급되는 수당(자격수당, 면허수당 등)	통상임금○	통상임금○
근속수당	근속기간에 따라 지급여부나 지급액이 달라시는 임금	통상임금○	통상임금○

가족 수당	부양가족수에 따라 달라지는 가족수당	통상임금× (근로와 무관한 조건)	통상임금× (근로와 무관한 조건)
	부양가족수와 관계없이 모든 근로자에게 지급되는 가족수당 분	통상임금 ○ (명목만 가족수당, 일률성 인정)	통상임금 ○ (명목만 가족수당, 일률성 인정)
성과급	근무실적을 평가하여 지급여부나 지급액이 결정되는 임금	통상임금× (조건에 좌우됨, 고정성 인정×)	통상임금× ('소정근로 대가성'을 갖추었다고 보기 어려움)
	최소한도가 보장되는 성과급	그 최소한도 만큼만 통상임금○ (그 만큼은 일률적, 고정적 지급)	최소한도의 일정액은 통상임금○ (근무실적과 무관하게 최소 한도의 일정액을 지급하기로 정한 경우 그 금액은 소정근로의 대가에 해당)
상여금	정기적인 지급이 확정되어 있는 상여금(정기상여금)	통상임금○	통상임금○
	기업실적에 따라 일시적, 부정기적, 사용자 재량에 따른 상여금 (경영성과분배금, 격려금, 인센티브)	통상임금× (사전 미확정, 고정성 인정×)	통상임금× ('소정근로 대가성'을 갖추었다고 보기 어려움)
특정시점 재직 시 에만 지급되는 금품	특정시점에 재직 중인 근로자만 지급받는 금품 (명절귀향비나 휴가비의 경우 그러한 경우가 많음)	통상임금× (근로의 대가×, 고정성×)	통상임금○ (명절귀향비, 휴가비도 소정근로의 대가성이 인정되고 정기성, 일률성을 갖춘 경우 통상임금○)
	특정시점이 되기 전 퇴직 시에는 근무일수에 비례하여 지급되는 금품	통상임금○ (근무일수 비례하여 지급되는 한도에서는 고정성○)	통상임금○

출처 : 통상임금 노사지도 지침 고용노동부, 2025. 02. 06

근로자가 업무를 하다가 실수로 회사에 손해를 입혔는데 월급에서 공제해도 되나요?

🔍 관련 법률

<근로기준법>

제43조(임금 지급)

① 임금은 통화(通貨)로 직접 근로자에게 그 전액을 지급하여야 한다. 다만, 법령 또는 단체협약에 특별한 규정이 있는 경우에는 임금의 일부를 공제하거나 통화 이외의 것으로 지급할 수 있다.

근로자들의 업무 중 실수로 인해 회사가 손해를 입는 경우가 종종 발생합니다. 생산직원이 실수로 기계설비를 파손하는 경우, 사무직원이 숫자를 잘못 입력하여 비용이 과오처리되는 경우, 부주의로 고객에게 피해를 끼쳐 회사가 이에 대한 책임을 부담해야 하는 경우 등 회사로서는 난감한 상황에 놓이는 경우가 많습니다.

회사가 근로자에 대하여 책임을 묻고자 하더라도 근로자의 입장에서는 잘못은 인정하지만 업무를 하다가 실수한 것인데 너무한 거 아니냐고 불만을 가질 수도 있습니다. 그러나 손해금액이 크지 않다면 그냥 넘어갈 수도 있지만 그렇지 않은 경우 회사 입장에서는 근로자에게 책임을 물어 급여에서 공제하는 것을 고민할 수밖에 없습니다.

다만, 근로기준법 제43조 제1항에 근거하여 법령 ex. 4대 보험료 등 이나 단체협약 ex. 노동조합비, 복리후생시설 이용비 등 에 특별한 규정이 있을 때를 제외하고는 임금의 일부를 공제할 수 없고 그 전액을 근로자에게 지급해야 한다는 '임금전액지불원칙'에 따라 근로자가 업무상 실수로 회사에 손해를 입혔더라도 일방적으로 급여를 공제하는 것은 임금체불로 간주될 수 있습니다.

물론 민법 제390조, 제750조에 근거하여 회사에 손해를 입힌 근로자에 대하여 민사상 손해배상 청구가 가능하겠지만 정확한 손해배상 청구액을 산정하는 것은 상당히 어려운 일이며 소송을 제기하더라도 발생 손해액 전부를 인정받는 것 또한 여의치 않기 때문에 현실적으로 민사소송을 제기하는 것은 쉬운 일은 아닙니다.

다만, 근로자가 업무 중 실수로 회사에 손해를 입혔다고 하여 일방적으로 급여를 공제하는 것은 불가능하지만 근로자의 동의를 얻어 적정 수준의 손해금액만큼 급여에서 공제하는 것은 가능하므로 손해의 규모, 근로자의 과실 정도, 과거 배상사례 등을 고려하여 합리적인 금액을 결정하여 근로자에게 요구 급여 공제 동의 할 수 있습니다.

🔍 급여 착오지급

일반적으로 임금은 직접 근로자에게 전액을 지급하여야 하므로 임금전액지불원칙 근로자에 대하여 가지는 채권은 근로자의 임금채권과 상계를 하지 못하는 것이 원칙입니다. 다만, 회사의 단순 계산의 착오 등으로 임금이 초과 지급되었을 때 그 행사의 시기가 초과 지급한 임금에 대한 조정으로 볼 수 있을 만큼 가까워 합리성이 있고, 상계 금액과 방법을 근로자에게 예고하여 근로자 생활을 해할 염려가 없으면 회사가 초과 지급된 임금을 근로자의 동의 없이도 상계할 수 있습니다 대법원 94다26721, 1995.12.21 .

🔍 임금 압류의 경우

회사는 '임금전액지불원칙'에 따라 임금을 직접 근로자에게 전액을 지급해야 하는데 법원으로부터 '직원의 임금이 압류 되었으니 해당 임금을 지급해서는 아니된다'라는 임금압류 결정문을 받는 경우가 종종 있습니다.

임금의 압류는 근로자의 채권자ex. 은행 등 가 본인의 채권을 확보하기 위해 근로자가 회사로부터 받을 수 임금을 압류하는 것을 의미합니다. 다만, 근로자의 생계보장을 위해 민사집행법 제246조 제1항 제4호에는 "급료 · 연금 · 봉급 · 상여금 · 퇴직연금, 그밖에 이와 비슷한 성질을 가진 급여채권의 2분의 1에 해당하는 금액"은 압류를 금지하는 것으로 정하고 있으며 민사집행법 시행령 제4조는 근로자의 최저생계비를 감안하여 월 185만 원의 압류금지 최저금액을 규정하고 있습니다.

여기서 임금을 압류할 때 기준이 되는 임금은 공제 전 임금이 아니라, 제세공과금 등을 제외한 공제 후 금액실수령액 을 기준으로 합니다. 따라서 회사는 근로자에 대하여 임금압류결정문을 받았더라도 근로자의 월급이 185만 원실수령액 기준 이하라면 그 전액을 압류할 수 없으므로, 월급 전체 금액을 근로자에게 지급해야 하며 국민기초생활보장법 등에 의한 최저생계비 및 표준생계비를 감안하여 다음과 같이 급여압류 가능금액을 따로 정하고 있습니다.

- 월 임금이 185만 원 이하인 경우: 전액 압류금지
- 월 임금이 185만 원을 초과하고 300만 원 이하인 경우: 185

만 원을 제외한 나머지 금액

- 월 임금이 300만 원을 초과하고 600만 원 이하인 경우: 월 임금의 1/2을 초과하는 금액
- 월 임금이 600만 원을 넘는 경우: 300만 원 + [{임금/2 – 300만 원}/2]'을 제외한 나머지 금액

또한 퇴직금도 1/2에 해당하는 금액은 압류가 금지되며 퇴직위로금이나 명예퇴직수당은 그 직에서 퇴임하는 자에 대하여 그 재직 중 직무집행의 대가로서 지급되는 후불적 임금으로서 보수의 성질을 가진 급여채권으로 인정되어 1/2에 해당하는 금액의 압류가 금지됩니다 대법 2000마 1439, 2000. 06. 08. 그러나 퇴직연금은 근로자퇴직급여보장법에 따라 양도가 금지되므로 퇴직연금에 대해서는 압류할 수 없습니다.

🔍 임금 압류 가능 범위

구분	월 임금	압류 가능 금액
임금	185만 원 이하	압류 전액 불가
	185만 원 초과 ~ 370만 원 이하	185만 원 초과한 금액
	370만 원 초과 ~ 600만 원 이하	임금의 1/2 초과한 금액
	600만 원 초과	[300만 원+[{(임금/2)-300만 원}/2] 초과한 금액
퇴직금	퇴직일시금	퇴직금의 1/2 초과한 금액
	퇴직연금	압류 금지

전체 내부공사로 당분간 회사문을 닫는데 그 기간 동안 무급으로 해도 되나요?

🔍 관련 법률

〈근로기준법〉

제46조(휴업수당)

① 사용자의 귀책사유로 휴업하는 경우에 사용자는 휴업기간 동안 그 근로자에게 평균임금의 100분의 70 이상의 수당을 지급하여야 한다. 다만, 평균임금의 100분의 70에 해당하는 금액이 통상임금을 초과하는 경우에는 통상임금을 휴업수당으로 지급할 수 있다.

② 제1항에도 불구하고 부득이한 사유로 사업을 계속하는 것이 불가능하여 노동위원회의 승인을 받은 경우에는 제1항의 기준에 못 미치는 휴업수당을 지급할 수 있다.

회사는 판매부진, 자금난, 주문량 감소, 원자재 부족 등의 사유로 일정기간 휴업을 실시하는 경우가 있습니다. 이렇게 근로자가 근로를 제공하려하지만 그 의사에 반하여 근로제공이 불가능하거나, 사용자에 의하여 노무수령이 거부된 경우를 휴업이라고 합니다.

휴업은 근로자 자신이 아닌 사용자의 귀책사유로 근로를 제공하지 못해 임금을 받지 못하는 경우가 발생한 것이므로 근로자 보호를 위해 근로기준법 제46조는 사용자의 귀책사유로 휴업하는 경우에 사용자는 휴업기간 동안 그 근로자에게 평균임금의 70% 이상의 휴업수당을 지급하도록 규정하고 있습니다 5인 이상 사업장 적용.

여기서 사용자의 귀책사유는 민법상의 고의 · 과실은 물론 판매부진, 자금난, 공장이전, 시장불황과 생산량 감축 등 사용자의 세력범위 내에서 생긴 경영상 장애까지 사용자의 귀책사유에 해당합니다. 다만, 천재지변 · 전쟁 등과 같은 불가항력, 그밖에 사용자의 세력범위에 속하지 않는 기업 외적인 사정은 사용자의 귀책사유로 보지는 않습니다.

휴업은 사업장 전체가 휴업하는 경우뿐만 아니라, 사업장의 일부 휴업, 1일 중 일부 근로시간만 휴업, 특정 근로자에 대한 노무수령 거부[대기발령 대법 2012다12870, 2013. 10. 11, 조기퇴근 조치 등]도 포함되며 휴업은 개별 근로자의 동의가 없어도 업무상 필요하다면 할 수 있고 근로사 과반수의 동의 또는 근로자 대표의 서면 동의가 필요한 것도 아닙니다.

근로기준법은 휴업기간에 평균임금 70% 이상의 휴업수당을 지급하도록 규정하고 있으나, 평균임금의 70%에 해당하는 금액이 통상임금을 초과하면 통상임금을 기준으로 휴업수당을 지급할 수 있다고 규정하고 있습니다.

또한 부득이한 사유로 사업을 계속하는 것이 불가능하여 회사가 노동위원회의 승인을 얻으면 평균임금 70% 이하 무급 포함의 휴업수당을 지급할 수 있습니다. 여기서 '부득이한 사유'라 함은 내외부 사정을 종합적으로 살펴 ① 사용자가 경영정상화를 위해 선량한 관리자로서 최선을 다하고 ② 그것이 사회통념상 인정될 수 있는 경우를 의미합니다. 한편 사업계속이 불가능하다는 것은 사용자로서 노력을 다하여도 조업을 일시 중지할 수밖에 없는 경우로 기업도산이나 폐업 등에 이르는 상황을 요하는 것은 아닙니다 휴업수당제도 해석 기준: 근로기준과-387, 2009. 02. 13.

또한 1주일 중 일부 근로일만 휴업하는 경우 휴업한 날을 제외한 소정근로일을 전부 개근하였다면 1일분 주휴수당을 지급해야 하며, 1주 간의 소정근로일 전체를 휴업한 경우에는 그 소정근로일 개근 시 부여하는 유급 주휴일도 휴업기간에 포함하여 휴업수당을 지급해야 합니다. 또한 무급휴직은 회사에서 일방적으로 실시하기 어려우며 개별 근로자의 자발적 신청이나 동의가 필요합니다. 만약 개별 근로자의 동의 없이 휴직을 할 경우 이는 사실상 휴업에 해당하므로 휴업수당을 지급해야 합니다.

대법 "'0시간 계약' 시간강사에 휴업수당 지급하라"

이른바 '0시간 계약'으로 급여를 받지 못한 대학 시간강사에게 휴업수당을 지급해야 한다는 대법원 판결이 나왔다. 이번 대법원 판결로 인해, '최소 강의 시간'을 보장받지 못한 채 '0시간 계약' 형태로 근무하는 시간강사들이 급여를 받을 가능성이 열릴 전망이다.

13일 법조계에 따르면 대법원 2부(주심 신숙희 대법관)는 지난달 25일 국립경상대학교 강사였던 하태규 씨가 국가를 상대로 제기한 임금 지급 소송 상고심에서 "국가가 하 씨에게 월 평균 임금의 70%에 해당하는 휴업수당 약 358만원을 지급하라"고 원고 일부 승소 판결한 원심을 확정했다.

지난 2019년 9월 국립경상대학교 대학원 정치경제학과의 시간강사로 임용된 하 씨는 2022년 2월까지 학기마다 1, 2개씩 강의를 배정받아 학생들을 가르쳐왔다. 하지만 2022년 1학기(3~8월)에는 학교 측이 하 씨에게 강의를 배정하지 않고, 급여도 지급하지 않았다. 계약상으로는 '강사'였지만, 강의를 하지 못하는 이른바 '0시간 계약'으로 인해 6개월 간 급여를 한 푼도 받지 못한 것이다.

… <중략> …

그러면서 "'강의가 없는 학기에는 임금을 별도로 지급하지 않는다'고 기재된 임용계약서가 있지만, 근로기준법 기준에 미치지 못하는 근로계약은 무효"라며 "휴업수당을 사전에 포기하는 것도 근로기준법에 위배되므로 휴업수당을 지급할 의무가 있다"고 판시했다.

대법원도 이런 원심 판결이 옳다고 보고 그대로 확정했다.

대법원의 판결에 대해 하 씨는 "휴업수당과 관련해 강사들의 권리가 자동으로 보장이 될 수 있는 조건이 돼서 굉장히 큰 의미가 있다"며 "처우 개선의 문제는 근본적으로 휴업 수당 수준에서 그쳐서는 안 되고 급여 등에 대한 개선이 앞으로 이뤄져야 할 것"이라고 봤다.

하 씨의 대리인인 직장갑질119 대표 윤지영 변호사도 "임용한 시간강사에게 수업을 배정하지 않은 것은 대학의 책임이므로, 수업 미배정으로 인한 휴업에 대해 대학이 휴업수당을 지급해야 함을 인정했다는 점에서 의의가 있다"며 "대학이 시간강사의 강의 시간을 마음대로 결정하는 것에 대해서도 제동을 걸었다"고 평가했다.

출처 : 노컷뉴스, 2024. 08. 13

본인의 월급을 배우자한테 지급해 달라고 하는데 그렇게 해도 되나요?

🔍 관련 법률

> **<근로기준법>**
>
> 제43조(임금 지급)
>
> ① 임금은 통화通貨로 직접 근로자에게 그 전액을 지급하여야 한다. 다만, 법령 또는 단체협약에 특별한 규정이 있는 경우에는 임금의 일부를 공제하거나 통화 이외의 것으로 지급할 수 있다.

회사는 근로자가 신용상의 문제 등으로 본인의 은행계좌가 아닌 배우자, 자녀 또는 제3자의 계좌로 임금을 지급해 줄 것을 요청받는 경우가 종종 있는데 임금은 근로를 제공한 근로자 본인에게 직접 지급하는 것이 원칙입니다.

다시 말해 근로자가 제3자에게 임금 수령을 위임하거나 대리하게 하는 법률행위는 원칙적으로 무효입니다. 다만, 판례는 근로자 본인이 직접 수령할 수 없는 사정에 상당한 이유가 있는 경우에는 예외적으로 사자使者에 의한 임금의 수령도 가능할 수 있다고 판시하고 있습니다. 그러나 이러한 경우라도 사회통념상 근로자 본인에게 지급하는 것과 동일시되는 사람 또는 근로자 본인에게 그대로 전달할 것이 확실하다고 판단되는 사람이 임금을 수령할 때에만 그를 사자로 보아야 하고, 이에 해당하는지 여부는 엄격하게 판단해야 한다고 보고 있습니다 대법 2025다209645, 2025. 06 .12.

따라서 만 18세 미만의 연소자와 근로계약을 체결한 경우라도 친권자 또는 후견인은 연소자를 대리하여 임금을 수령할 수 없으므로, 회사는 근로자를 제공한 연소자에게 직접 임금을 지급해야 합니다.

또한 회사가 임금을 근로자의 은행계좌로 이체하는 것이 불가능한 상황이며 근로자의 소재가 파악되지 않고 연락이 되지 않아 근로자에게 직접 임금을 지급할 수 없는 경우에는 임금 지급 준비를 갖추고 임금 수령을 촉구하는 통지를 하는 등의 최선의 노력을 다해야 임금체불에 대한 법적 리스크를 최소화할 수 있을 것입니다.

그리고 임금의 청구권자인 근로자가 사망한 경우에는 사망한 근로자의 권리를 승계한 민법상 상속자에게 지급해야 하는데, 민법에 따라 법률상 배우자_{사실혼 관계 불인} 가 최우선 순위의 상속인이 되며 직계비속_{자녀, 손자} 이 있을 때는 직계비속이 함께 상속인이 됩니다.

성과급도 퇴직금 산정 시 포함시켜야 하나요?

 **관련 법률**

> **<근로기준법>**
>
> 제2조(정의)
>
> ① 이 법에서 사용하는 용어의 뜻은 다음과 같다.
>
> 5. "임금"이란 사용자가 근로의 대가로 근로자에게 임금, 봉급, 그 밖에 어떠한 명칭으로든지 지급하는 모든 금품을 말한다.
>
> 6. "평균임금"이란 이를 산정하여야 할 사유가 발생한 날 이전 3개월 동안에 그 근로자에게 지급된 임금의 총액을 그 기간의 총일수로 나눈 금액을 말한다. 근로자가 취업한 후 3개월 미만인 경우도 이에 준한다

회사는 성과공유, 동기부여 등의 취지에서 근로자에게 성과급이나 인센티브 등 변동적 금품을 지급하는 경우가 많습니다. 이러한 금품이 임금에 해당하는지 여부에 따라 퇴직금 계산을 위한 평균임금 산정에 영향을 미치기 때문에 회사와 근로자 간 분쟁이 자주 발생하게 됩니다.

근로기준법상 임금은 사용자가 근로의 대가로 근로자에게 지급하는 모든 금품을 의미하는데 법원은 과거부터 성과급이 임금에 해당하는지 판단할 때 ① 근로의 대가성, ② 지급의무의 확정성, ③ 지급의 계속성·정기성을 주요 기준으로 삼아 왔습니다.

🔍 임금에 대한 판단기준

임금 요건	구체적 판단 기준
근로의 대가성	지급의무 발생이 근로제공과 직접·밀접한 관련성 : 지급의무 발생이 개별 근로자의 특수하고 우연적인 사정으로 지급이 결정되는 경우 임금성 부정
사용자의 지급의무	단체협약, 취업규칙, 근로계약, 노동관행 등에 의해 지급의무가 발생하여 사용자가 지급여부를 임의로 결정할 수 없는 경우 임금성 인정
계속적·정기적 지급	일정한 간격을 두고 계속적·정기적 지급 : 지급주기가 한 달을 넘더라도 계속적·정기적으로 지급되고 지급액이 확정되어 있다면 임금성 인정(ex. 정기상여금)

일반적으로 성과급의 종류는 전사적 매출액, 이윤증가 등 경영성과로 지급하는 경영성과급과 개인실적 등에 따라 개인 단위로 지급되는 개인성과급으로 구분할 수 있습니다. 개인성과급은 사전에 지급조건이 규정되어 개인실적에 따라 지급되는 성과급, 지급조건 없이 불확정적이고 일시적으로 지급되거나 초과목표를 달성하였을 경우에 지급되는 성과급 등 여러 형태가 존재할 수 있습니다.

🔍 개인 성과급의 임금성

개인 성과급의 경우 지급조건, 지급시기, 지급행태 등 개별적 사실관계에 따라 임금성 판단이 달라질 수 있습니다. 개인실적에 따라 지급되는 개인 성과급의 임금성 관련하여 판례는 "회사가 인센티브성과급 지급규정이나 영업 프로모션 등으로 정한 지급기준과 지급시기에 따라 인센티브성과급 를 지급하여 왔고, 차량판매는 피고 회사의 주업으로서 영업사원들이 차량판매를 위하여 하는 영업활동은 피고 회사에 대하여 제공하는 근로의 일부라 볼 수 있어 인센티브성과급 는 근로의 대가로서 퇴직금 산정의 기초가 되는 평균임금에 해당한다"고 보아 임금성을 인정하였습니다대법 2011다23149, 2011. 7. 14 .

다만, 또 다른 판례에서는 "근로자 개인의 실적에 따라 결정되는 성과급은 지급조건과 지급시기가 단체협약 등에 정하여져 있다고 하더라도, 지급조건의 충족여부는 근로자 개인의 실적에 따라 달라지는 것으로서 근로자의 근로제공 자체의 대상이라고 볼 수 없으므로 임금에 해당된다고 할 수 없다"며 임금성을 부정한 판례도 존재합니다 대법 2001다 76328, 2004. 05. 14 .

따라서 회사는 성과급 체계의 운영방식, 관행 등을 종합적으로 고려하여 임금성 여부를 판단해야 할 것이지만, 개인 성과급이 정해진 지급기준과 지급시기에 따라 정기적이고 계속적으로 지급되고 그 지급이 근로자의 업무실적과 밀접하게 연결되어 있으면 임금으로 인정될 가능성이 높습니다.

🔍 집단 성과급, 경영 성과급의 임금성

과거에는 사기업 경영 성과급의 지급기준과 여부가 불명확하고, 경영성과에 따라 변동될 가능성이 크다는 측면에서 근로의 대가로 보기 어려워 임금성을 부정하는 경우가 많았습니다. 그러나, 2018년 대법원 대법 2018다231536, 2018. 12. 13 의 공공기관의 경영평가 성과급이 임금에 포함된다는 판결 이후 사기업의 경영성과급 또한 임금성을 인정하는 하급심 판례가 등장하고 있습니다.

성과급이 임금이 아니라는 판결은 '경영 성과급이 불확정적

조건에 좌우된다'고 보고 있습니다. 근로의 양이나 질보다는 국내외 경제상황, 동종업계 동향, 전체 시장 상황, 회사의 영업환경 및 경영진의 판단 등과 같이 근로 제공과 직접 관련이 없는 조건들의 영향을 크게 받는다는 것입니다. 다시 말해 임금으로 인정되려면 근로의 대가성이 명확해야 하지만, 경영 성과급은 근로의 대가라기보다 경영 성과의 분배에 가깝다고 본 것입니다.

반면, 성과급을 임금으로 본 판결은 개별 근로자의 근로만으로 경영 성과를 달성하는 것이 어렵다는 점은 인정하면서도, 근로자들의 협업과 생산성 향상을 위한 노력이 결집되지 않으면 회사의 사업수행 자체가 불가능하다는 점에 주목하였습니다. 특히, 사용자가 근로자 집단에 대해 성과급을 지급함으로써 근로의욕을 올리고 협업의 질을 높이려 했다면, 이는 근로제공에 대한 대가로 볼 수 있다는 것입니다.

다만, 집단 성과급/경영 성과급의 임금성 해당 여부와 관련하여 규정상 재량적 표현을 포함하고 있더라도 지급관행이 존재하고 경영 성과급이 근로자의 성과와 연동되는 경우, 경영 성과급이 전체 급여에서 차지하는 비중이 높다면 임금으로 인정될 가능성이 높다고 볼 수 있습니다.

5인 미만 사업장도 임금명세서를 근로자에게 교부해야 하나요?

🔍 관련 법률

> **<근로기준법>**
>
> 제48조(임금대장 및 임금명세서)
>
> ② 사용자는 임금을 지급하는 때에는 근로자에게 임금의 구성항목 · 계산방법, 제43조 제1항 단서에 따라 임금의 일부를 공제한 경우의 내역 등 대통령령으로 정하는 사항을 적은 임금명세서를 서면(<전자문서 및 전자거래 기본법> 제2조 제1호에 따른 전자문서를 포함한다)으로 교부하여야 한다.

회사가 근로자에게 임금을 지급할 때는 근로자에게 지급되는 임금이 어떻게 지급되었는지, 연장근로수당이 제대로 지급되었는지, 세금/4대 보험료 등이 얼마가 공제되었는지 등과 같이 임금 관련 정보가 담겨 있는 임금명세서를 교부해야 한다는 임금명세서 교부 의무화가 2021년 11월 19일부터 시행되었습니다.

회사의 임금명세서 교부는 상시 근로자 1인 이상의 모든 사업장에 적용되는 규정으로 이를 위반할 경우 500만 원 이하의 과태료가 부과될 수 있으며 임금명세서에는 다음과 같은 내용이 반드시 포함되어야 합니다 근로기준법 시행령 제27조의 2.

- 근로자의 성명, 생년월일, 사원번호 등 근로자를 특정할 수 있는 정보
- 임금지급일
- 임금 총액
- 기본급, 각종 수당, 상여금, 성과금, 그 밖의 임금의 구성항목별 금액
- 임금의 구성항목별 금액이 출근일수·시간 등에 따라 달라지는 경우에는 임금의 구성항목별 금액의 계산방법 연장·야간·휴일근로 시 그 시간수 포함
- 공제 항목별 금액과 총액

회사는 임금명세서를 작성하여 서면으로 교부해야 하는데 서면에는 전자문서도 포함됩니다. 여기서 전자문서란 정보처리시

스템에 의하여 전자적 형태로 작성·변환되거나 송신·수신 또는 저장된 정보를 의미합니다 전자문서 및 전자거래 기본법 제2조 제1호 . 따라서 전자우편 이메일 뿐만 아니라 휴대전화 문자 메시지, 카카오톡을 통한 임금명세서 교부도 가능합니다 미래창조과학부·법무부, 전자문서법 해설서, 2017. 03 .

이렇게 이메일, 문자 메시지, 카카오톡 등의 메신저로 임금명세서를 발송한 경우에는 '발송한 때'에 임금명세서를 교부한 것으로 볼 수 있으나 만약 발송한 임금명세서가 반송된 경우 등에는 교부의무를 다했다고 볼 수 없으므로 이메일 등이 도달되었는지 수신여부를 확인하는 것이 바람직합니다.

또한 사내 전산망에 임금명세서를 올리는 경우 근로자가 별도로 부여받은 아이디로 자유롭게 접속하여 열람 및 출력할 수 있어야 하는데 근로기준정책과-1938, 2022. 06. 22 이 경우에는 사내 전상망의 정보처리시스템에 임금명세서를 '입력한 때'에 교부한 것으로 볼 수 있습니다.

사용자가 임금을 지급할 때 임금명세서를 교부하지 않는 경우 500만 원 이하의 과태료가 부과될 수 있는데 해당 과태료는 근로자 1명, 임금지급일 월별 기준이기 때문에 미교부 인원이 많고 미교부한 기간이 장기인 경우 부과될 수 있는 과태료는 상당히 클 수 있습니다 근로기준정책과-1304, 2022. 04. 20 .

🔍 임금명세서 미교부 과태료 기준(근로기준법 시행령 별표7)

위반행위	1차 위반	2차 위반	3차 위반
임금명세서를 교부하지 않은 경우	30만 원	50만 원	100만 원
임금명세서에 기재사항을 적지 않거나, 사실과 다르게 적어 교부한 경우	20만 원	30만 원	50만 원

🔍 임금명세서 예시

임 금 명 세 서
지급일 : 0000-00-00

성명		생년월일(사번)	
부서		직급	

세부 내역			
지 급		공 제	
임금 항목	지급 금액	공제 항목	공제 금액
매월 지급 · 기본급		소득세	
매월 지급 · 연장근로수당		주민세	
매월 지급 · 가족수당		국민연금	
매월 지급 · 정근수당		고용보험	
매월 지급 · 식대		건강보험	
격월 또는 부정기 지급 · 상여금		장기요양보험	
격월 또는 부정기 지급 · 명절상여금		노동조합비	
격월 또는 부정기 지급 · 근속수당		환급/ 기타공제	
격월 또는 부정기 지급 · 성과급		…	
지급액 계		공제액 계	
		실수령액	

근로일수	총 근로시간수	연장근로시간수	야간근로시간수	휴일근로시간수
21	238	25	5	4

계산 방법		
구분	산출식 또는 산출방법	지급액
연장근로수당	25시간×통상시급×1.5	
야간근로수당	5시간×통상시급×0.5	
휴일근로수당	4시간×통상시급×1.5	
근로소득세	간이세액표 적용	
국민연금	취득신고 월보수×4.75%	
고용보험	과세대상임금×0.9%	
건강보험	과세대상임금×3.595%	
장기요양보험	건강보험료×13.14%	

퇴직연금에 의무적으로
가입해야 하나요?

 **관련 법률**

> **<근로자퇴직급여 보장법>**
> 제4조(퇴직급여제도의 설정)
> ① 사용자는 퇴직하는 근로자에게 급여를 지급하기 위하여 퇴직급여제도 중 하나 이상의 제도를 설정하여야 한다. 다만, 계속근로기간이 1년 미만인 근로자, 4주간을 평균하여 1주간의 소정근로시간이 15시간 미만인 근로자에 대하여는 그러하지 아니하다.

퇴직급여제도란 근로자의 안정적인 노후생활 보장을 위하여 〈근로자퇴직급여 보장법〉에 따라 사용자가 퇴직하는 근로자에게 퇴직급여를 지급할 목적으로 설정한 제도를 의미하며 〈근로자퇴직급여 보장법〉에는 회사가 퇴직하는 근로자에게 급여를 지급하기 위해 퇴직급여제도 중 하나 이상의 제도를 설정하도록 규정하고 있습니다.

퇴직급여제도는 회사가 퇴직하는 근로자에게 직접 지급하는 퇴직일시금과 근로자의 퇴직급여를 금융기관에 적립하고 이 적립금을 사용자DB형 또는 근로자DC형 가 운용하다가 55세 이후에 연금 또는 일시금으로 수령할 수 있는 퇴직연금이 있습니다.

2012년 7월 26일 이후 신설된 회사는 1년 이내에 퇴직연금에 가입해야 하지만, 신설된 회사의 퇴직연금 미가입에 대한 처벌 규정이 존재하지 않습니다. 다만, 현 정부에서는 퇴직일시금제도를 폐지하고 퇴직연금을 의무화하는 방향으로 계획하고 있는 바 향후 퇴직연금으로 전면 전환될 가능성이 높습니다.

🔎 퇴직연금의 유형

퇴직연금의 유형은 세부적으로 다음과 같으며, 대표적인 확정급여형 DB형 , 확정기여형 DC형 이외에도 개인형 퇴직연금IRP형 , 중소기업퇴직연금기금제도가 있습니다.

확정급여형 Defined Benefit, DB형

근로자가 받을 퇴직급여액이 사전에 확정되고, 사용자가 부담할 금액은 적립금의 운용결과에 따라 변동되는 형태입니다. 다시 말해 근로자가 받을 급여는 퇴직일시금과 동일한 퇴직금액이 보장됩니다. 따라서 회사가 납부한 금액과 운용수익의 합계가 퇴직일시금과 비교하여 부족하다면 회사는 그 차액분을 부담해야 합니다.

확정기여형 Defined Contribution, DC형

사용자가 부담할 금액이 사전에 확정되고 근로자가 받을 연금급여는 적립금 운용수익에 따라 변동되는 형태입니다. 다시 말해 사용자는 연간 임금총액의 1/12 이상의 금액을 금융기관의 근로자 개인별 계좌에 적립하면 근로자는 금융기관이 선정·제시하는 운용방법을 선택하여 적립금을 운영하는 형태입니다. 따라서 회사는 정해진 부담금을 납부한다면 설령 투자수익이 낮아 근로자가 퇴직일시금보다 적은 금액을 받게 되더라도 회사가 이에 대한 차액을 부담하지는 않습니다.

개인형 퇴직연금 Individual Retirement Pension, IRP형

개인형 퇴직연금은IRP형 근로자가 퇴직하면서 지급받은 퇴직금 및 자기 부담의 추가부담금을 본인 명의의 퇴직계좌에 적립·운용하기 위하여 설정한 퇴직연금제도로서 급여의 수준이나 부담금의 수준이 확정되지 않은 퇴직연금제도를 말합니다. 이와 달리 기업형 IRP는 상시 근로자 10인 미만 사업장에서 연금규약을 생략하는 등 행정절차를 간소화하여 퇴직연금제도를 간편하게 도입하도록 한 제도로 운영구조는 확정기여형 DC 제도와 동일합니다.

중소기업퇴직연금기금제도

중소기업퇴직연금기금제도는 30인 이하의 사업장에서 사용자와 근로자가 납부한 부담금 등으로 공동 둘 이상의 중소기업 의 기금을 조성·운영하여 근로자에게 퇴직금을 지급하는 제도를 말합니다. 사용자는 연간 임금총액의 1/12 이상을 부담금으로 매년 납입해야 하며, 공동의 기금은 중소기업퇴직연금기금제도 운영위원회를 통해 근로복지공단이 운용합니다.

참고로 사용자가 기존 퇴직일시금제도를 퇴직연금으로 전환하거나 한 번 설정된 퇴직연금제도를 다른 제도로 변경하기 위해서는 근로자 과반수로 조직된 노동조합이 있는 경우에는 그 노동조합, 없는 경우에는 근로자과반수의 동의를 받아야 합니다. 다만, 사용자가 별도의 퇴직급여제도를 설정하지 않은 경우에는 퇴직일시금제도를 설정한 것으로 봅니다. 또한 퇴직연금제도를 설정한 회사는 직접 또는 퇴직연금 사업자 금융기관 에게 위탁하여 매년 1회 이상 근로자에게 퇴직연금 운영상황 등에 관한 교육을 실시해야 합니다.

퇴직급여제도 유형

구 분	퇴직금(일시금)	DB형퇴직연금	DC형퇴직연금
급여확정 방식	퇴직 시 평균임금 × 30일 × 근속연수	퇴직금(일시금)과 동일	매년 임금총액 1/12 이상 납입만 확정
적립·운용 주체	회사(내부준비)	회사가 외부 금융기관에 적립·운용	회사 납입후 근로자 운용
투자·재원 위험부담	회사 (전액부담)	회사 (적립부족·운용손실보전)	근로자 (투자위험부담)
지급시기· 방식	퇴직 후 14일 이내 일시금	퇴직 시 연금 또는 일시금 선택	퇴직시 연금 또는 일시금 선택

근로자가 퇴직금을 중간정산해 달라고 요청하는데 이를 꼭 들어줘야 하나요?

🔍 관련 법률

<**근로자퇴직급여 보장법**>

제8조(퇴직금제도의 설정 등)

② 제1항에도 불구하고 사용자는 주택구입 등 대통령령으로 정하는 사유로 근로자가 요구하는 경우에는 근로자가 퇴직하기 전에 해당 근로자의 계속근로기간에 대한 퇴직금을 미리 정산하여 지급할 수 있다. 이 경우 미리 정산하여 지급한 후의 퇴직금 산정을 위한 계속근로기간은 정산시점부터 새로 계산한다.

2025년 3월 국가통계연구원의 〈한국의 지속가능발전목표SDG 이행보고서 2025〉에 따르면, 2023년 기준 한국의 66세 이상 은퇴 연령 인구의 상대적 빈곤율은 39.8%라고 발표했는데 해당 수치는 경제협력개발기구OECD 회원국에서도 최고수준에 해당합니다. 또한 우리나라는 2024년 12월에 이미 전체 인구 중 65세 이상 고령층 비율이 20%를 넘어 초고령 사회에 진입했습니다.

퇴직연금제도는 상기와 같은 고령화, 노인빈곤율의 심화 그리고 기업도산에 따른 체불위험, 퇴직금의 일시금 소비 등의 한계를 해결하고자 2005년 도입되었으며, 노후생활 자금으로 사용되어야 할 퇴직금이 조기에 소진되는 문제점을 개선하고자 2012년 7월 26일 이후부터는 원칙적으로 퇴직금 중간정산을 금지하고, 무주택자의 주택구입 등 몇 가지 사유의 경우에만 퇴직금 중간정산을 허용하고 있습니다.

근로자퇴직급여보장법에서 허용하고 있는 퇴직금일시금에 대한 중간정산 사유는 다음의 경우에만 인정하고 있습니다.

- 무주택자인 근로자가 본인 명의로 주택을 구입하는 경우
- 무주택자인 근로자가 주거를 목적으로 전세금 또는 보증금을 부담하는 경우해당 사업장에서 1회 한정 허용
- 근로자 본인, 배우자, 근로자 또는 그 배우자의 부양가족이 질병이나 부상으로 6개월 이상 요양으로 연간 임금총액의

125/1,000를 초과하여 근로자가 부담하는 경우

- 퇴직금 중간정산을 신청하는 날부터 역산하여 5년 이내에 근로자가 파산선고를 받은 경우
- 퇴직금 중간정산을 신청하는 날부터 역산하여 5년 이내에 근로자가 개인회생절차개시결정을 받은 경우
- 임금피크제를 시행하는 경우
- 사용자가 근로자와의 합의에 따라 소정근로시간을 1일 1시간 또는 1주 5시간 이상 변경하여 그 변경된 소정근로시간에 따라 근로자가 3개월 이상 계속 근로하기로 한 경우
- 근로시간의 단축으로 근로자의 퇴직금이 감소되는 경우
- 그밖에 천재지변 등으로 피해를 입는 등 고용노동부장관이 정하여 고시하는 사유와 요건에 해당하는 경우

퇴직금 일시금에 대한 중간정산은 상기와 같은 사유가 존재하는 경우에만 허용될 수 있으나, 상기 사유가 존재한다고 하여 근로자의 퇴직금 중간정산 요청을 사업주가 반드시 승인해야 할 의무는 없습니다. 한편 퇴직금 중간정산 사유가 존재하고 사업주가 이를 승인하여 퇴직금 중간정산이 이루어졌다면, 퇴직금 산정을 위한 계속 근로시간은 중간정산 시점부터 새롭게 기산됩니다.

다만, 퇴직금 일시금은 퇴직하거나 중간정산 사유가 있을 때에만 발생하는 것이므로, 매월 임금에 포함하여 지급하는 퇴직금

명목의 금품은 퇴직금으로 인정되지 않으므로 추후 사용자는 퇴직금을 다시 지급해야 할 수 있으므로 유념해야 합니다.

그리고 확정기여형퇴직연금 DC형 의 경우 중간정산 중도인출 은 법에서 정하고 있는 사유가 있는 경우 가능하지만 확정급여형 퇴직연금 DB형 은 개별 근로자 본인 명의의 계자로 적립되는 구조가 아니기 때문에 중간정산 중도인출 자체가 구조적으로 불가능합니다. 따라서 DB형에 가입되어 있는 경우 중도인출을 하기 위해서는 DC형으로 전환한 이후에만 가능합니다.

🔍 퇴직연금 DC형/DB형 중도인출 가능여부

구 분	DB형	DC형
중도인출 가능여부	중도인출 불가	중도인출 사유 존재 시 가능

5장
징계 및 근로관계의
변동

수습 근로자는
쉽게 해고할 수 있나요?

🔍 관련 법률

<근로기준법>

제23조(해고 등의 제한)

① 사용자는 근로자에게 정당한 이유 없이 해고, 휴직, 정직, 전직, 감봉, 그 밖의 징벌懲罰(이하 "부당해고등"이라 한다)을 하지 못한다.

    회사는 우수한 인재 영입을 위해 채용전형에 각별한 노력을 기울이고 있습니다. 그러나 상대방을 제대로 알기 위해서는 우스갯소리로 '같이 살아봐야 안다'라는 말이 있듯이 사람을 제대로 파악한다는 것은 말처럼 쉬운 일이 아닙니다. 그래서 회사는 채용한 직원이 회사의 조직문화에 잘 적응할 수 있는지, 업무자질 · 능력이 있는지 등을 파악하기 위해 신규직원에 대하여 3개월 정도의 수습기간을 두는 경우가 많습니다.

여기서 수습과 시용에 대한 용어를 우선 구분할 필요가 있습니다. '수습'은 근로자를 채용한 후 업무적응을 도와주기 위한 교육기간이라고 한다면, '시용'은 정식 근로계약을 체결하기 전에 해당 근로자의 직업적 능력, 자질, 인품, 성실성 등 업무적격성을 관찰 · 판단하고 평가하기 위해 일정기간 시험적으로 고용하는, 다시 말해 평가를 통해 정식 채용여부를 결정하는 고용형태를 의미합니다 대법원 93다26168, 1995. 07. 11 .

🔍 수습과 시용의 차이

수습	근로자를 채용한 후 업무적응을 도와주기 위한 교육기간
시용	정식채용 전에 업무적격성을 판단하는 기간(시험적 사용기간)

※기간제근로자와의 차이는 시용은 시용기간만 근무를 전제하는 것이 아닌 본채용을 전제

따라서 일반적으로 회사가 신규직원에 대하여 수습이라는 용어를 사용하지만, 엄밀히 말하면 시용의 의미로서 우선 근무기회를 주고 이후 평가를 통해 정식 채용여부를 결정하는 기간을

두고 있다고 할 수 있습니다.

다만, 수습 정식채용 후 교육이 시용 평가 후 채용여부 결정으로 인정되기 위해서는 '수습기간 중 업무적격성을 평가하여 정식 채용여부를 결정한다'는 식으로 계약서에 기재해 두어야 합니다. 그렇지 않을 경우 시용이 아닌 정식 채용 후 업무적응을 위한 교육기간인 수습으로 간주됨으로써, 다시 말해 이미 정규 근로계약 체결이 완료된 근로자로 근로기준법 제23조의 해고제한 규정이 그대로 적용받는다고 볼 수 있습니다.

그리고 회사의 취업규칙 등에 수습평가를 한다는 내용이 있지만 근로계약서에는 단지 수습기간을 둔다고 기재되어 있는 경우에는, '시용 평가 후 채용여부 결정'이 아닌 '수습 정식채용 후 교육'으로 볼 수 있으며 최저임금법 제5조 제2항에 따라 '수습 중에 있는 근로자로서 수습을 시작한 날부터 3개월 이내인 사람'에 대해서는 최저임금액을 감액 10% 할 수 있다고 규정하고 있습니다. 그러므로 근로계약서 등에 '수습'이 아닌 '시용'이라고 명시적으로 규정하고 있는 경우에는 최저임금의 90% 특례가 적용되지 않는 것으로 해석할 수 있습니다.

회사는 신규직원에 대하여 평가를 통해 정식 채용여부를 결정하는 시용기간을 두는 것이 일반적이지만 근로계약서 등에는 통상 수습이라는 용어를 사용하고 있습니다. 하기 내용에서는 편의를 위해 실질적으로는 시용일 수 있겠지만 수습이라는 표현으로 통일하여 설명하도록 하겠습니다.

수습 근로자와 관련하여 가장 많이 오해하는 부분이 있는데 이는 바로 수습기간 중에 있는 근로자는 쉽게 해고할 수 있다고 인식하는 것입니다. 수습기간 중의 근로자라도 근로기준법의 적용을 받는 근로자이고, 근로기준법에는 정당한 이유 없이 근로자를 해고할 수 없다고 규정하고 있는 만큼 아무리 수습 근로자라도 쉽게 해고할 수 있는 것은 아닙니다.

다시 말해 수습기간 중에 있는 근로자를 해고하거나 수습기간 종료 후 본채용을 거부하는 것은 해고와 동일하므로, 해고 또는 본채용 거부에 대한 정당한 이유가 없다면 부당해고가 될 수 있습니다. 다만 정당한 이유가 있는지 여부에 대한 판단에 있어, 수습 근로자는 이른바 정규직 근로자에 비해 그 정당성의 범위가 넓게 인정되는 것뿐입니다.

이와 관련하여 대법원은 수습기간 중에 있는 근로자를 해고하거나 수습기간 만료 시 본계약의 체결을 거부하는 것은 사용자에게 유보된 해약권의 행사로서, 해당 근로자의 직업적 능력, 자질, 인품, 성실성 등 업무적격성을 관찰·판단하고 평가하려는 시용제도의 취지·목적에 비추어 볼 때 보통의 해고보다는 넓게 인정되나, 이 경우에도 객관적으로 합리적인 이유가 존재하여 사회통념상 상당하다고 인정되어야 할 것이라고 설시하고 있습니다 대법 2015두48136, 2015. 11. 27 .

따라서 수습실질적 시용 근로자에 대한 해고가 정당하기 위해서는 취업규칙, 근로계약서 등에 평가를 통해 정식 채용여부를 결정한다고 구체적으로 명기해야 합니다. 그 뿐만 아니라 더 이상 근로관계를 유지할 수 없다는 것에 대한 해고와 평가결과 사이의 인과관계가 인정되어야 할 것이며, 본채용 거부의 사유가 단지 업무능력 등이 기대한 바에 미치지 못했다는 것으로는 부족하고 업무능력 등이 부족한 것에 대한 객관적인 사유를 확인할 수 있는 자료, 지각 등에 대한 근태기록, 근무태도에 문제가 있어 경고했음에도 불구하고 개선되지 않았다는 근거 ex. 문자·카카오톡을 통한 경고 메시지, 시말서, 녹취록 등 등의 객관적인 근거자료가 전제되어야 할 것입니다.

또한 수습 근로자를 해고할 경우에도 해고통지는 반드시 해고사유와 해고일시를 기재한 서면으로 통지해야 하지만 대법 2015두48136, 2015. 11.27, 수습 근로자라도 징계위원회 개최를 통한 소명기회 부여 등의 징계절차를 거쳐야 한다고 취업규칙 등에 별도 규정하고 있는 경우가 아니라면 반드시 징계위원회까지 개최해야 한다고는 볼 수 없을 것입니다 서울고법2004누23638, 2006. 02. 14 .

수습 종료된 직원을 해고하는 경우도 해고예고수당을 지급해야 하나요?

관련 법률

<근로기준법>

제26조(해고의 예고)

사용자는 근로자를 해고(경영상 이유에 의한 해고를 포함한다)하려면 적어도 30일 전에 예고를 하여야 하고, 30일 전에 예고를 하지 아니하였을 때에는 30일분 이상의 통상임금을 지급하여야 한다. 다만, 다음 각 호의 어느 하나에 해당하는 경우에는 그러하지 아니하다.

1. 근로자가 계속 근로한 기간이 3개월 미만인 경우
2. 천재·사변, 그 밖의 부득이한 사유로 사업을 계속하는 것이 불가

능한 경우

3. 근로자가 고의로 사업에 막대한 지장을 초래하거나 재산상 손해를 끼친 경우로서 고용노동부령으로 정하는 사유에 해당하는 경우

근로자를 해고함에 있어서 갑자기 근로자를 해고하게 되면 근로자는 다른 직장을 얻을 때까지 생활의 위협을 받게 되므로 적어도 다른 직장을 구할 기회를 가질 수 있도록 최소한의 시간적인 여유를 부여하거나, 그렇지 않으면 그 기간 동안의 생계비를 보장하여 근로자의 경제적 어려움을 완화시켜주고자 하는 취지에서 근로기준법 제26조는 해고예고제도를 두고 있습니다 전원재판부 99헌마663, 2001. 07. 19.

해고예고제도의 핵심인 근로자를 해고할 때에는 30일 전에 알려야 한다는 것은 이제 많은 분들이 알고 있는 상식일 것입니다. 그러나 여전히 수습 근로자를 수습기간 종료 후 해고 본채용의 거절하는 과정에서 해고예고수당 지급여부에 대한 법적 분쟁이 빈번하게 발생하고 있습니다.

이러한 분쟁은 많은 기업들이 신규직원을 채용하면서 3개월의 수습기간을 두는데 과거 근로기준법에서 '수습 사용한 날부터 3개월 이내인 수습근로자'는 해고예고의 제외대상이었습니다. 그러나 근로기준법이 개정되면서 '수습'이라는 문구가 빠

지고 '3개월 이내'가 '3개월 미만인 자' 다시 말해 해고예고의 제외대상이 되는 '계속 근로한 기간이 3개월 미만인 경우'로 변경되었기 때문입니다. 즉 3개월의 수습기간 종료 후 해고하는 경우에는 해고예고 기간인 3개월 미만이 아닌 3개월 이상에 해당하기 때문에 하루 차이로 해고예고의 대상이 되기 때문입니다법제처 21-0320, 2021. 09. 08

또한 많은 사람들이 종종 착각하는 부분은 바로 '3개월 미만'의 계산 방식입니다. 해고예고 규정의 적용 기준이 되는 3개월의 기간은 민법상 역曆 에 의해 계산휴일·휴무일 포함 되며 해고예고 기간은 통지가 상대방에게 도달한 다음날부터 역일로 계산해 30일만에 만료됩니다. 다시 말해 계산에 있어 민법의 일반 원칙에 따라 해고예고 당일은 포함하지 않고 그 익일부터 계산합니다. 예들 들어 6월 30일자로 근로자를 해고하고자 한다면, 해고예고는 늦어도 30일째가 되는 전날 다시 말해 5월 30일까지는 해야 합니다.

따라서 해고예고는 반드시 30일 전에 해야 하므로 30일에서 일부라도 부족하게 되는 경우에는 30일 전에 예고를 하지 않은 것으로 해석되어 해고예고수당30일분 이상의 통상임금 을 지급해야 합니다. 다만, 해고예고를 할지 또는 해고예고수당을 지급할지는 회사의 임의로 선택할 수 있습니다.

그리고 노동위원회를 통해 부당해고 판정을 받아 다시 회사에 복귀하는 경우 회사로부터 지급받은 해고예고수당을 반환해야 하는지와 관련해서 대법원은 '사용자가 근로자를 해고하면서 30일 전에 예고를 하지 아니하였을 때 근로자에게 지급하는 해고예고수당은 해고가 유효한지 여부와 관계없이 지급되어야 하는 돈이고, 그 해고가 부당해고에 해당하여 효력이 없다고 하더라도 근로자가 해고예고수당을 지급받을 법률상 원인이 없다고 볼 수 없다'고 하여 부당해고 판정을 받아 해고가 취소된 경우라도 해고예고수당을 반환하지 않아도 된다고 판시하였습니다_{대법 2017다16778, 2018. 09. 13}.

해고예고의 방법은 근로기준법 제27조 해고 서면통지 규정과는 달리, 근로기준법 제26조는 예고의 방식을 언급하고 있지 않으므로 문서 외에 구두로도 가능하다고 할 것이나, 반드시 해고일을 특정해서 예고해야 합니다_{불확정 기한부 또는 조건부 예고 불인}. 다만, 해고예고 기간이 종료하고 실제 해고하는 경우에는 반드시 서면으로 해고 사유 및 날짜를 통보해야 합니다. 하지만 만약 해고예고 시 해고 사유 및 날짜를 이미 서면으로 명시했다면 해고의 서면통지 의무를 이행한 것으로 봅니다.

그리고 중요한 사항은 상시 근로자수 5인 미만 사업장의 경우 근로기준법 제23조의 해고제한 규정이 적용되지 않지만 해고예고제도는 상시 근로자수 5인 여부를 불문하고 모든 사업장에 적용된다는 것입니다.

또한 사람들이 가장 많이 오해하고 있는 부분은 30일 전에 해고예고하면 자유롭게 근로자를 해고할 수 있다고 인식하는 것입니다. 이는 잘못된 인식으로 해고예고 의무는 해고의 정당성 여부와 관계없이 적용됩니다. 따라서 회사는 해고예고 실시 여부와 상관없이 해고 사유, 절차, 수준 징계양정의 측면에서 정상성을 갖추어야 정당한 해고로 인정될 수 있습니다.

🔍 해고 예고의 예외가 되는 근로자의 귀책사유

(근로기준법 시행규칙 별표1)

1. 납품업체로부터 금품이나 향응을 제공받고 불량품을 납품받아 생산에 차질을 가져온 경우
2. 영업용 차량을 임의로 타인에게 대리운전하게 하여 교통사고를 일으킨 경우
3. 사업의 기밀이나 그 밖의 정보를 경쟁관계에 있는 다른 사업자 등에게 제공하여 사업에 지장을 가져온 경우
4. 허위 사실을 날조하여 유포하거나 불법 집단행동을 주도하여 사업에 막대한 지장을 가져온 경우
5. 영업용 차량 운송 수입금을 부당하게 착복하는 등 직책을 이용하여 공금을 착복, 장기유용, 횡령 또는 배임한 경우
6. 제품 또는 원료 등을 몰래 훔치거나 불법 반출한 경우
7. 인사·경리·회계담당 직원이 근로자의 근무상황 실적을 조작하거나 허위 서류 등을 작성하여 사업에 손해를 끼친 경우
8. 사업장의 기물을 고의로 파손하여 생산에 막대한 지장을 가져온 경우

9. 그밖에 사회통념상 고의로 사업에 막대한 지장을 가져오거나 재
산상 손해를 끼쳤다고 인정되는 경우

해고와 권고사직은 어떻게 다른가요?

🔍 관련 법률

<근로기준법>

제23조(해고 등의 제한)

① 사용자는 근로자에게 정당한 이유 없이 해고, 휴직, 정직, 전직, 감봉, 그 밖의 징벌(懲罰)(이하 "부당해고등"이라 한다)을 하지 못한다.

　근로관계가 종료되는 사유는 근로계약기간 만료, 사직, 해고 등 다양하게 있는데 이 중에서도 해고사건을 많이 접하다 보면 가장 많이 논쟁이 되는 부분은 근로자의 입장에서는 회사가 자신을 일방적으로 해고했다고 주장하는 반면, 회사 사용자는 근로자와 협의해 사직을 권고했고 근로자가 이에 합의사직했다고 주장하는 경우입니다.

해고와 권고사직은 근로자의 퇴직을 목적으로 한다는 공통점을 갖고 있지만, 법적으로는 전혀 다른 성격을 갖고 있습니다. 해고는 근로자의 계속근로 의사에 반하여 사용자가 일방적 의사로 근로계약을 종료시키는 것을 말하며, 권고사직은 사용자가 사직을 권했을 때 근로자가 이를 수용하여 근로계약이 종료되는 것 합의퇴직 을 의미합니다. 따라서 권고사직과 달리 해고에 있어 핵심은 '사용자의 일방적 의사결정에 의한 근로관계의 종료'라는 것입니다.

사용자가 근로자를 해고할 경우에는 근로기준법 제23조 및 제27조가 적용됨에 따라 정당한 이유 사회통념상 고용관계를 계속하기 어려울 정도로 근로자에게 책임 있는 사유 가 존재해야 하며, 해고사유 및 시기를 구체적으로 기재하여 서면으로 통지해야 합니다. 만약 이러한 요건을 갖추지 않고 근로자를 해고할 경우에는 노동위원회에 부당해고 구제신청을 할 수 있고, 부당해고로 판정될 경우 사용자는 근로자를 원직복직시키고 부당해고기간 동안 근무하지 않았더라도 임금 상당액을 지급해야 합니다.

이와 달리 권고사직은 사용자와 근로자의 의사표시 합치에 따라 근로관계를 종료하는 합의해지이기 때문에 해고사유·기간의 제한, 해고의 예고, 해고 서면통보 의무 등이 적용되지 않습니다. 그러나 근로자에게 퇴직을 권유하면서 금전적인 보상 퇴직

위로금 을 제시하는 경우 월급 3개월분의 퇴직위로금을 지급해야 한다고 오해하는 분들이 많은데 권고사직은 사용자와 근로자의 의사표시 합치에 따라 근로관계를 종료하는 것이기 때문에 보상의무 및 금액에 대한 법적 기준은 없습니다. 물론 회사의 권고사직을 근로자가 반드시 받아들일 의무도 존재하지 않습니다.

권고사직은 근로자의 실업급여 수급자격과도 밀접한 관련이 있습니다. 실업급여는 근로자가 근로의사와 능력이 있음에도 불구하고 본인의 의사에 반하여 퇴직하는 경우 지급하는 것이므로 정당한 사유 없는 자기 사정으로 퇴직하거나 본인의 중대한 귀책사유로 해고되는 경우에는 실업급여가 지급되지 않습니다.

다만, 권고사직의 경우에는 실업급여 수급자격에 해당합니다. 그러나 자진퇴사임에도 불구하고 권고사직으로 고용보험을 상실신고하여 실업급여를 수급하는 경우에는 실업급여 부정수급에 해당하여 실업급여 반환뿐만 아니라 추가 징수액을 부담해야 하는 법적 책임을 부담합니다.

또한 근로자에 대하여 권고사직으로 고용보험 상실신고를 하는 경우 어떠한 불이익이 있는지 의문점을 갖는 경우가 많습니다. 근로관계 종료 사유를 권고사직으로 처리하는 경우 만약 회사가 고용보험법상 고용장려금**지원금** 을 받고 있고 해당 장려금에 따른 감원방지 기간이 설정된 경우에는 고용장려금이 권고사직 이후부터 지급제한되거나 이전까지 수급한 장려금을 반환해야 될 수 있습니다. 그리고 외국인고용허가제에 따른 외국

인 근로자를 고용하고 있는 사업장의 경우 외국인 근로자 고용
이 제한될 수 있습니다.

🔍 해고와 권고사직 차이

구 분	해고	권고사직
정의	사용자가 근로자의 의사에 반해 일방적으로 근로계약을 종료	사용자가 근로자에게 사직을 권유하고 근로자가 이에 동의하여 퇴직하는 것
정당성 요건	해고사유, 절차, 수준(양정)의 정당성	제한 없음 (사용자의 권유+근로자의 자유로운 의사표시)
법적책임	부당해고시 민·형사상 및 행정상 책임부담	법적책임 없음
금전적 보상	부당해고시 해고기간 동안의 임금상당액 지급의무 발생	금전보상 의무 없음
실업급여 수급	근로자의 중대한 귀책사유로 해고한 경우 실업급여 수급 불가	실업급여 수급 가능

징계는 어떻게 진행해야 하나요?

🔍 관련 법률

> **<근로기준법>**
> 제23조(해고 등의 제한)
> ① 사용자는 근로자에게 정당한 이유 없이 해고, 휴직, 정직, 전직, 감봉, 그 밖의 징벌(이하 "부당해고등"이라 한다)을 하지 못한다.

　징계란 근로계약상의 의무나 기업질서 위반 등 근로자에게 책임 있는 사유가 있음을 이유로 사용자가 근로자에게 신분상이나 근로조건에 불이익을 주는 처분을 의미합니다. 징계권은 회사의 인사권에 속하는 권한으로서 회사는 근로자의 복무질서 위반과 관련하여 이를 규율하는 취업규칙, 인사규정, 징계규정 등을 정할 수 있고 이를 근거로 근로자를 징계할 수 있습니다. 그리고 취업규칙 등에 징계에 대한 내용을 포함하고 있지 않더라도 징계 자체는 가능하지만 취업규칙 등에 징계에 대한 절차를 규정하고 있다면 이를 반드시 준수하여 징계조치를 해야 합니다.

징계의 종류는 법에서 정하고 있지는 않으나 일반적으로 다음과 같은 징계가 있습니다.

경고

경고는 구두나 문서를 통하여 근로자의 복무질서 위반 행위에 대하여 지적하고 재발방지를 촉구하는 것을 의미합니다. 시말서를 제출하지 않는다는 점에서 견책과 구분되며 취업규칙 등에 경고를 징계의 종류로 규정하고 있지 않다면 징계가 아닌 인사권의 행사로 간주됩니다.

견책

견책은 근로자의 복무질서 위반 행위에 대하여 시말서 등을 제출하도록 하여 이를 통해 근로자를 훈계하는 징계를 의미합니다.

감급(감봉)

감급은 근로제공의 대가로 발생한 임금액에서 일정액을 삭감하는 제재를 의미합니다. 다만, 근로기준법 제95조는 '취업규칙에서 근로자에 대하여 감급減給의 제재를 정할 경우에 그 감액은 1회의 금액이 평균임금의 1일분의 2분의 1을, 총액이 1임금지급기의 임금 총액의 10분의 1을 초과하지 못한다'고 규정하고 있습니다. 다시 말해 근로자에게 감봉 조치하는 경우에는 감봉하려는 총 금액이 근로자의 월급여액의 1/10을 넘어서는 안 되며 1회의 기준은 평균임금의 1/2을 넘어서는 안 됩니다.

정직

정직은 근로계약을 존속시키면서 근로자의 출근 또는 근로제공을 일시정지시키고 그 기간 동안 임금지급을 중지하거나 감액하는 것을 의미합니다.

강등

강등은 직위 · 직급 · 등급 등을 하향조정하는 제재조치입니다. 예를 들어 과장을 대리로, 5급 직원을 6급 직원으로 낮추는 것입니다.

징계해고

징계해고는 근로자의 비위행위가 더 이상 근로관계를 유지할 수 없을 정도로 중대하다고 판단하여 사용자의 일방적 의사에 의한 근로계약관계를 종료시키는 것을 의미합니다.

🔎 징계 절차와 사유 정당성

상기와 같은 징계가 정당하기 위해서는 징계의 사유, 절차, 수준양정 이 모두 정당해야 하는데 이 중 어느 하나라도 요건을 갖추지 못하거나 중대한 하자가 있으면 그 징계는 위법한 부당징계로서 효력을 잃게 됩니다.

징계 사유의 정당성

근로자의 비위행위가 근로계약서, 취업규칙 등에 명시되어 있는 징계사유에 해당해야 하며 취업규칙 등에 징계사유와 해고사유를 구분해서 규정하고 있는 경우에는 그 해고사유만 근로자를 해고할 수 있습니다.

그리고 취업규칙 등에 '결근 1회 이상, 지각 3회 이상'을 해고사유로 규정하고 있다고 하여 무조건 해고사유, 수준의 정당성을 인정받을 수 있는 것은 아닙니다. 물론, 회사의 업무특성상 결근이나 지각 1회 만으로도 회사에 손실이 크다면 그 정당성을 인정받을 수도 있으나, 규정하고 있는 해고사유가 사회통념상 타당성이 있어야 징계의 정당성이 인정될 수 있습니다.

또한 사용자가 징계를 하는 경우 징계사유의 존재를 입증할 책임은 사용자에게 있으므로, 징계위원회 개최 전에는 명확한 증거와 증인을 확보하고 징계 대상자로부터 관련 진술을 확보해 둘 필요가 있습니다.

징계절차의 정당성

취업규칙 등 사규에 징계절차규정을 두고 있는 경우에는 그 규정을 위반하여 행해진 징계처분은 무효가 되지만, 징계절차 규정이 없는 경우에는 징계위원회 개최 등의 징계절차를 거치지 않았다고 하여 무효가 되는 것은 아닙니다. 다만, 최소한 징계대상자에게 징계사유에 대한 소명의 기회를 부여하는 것이 바람직합니다.

따라서 징계절차규정에 징계위원회 개최 전 7일 전까지 징계 대상자에게 징계위원회 개최를 통보해야 한다고 규정하고 있거나, 징계위원회 위원 구성을 노사 동수로 구성해야 한다고 규정하고 있습니다. 그럼에도 불구하고 이를 준수하지 않은 경우 절차상 하자가 있는 것으로 간주될 수 있습니다.

다만, 징계위원회 개최와 관련하여 통보기일을 준수하지 않았다고 하더라도 징계대상자가 징계위원회에 출석하여 충분한 소명기회를 가졌다면 절차상의 하자는 없는 것으로 해석될 수 있습니다. 또한 초심 징계위원회에서 절차상 하자가 있었다고 하더라도 재심 징계위원회에서 해당 절차를 준수하였다면 초심 징계위원회의 절차상의 하자는 치유되었다고 보는 것이 판례의 입장입니다 대법 91다36123, 1992. 09. 22 .

징계수준(양정)의 정당성

일반적으로 징계의 종류에는 견책, 감봉, 정직, 해고 등이 있으며 회사마다 취업규칙 등에 징계의 종류를 정하고 있습니다. 여기서 중요한 것은 징계사유와 부과된 징계의 종류 사이에 사회통념상 상당하다고 인정되는 균형이 있어야 하는데, 징계사유에 비하여 징계수준양정 이 과도한 경우에는 징계권을 남용한 것으로서 무효가 될 수 있습니다.

따라서 여러 명의 징계 대상자가 있는 경우 각자의 비위행위 정도에 따라 그에 상응하는 징계수준양정 이 결정되어야 할 뿐만 아니라, 과거 유사사례에서 어떠한 징계수준양정 으로 결정되었는지 등도 고려되어야 합니다. 또한 근로자의 고의 · 과실정도, 회사 손실 규모, 근무평정, 징계 · 표창전력, 개전의 정 등도 함께 고려하여 직정 수준의 징계 종류를 결정하는 것이 바람직합니다.

특히 해고는 사회통념상 고용관계를 더 이상 유지할 수 없을 정도로 근로자에게 책임 있는 사유가 있어야 정당성이 인정되는 만큼, 회사가 근로자에 대하여 해고하고자 하는 경우에는 보다 엄격하고 제한적으로 해석하고 신중해야 할 것입니다.

🔍 징계절차

단계	주요 내용	유의사항
1. 사전조사 및 사실확인	• 징계사유 발생 여부·사실관계 확인(CCTV, 관련자 진술서, 문서·메신저 등) • 업무혼란, 2차 피해 방지가 필요한 경우 징계 혐의자에 대한 대기발령 조치 등	공정성 유지, 개인정보 보호
2. 징계혐의 사실 서면통보	• 징계 대상자에게 혐의사실·일시·장소 등을 서면 통보(징계위원회 개최 통보)	구체적 사실 기재 필요
3. 소명·진술 기회 부여	• 징계위원회 출석, 진술서 제출 기회 제공	절차 누락 시 징계 무효 가능
4. 징계위원회 심의	• 위원 과반수 출석·의결, 비밀투표 권장	위원 공정성·이해관계 충돌 확인
5. 징계처분 결정	• 경징계(경고·견책)~중징계(정직·해고) 수준 결정	양정의 '비례·균형성' 검토
6. 서면통지 및 해고예고	• 결과·사유·시행일 서면통보 • 해고시 30일 전 예고(또는 해고예고수당 지급)	해고 서면통지 미이행 시 무효, 징계사유 구체적 기재 필요
7. 이의제기· 재심 절차	• 사규 등에 재심절차를 정하고 있는 경우 • 재심결정의 효력은 원처분일로 소급	재심 기한·절차 명시

🔍 해고통보서 양식 예시

해고통보서

(수 신)
성 명 :
주 소 :

(발신)

주 소 : 서울시 강남구 OO동 OO

　　　 주식회사 OOO　대표 홍길동

- 내용 -

귀하를 아래 사유로 해고 통보를 합니다.

● 사 유

1. 작업지시 반복 불이행 및 품질불량 발생

· 20XX. XX. XX ~ 20XX. XX. XX 중 작업지시 위반 5회, 품질검사 불합

　격률 30% 이상 발생

· 교육 및 경고(20XX. XX. XX, 20XX. XX. XX) 이후에도 동일 행위 반복

2. 반복적인 무단결근 및 지각

· 20XX. XX. XX ~ 20XX. XX. XX 중 무단결근 3회, 지각 10회 발생

　(근태불량으로 정직처분 전력 존재)

3. 동료 근로자에 대한 폭언 및 폭행

· 20XX. XX. XX 근무 중 동료 근로자에게 폭언 및 폭행

● 해고일 : 20 　 년 　 월 　 일

　　　　　　　　　　　　　　　　　　 20 　 년 　 월 　 일

　　　　　　 주식회사 OOO　대표이사　홍길동

사직서 수리를 거부할 수 있나요?

🔍 관련 법률

<민법>

제660조(기간의 약정이 없는 고용의 해지통고)

① 고용기간의 약정이 없는 때에는 당사자는 언제든지 계약해지의 통고를 할 수 있다.

② 전항의 경우에는 상대방이 해지의 통고를 받은 날로부터 1월이 경과하면 해지의 효력이 생긴다.

③ 기간으로 보수를 정한 때에는 상대방이 해지의 통고를 받은 당 기후의 일기를 경과함으로써 해지의 효력이 생긴다.

직장생활을 하는 지인 또는 회사를 운영하는 대표들로부터 '첫 출근한 직원이 점심시간 이후 갑자기 사라졌다, 사직서를 제출하고 내일부터 안 나오겠다' 등 갑작스럽게 사직하는 직원들의 행태에 대하여 빈번하게 듣곤 합니다.

회사는 마음대로 근로자를 그만두게 할 수 없지만, 근로자는 언제든지 회사를 그만둘 수 있습니다. 다만, 근로자가 회사를 언제든지 그만둘 수 있도록 허용할 경우 인수인계 등의 미이행, 부실 등으로 업무에 차질이 있을 수 있기 때문에 회사는 일반적으로 근로계약서, 취업규칙 등에 근로자가 퇴직을 희망하는 경우 최소 언제까지 사직서를 제출해야 한다고 규정을 두고 있으며 통상 1개월 전으로 정하는 경우가 많습니다.

따라서 근로자는 사직서를 제출하더라도 근로계약서, 취업규칙 등에 퇴직일 1개월 전에 사직서를 제출해야 한다고 규정하고 있다면, 해당 기간 동안 근로계약관계는 유지되고 사직서 제출 이후 1개월 동안은 출근할 의무를 부담하게 됩니다.

1개월 동안은 근로계약관계가 유지되고 출근할 의무를 부담하게 되므로, 해당 기간 동안 근로자가 일방적으로 출근하지 않을 경우 무단결근 등에 따른 불이익이 발생할 수 있습니다. 우선 해당 기간 동안 평균임금 산정 기간에 임금이 공제되는 무단결근기간이 포함되므로 평균임금이 낮아져 퇴직금이 감액될 수 있습니다. 이뿐만 아니라 근로자가 회사의 중요 계약이나 프로젝트를 담당하고 있던 상황이고, 근로자의 갑작스러운 퇴직으

로 인하여 회사가 입게 된 손해를 구체적으로 입증한다면 근로
자는 손해배상 책임을 부담할 수도 있습니다.

다만, 근로계약서, 취업규칙 등에 사직절차, 사직의 효력시기
에 대하여 규정하고 있지 않은 경우, 근로자가 퇴직을 원함에도
불구하고 회사가 이를 거부하고 근로계약 기간의 준수만을 강
요한다면, 근로자는 직업선택의 자유를 침해당하고 강제근로를
해야 하는 등의 문제가 발생하게 됩니다.

따라서 사직의 효력시기와 관련하여 근로기준법 등 노동관계
법에도 이를 별도 규정하고 있지 않지만 민법 제660조는 이에
대한 일반 원칙을 규정하고 있습니다.

민법 제660조에 따라 근로자가 회사에 사직서를 제출_{퇴직 의}
_{사표시} 하였으나, 회사가 이를 거부하더라도 근로자가 회사에 사
직서를 제출한 날로부터 1개월이 지나면 퇴직의 효력이 발생합
니다. 다만, 월급제와 같이 일정한 기간으로 보수를 정한 경우에
는 사직서를 제출한 후 1임금 지급기_{산정 기간}가 1번 더 경과해야
효력이 발생합니다. 예를 들어, 매월 1일부터 말일까지가 임금
지급기인 회사에 재직하던 근로자가 7월 15일에 사직서를 제출
하였으나 회사에서 사직서 수리를 거부하더라도 당기_{7월 1일~7월}
_{31일} 후 1기_{8월 1일~8월 31일}를 지난 9월 1일에 사직의 효력이 발생
합니다.

또한 취업규칙 등에 퇴사 통보를 3개월 전에 하도록 규정하고
있는 경우 등 퇴직 통보시점을 민법 제660조의 규정보다 길게

규정한 경우라도 민법에 따라 당기 후 1임금 지급기가 경과하면 퇴직의 효력이 발생합니다.

🔍 사직서 제출과 퇴직의 효력 시점

근로자의 사직의사 표시 + 회사 수용		당사자가 합의한 시점에 퇴직효력 발생
취업규칙 등에 특약 규정		특약에 따른 시점에 퇴직효력 발생 (단, 법 기준보다 유리한 경우 유효)
회사의 사직서 수리 거부	기간으로 보수를 정한 경우	사직서 제출 후 당기 후의 1임금 지급기가 경과하면 퇴직효력 발생
	기간으로 보수를 정하지 않는 경우	근로자가 사직서를 제출한 날로부터 1개월 경과하면 퇴직효력 발생

사직서 제출 이후 철회하는 것도 가능한가요?

근로자는 개인적 사유로 장기간 요양이 필요해서, 다른 회사로 이직하기 위해서 또는 상사로부터 심한 질책을 받고 감정이 격해지면서 등 여러 사유로 사직서_원 을 제출하게 됩니다. 다만, 근로자가 사직서를 제출한 후 그 의사를 번복한 경우 근로관계가 종료되었는지 여부가 문제되는 경우가 많습니다. 근로자가 사직원을 제출한 경우 사용자의 승낙의사가 도달하기 전에 철회할 수 있는 합의해지와 사직의 의사가 사용자에게 도달한 이후에는 철회가 안 되는 해약고지로 나눌 수 있습니다.

🔍 사직 종류

일반적으로 합의해지는 근로자가 사직의 의사표시를 하고 사용자의 승낙을 통해 근로관계를 종료하는 것이라면, 해약고지는 근로관계를 종료하겠다는 근로자의 일방적인 의사표시입니다. 통상 근로자의 사직의 의사표시 사직서 제출 등 는 특별한 사정이 없는 한 해약고지에 해당한다고 볼 수 있습니다.

해약고지

사직의 의사표시로서 해약고지는 근로자가 회사의 동의여부와 관계없이 일방적으로 그만두겠다는 의미이기 때문에 통상 사직서 문구에도 '○○일부로 사직하겠습니다'라고 기재되어 있는 경우가 이에 해당할 수 있습니다. 따라서 사직의 의사표시가 근로관계를 종료하겠다는 근로자의 일방적인 의사표시로 평가된다면, 그 의사가 회사에 도달한 이후에는 회사의 동의 없이 일방 철회가 불가합니다.

합의해지

사직의 의사표시가 합의해지에 해당할 수 있는 경우는 사직서 내용이 '사직하고자 하오니 허락하여 주시기 바랍니다'라는 내용으로 기재되어 있거나 취업규칙에도 '퇴직 1개월 전에 사직원을 제출해 회사의 승인을 받아야 한다'고 되어 있는 경우 등이 이에 해당할 수 있습니다.

따라서 이 경우에는 사직서 이 경우 사직원(願)이 보다 더 적절한 표현임를 회사에 내는 행위를 합의해지를 제안 청약한 것으로 보고 회사가 승낙해야 의사의 합치로 근로관계가 종료되는 것이므로 회사의 승낙이 근로자에게 도달하기 전이라면 사직서를 자유롭게 철회할 수 있습니다.

다만, 사직서 철회가 사용자에게 예측 불가능한 중대한 손해를 주는 등 신의칙에 반할 특별한 사정이 있으면 제한될 수 있습니다. 대법99두8657, 2000. 09. 05. 그러므로 사용자는 근로자가 사직서를 제출한 경우 근로계약관계의 해지 청약에는 메일, 문자 등을 통해 승낙의 의사표시 ex.사직서를 수리하였습니다를 전달하는 것이 바람직할 것입니다.

🔍 합의해지와 해약고지 구분

구분	합의해지(합의해지의 청약/승낙)	해약고지(일방적 종료 통지)
의미	근로자가 '근로계약을 합의로 종료하자'는 의사표시(청약)를 하고, 사용자의 승낙이 도달하면 종료됨.	근로자가 일방적으로 계약 종료 의사를 통지하여, 그 통지가 사용자에게 도달하면 종료됨.
법적 성격	민법상 계약해지의 '합의해지'(청약·승낙 구조). 사용자 승낙 필요.	민법상 고용계약의 '해약고지'에 해당. 승낙 불요.
효력 발생 시점	사용자의 '승낙'이 근로자에게 도달한 때(승낙 도달 시).	근로자의 해지 의사표시가 사용자에게 '도달'한 때(도달 시).
철회(번복) 가능성	사용자 '승낙 도달 전'에는 원칙적으로 철회 가능 (다만 신의칙 위반 예외 있음).	의사표시가 사용자에게 도달한 이상 원칙적으로 일방 철회 불가(회사 동의 필요).
대표적 문구 예시	"사직하고자 하오니 허락하여 주시기 바랍니다"	"○○일부로 사직(퇴사)하겠습니다.", "사직 의사를 통지합니다."

직원을 다른 팀으로 발령내는 것은 전혀 문제가 없나요?

 **관련 법률**

> **<근로기준법>**
>
> 제23조(해고 등의 제한)
>
> ① 사용자는 근로자에게 정당한 이유 없이 해고, 휴직, 정직, 전직, 감봉, 그 밖의 징벌(懲罰)(이하 "부당해고등"이라 한다)을 하지 못한다.

직장생활을 하다 보면 인사발령에 따라 특정 다른 부서로 이동하거나 때로는 상당히 거리가 있는 현장으로 발령이 나는 등의 인사이동을 경험하게 됩니다. 인사이동은 기업 내에서 또는 기업 간의 관계에서 근로자의 근무내용, 근무장소 및 근로관계 당사자의 변동을 가져오는 근로관계의 변동을 의미합니다.

일반적으로 직무내용 담당업무 변경되는 것을 전직, 근무장소가 변경되는 것을 전근이라고 하고 이를 통칭하여 인사이동, 전환배치로 표현하기도 합니다. 다만, 인사이동에 대한 용어는 법률상으로 명확하게 정의하고 있지 않다보니 전보, 전배 등 여러 용어로 혼용하여 사용하기도 합니다.

인사이동에는 전직, 전근 이외에도 전출과 전적이 있는데 전출은 종전 회사의 소속을 계속 유지하면 한시적으로 다른 회사에 파견되어 근무하는 것을 의미하고, 전적은 계열사 간 이동처럼 종전 회사와의 근로관계를 종료하고 다른 회사에 채용되는 형태를 의미합니다. 전출, 전적은 지휘 · 감독의 대상이 변경되거나 소속 자체가 변경되는 것인 만큼 근로자의 동의가 반드시 수반되어야 합니다.

다만, 상시적으로 이루어지는 전직, 전근 등의 인사이동은 사용자의 권한에 속하여 업무상 필요한 범위 안에서는 상당한 재량권이 인정됩니다. 그러나 전직, 전근이더라도 근로자의 입장에서는 담당할 업무, 근무장소 등이 변경되어 불이익을 받을 수 있으므로 무한정 인정되는 것은 아니며 특히 근로계약서에 근무장소와 담당업무가 명확히 특정되어 있는 경우에는 인사이동 시 근로자의 동의가 반드시 필요합니다 단, 근로계약서상에 근무장소, 담당업무를 기재하였더라도 사용사의 경영상 필요에 의해 인사이동할 수 있다고 부기하는 경우에는 근무장소, 담당업무가 특정되어 있지 않다고 해석.

전직, 전근 등의 기업 내 인사이동의 정당성과 관련하여 근로기준법 제23조는 '정당한 이유' 없이 전직을 시킬 수 없도록 규정하고 있고, 일반적으로 노동위원회 및 법원은 근로기준법 제23조의 '정당한 이유'의 존재여부를 판단하는 요소로서 ① 업무상의 필요성, ② 근로자의 생활상의 불이익과 비교형량, ③ 근로자와의 사전 협의 등 신의칙상 요구되는 절차를 거쳤는지 등 3가지 판단기준을 제시하고 있습니다.

🔍 전직, 전근의 정당한 이유

업무상의 필요성 여부

인사발령이 정당하기 위해서는 업무상 필요성이 있어야 합니다. 업무상 필요성이란 회사가 그 업무를 원활하고 효율적으로 운영하기 위하여 직원의 업무내용이나 근무장소를 변경할 객관적 필요가 있었는지 여부와 함께 해당 근로자를 선택할 수밖에 없는 합리성의 존부를 근거로 판단합니다.

업무상 필요성의 판단에 대하여 법원은 '사용자가 전직처분 등을 함에 있어서 요구되는 업무상의 필요란 인원 배치를 변경할 필요성이 있고 그 변경에 어떠한 근로자를 포함시키는 것이 적절할 것인가 하는 인원선택의 합리성을 의미하는데, 여기에는 업무능률의 증진, 직장질서의 유지나 회복, 근로자 간의 인화 등의 사정도 포함된다'고 판시하고 있습니다_{대법 2010두20447, 2013. 02. 28} .

근로자의 생활상의 불이익과 비교형량

회사가 업무상 필요성이 있어 근로자를 인사발령하더라도 근로자가 입게 될 생활상의 불이익과의 비교·교량이 필요합니다. 따라서 업무상의 필요에 의한 인사이동으로 입게 되는 생활상의 불이익이 근로자가 통상 감수해야 할 정도를 현저하게 벗어나는 것이 아니라면 정당한 인사권 행사로 볼 수 있으나, 업무상 필요성, 합리성이 있더라도 인사이동으로 인한 근로자의 생활상의 불이익이 더 크다면 사용자가 인사권을 남용한 것으로 위법하여 무효가 될 수도 있습니다.

근로자의 생활상의 불이익에는 물질적 요소_{임금감소, 통근비용이나 주거비용 등의 증가} , 시간적 요소_{통근시간 증가} , 정신적 요소_{부양가족과 별거에 따른 문제, 통근시간 증가에 따른 사회활동 제한 등} 도 고려의 대상이 될 수 있습니다_{서울행법 2003구합 34479, 2004. 03. 30} . 따라서 인사이동으로 근로자의 불이익이 있다면 이를 감소시켜주기 위한 조치_{이사비, 교통비, 숙소 등의 지원} 를 고려하는 것이 바람직할 것입니다.

근로자와의 사전 협의

근로자와의 성실한 협의 등 신의칙상 요구되는 절차를 거쳤는지 여부도 인사발령의 정당성 여부를 판단하는 하나의 기준입니다. 다만, 근로자와의 성실한 협의를 거쳤는지 여부는 인사발령의 정당성을 판단하는 절대적 요소는 아니기 때문에 그러한 절차를 거치지 아니하였다는 이유만으로 당연 무효가 되는 것은 아닙니다.

 **관련 기사**

대법 "육아휴직 복귀한 매니저, 영업담당 발령은 부당 인사"

육아휴직에서 복귀한 매니저에게 기존 업무와 비교해 권한·책임 등이 다른 직무로 발령을 보냈다면 부당 인사라는 대법원의 판단이 나왔다.

4일 법조계에 따르면 이날 대법원 2부(주심 천대엽 대법관)는 복직한 발탁 매니저를 영업담당으로 발령 낸 롯데쇼핑의 인사가 부당 전직이라는 중앙노동위원회 재심 판정을 취소한 원심을 파기하고 사건을 서울고등법원으로 돌려보냈다고 밝혔다.

A씨는 1999년 롯데쇼핑 입사 후 2013년 롯데마트 안산점에서 발탁 매니저로 발령을 받았다. 발탁 매니저는 롯데마트 운영세칙에 따라 필요할 때 대리급 사원에게 부여하는 임시직책이다.

당시 A씨는 2015년 6월 육아휴직 1년을 신청했다가 이듬해 1월 복직신청을 했는데, 점장은 '대체 근무자가 있다'며 받아들이지 않았다.

A씨가 '대상 자녀와 더는 동거하고 있지 않다'는 취지로 재차 복직신청을 했는데, 롯데쇼핑 측은 대체근무자가 A씨의 기존 보직을 맡고 있다는 이유로 냉장냉동 영업담당으로 발령냈다.

… <중략> …

1·2심은 롯데쇼핑 측 손을 들어줬다. 법원은 발탁 매니저가 임시직책에 불과하고 실제 발탁 매니저로 일하다 다시 담당으로 인사발령을 받은 사례들도 다수 있어 다른 업무에 복귀시킨 것이라 볼 수도 없다고 설명했다.

다른 매니저 직책의 경우 모두 과장 직급이 맡고 있었으며 A씨가 조기 복직을 신청한 것이라는 점 등도 판단 근거로 들었다.

그러나 대법원은 "발탁 매니저와 영업담당 업무는 그 성격과 내용·범위 및 권한·책임 등에 상당한 차이가 있어 같은 업무에 해당한다고 보기 어렵다"며 하급심 판단을 뒤집었다.

또한 "육아휴직 전과 같은 업무가 아닌 '같은 수준의 직무'를 대신 부여할 수도 있지만, 이 경우 전보다 불리한 직무가 아니어야 하는 등 여러 사정을 고려해야 한다"고 말했다.

출처 : 데일리안, 2022. 07. 05

Chapter 3

집단적 노사관계

모든 사업장이 노사협의회를 설치해야 되나요?

 **관련 법률**

우리는 이미 인공지능AI, 사물인터넷IoT, 빅데이터 등 첨단 기술의 융합이 우리의 모든 산업과 일상에 혁신을 불러일으키고 있는 4차 산업혁명시대를 살아가고 있습니다. 산업현장에서 이러한 변화에 신속하게 대응해 나가고 주도하기 위해서는 노사 모두가 이러한 변화를 충분히 인식하고 노사협력이 어느 때보다 중요한 시기입니다.

노사협력은 상호신뢰가 전제가 되어야 할 것인데 이러한 상호신뢰는 참여를 통해 만들어지고 강화될 수 있습니다. 또한 근로자의 참여는 기업경영에 대한 근로자의 이해 및 조직 몰입도 등을 증진시킴으로써 결국에는 생산성 향상, 근로자의 직무만족도를 제고할 수 있습니다.

〈근로자 참여 및 협력 증진에 관한 법률〉이하 '근참법'이라 한다 은 상시 근로자 30인 이상 사업장에 대하여 노사협의회 설치 의무를 규정하고 있는데1,000만 원 이하 벌금 노사협의회는 근로자와 사용자가 참여와 협력을 통해 근로자의 복지증진과 기업의 건전한 발전을 도모하기 위해 구성하는 상시적 협의기구로서, 4차 산업혁명시대를 직면하고 있는 현시대에 한층 더 부각되고 있습니다.

노사협의회는 근로조건에 대한 결정권이 있는 상시 30인 이상의 근로자를 사용하는 사업 또는 사업장이 의무적으로 설치해야 하는데, 대표이사나 임원 등 완전히 근로자의 지위를 가지지 않는 대상 및 파견, 도급 등 해당 사업장에서 근로를 제공하지만 직접적인 근로관계가 없는 인력을 제외한 해당 사업장과 직접적인 근로관계가 있는 근로자만을 기준으로 설치대상 여부를 판단하면 됩니다.

또한 여러 사업장이 장소적으로 분산되어 있어도 모든 사업장이 최종적인 사업 목적을 일부씩 분담하고 있는 것에 불과한 경우에는 하나의 사업장으로 판단하고 이 경우 각 사업장에 근무하는 근로자수를 모두 합쳐 30명 이상이라면 그 주된 사무소에 노사협의회를 설치해야 하며 노사관계법제과-220, 2016. 01. 29 각 사업장마다 근로조건의 결정권을 가지고 있는 경우라도 모든 사업장을 총괄하는 노사협의회를 본사에 설치하거나 각 사업장 단위로 각각 노사협의회를 설치하는 것도 가능합니다 노사관계법제과-1615, 2021. 06. 28 .

그리고 노사협의회가 설치된 사업장이 일시적인 인원 감소로 근로자수가 30명 미만이 된 경우라도 그간의 고용추이 · 향후 고용전망 30명 이상으로 회복가능성 등을 고려할 때, 상시적으로 사용하는 근로자수가 30명 이상이라면 노사협의회를 계속 운영해야 하지만, 상시적으로 사용하는 근로자수가 다시 30명 이상으로 회복될 가능성이 희박한 경우라면 노사협의회를 계속 설치 · 운영할 법적 의무는 없습니다 노사협력정책과-1478, 2012. 04. 20 .

노사협의회를 설치하는 경우에는 ① 노사협의회 설치 공고, ② 노사협의회 설치 준비위원회 구성, ③ 노사협의회 위원의 위촉 또는 선출, ④ 노사협의회규정 제정 및 신고의 과정을 거치면 됩니다.

🔍 노사협의회 설치 절차

노사협의회 설치 공고

▼

노사협의회 설치 준비위원회 구성

▼

노사협의회 위원의 위촉 또는 선출

▼

노사협의회규정 제정 및 고용노동부 신고

노사협의회가 곧 노동조합이라거나 노동조합이 있는 경우에는 노사협의회를 설치하지 않아도 된다고 오해하는 경우가 많은데 노사협의회와 노동조합은 근거 법령, 목적 및 당사자, 효력 등 전반에 걸쳐 차이가 있습니다. 노동조합은 노동3권을 바탕으로 하여 노조법에 따라 '조합원'의 권익향상을 위해 사용자와 교섭을 통한 근로조건의 증진 등에 목적을 두고 있는 반면, 노사협의회는 근참법에 따라 '전체 근로자'를 대표하여 참여와 협력을 통한 노사 공동의 이익증진을 목적으로 하고 있습니다.

특히 근참법 제5조는 '노동조합의 단체교섭이나 그 밖의 모든 활동은 이 법에 의하여 영향을 받지 아니한다'고 규정하고 있을 뿐만 아니라, 근로조건의 유지·개선 등이 목적인 노동조합과 노사의 참여와 협력을 통한 노사 공동의 이익증진이 목적인 노사협의회는, 그 설치와 활동 목적이 상이하므로 노동조합이 설립되어 있다는 이유로 노사협의회 설치에 대한 예외가 인정되는 것은 아닙니다.

🔍 노사협의회와 노동조합 비교

구분	노사협의회	노동조합
근거	근참법	노조법
목적	생산성 향상과 근로자 복지증진 등 미래지향적 노사 공동이익 증진	근로조건의 유지·개선, 근로자의 경제적·사회적 지위 향상 도모
대표성	전체 근로자를 대표	조합원을 대표
당사자	근로자위원, 사용자위원	노동조합 대표자, 사용자
배경	노동조합 유무와 무관, 쟁의행위 부담없이 협의	노동조합 기반, 교섭 결렬시 쟁의행위 가능
의제	공동 사용 시설·작업환경 개선, 직무훈련, 고충처리 등	임금·근로시간 등 근로조건의 유지 개선에 관한 사항

출처 : 노사협의회 운영 매뉴얼 고용노동부, 2022

🔍 근로자참여 및 협력증진에 관한 법률 시행규칙

[별지 제 1호 서식] (개정 2023. 06. 08)

[ ] 제정 [ ] 변경	협의회규정 제출서

※ [ ]에는 해당되는 곳에 √ 표시를 합니다.

접수번호	접수일	처리기간 즉시

<table>
<tr><td rowspan="3">사용자</td><td>사업체명</td><td>대표자명</td></tr>
<tr><td>주된 사무소 소재지(연락처)

(전화번호:)</td><td>상시 근로자 수
명
(※ 사업 전체를 기준으로 기재합니다)</td></tr>
<tr><td>법인등록번호</td><td>사업자등록번호</td></tr>
</table>

<table>
<tr><td rowspan="6">노사협의회</td><td>노사협의회 명칭</td><td colspan="3">노사협의회 소재지(연락처)
(전화번호:)</td></tr>
<tr><td>설치단위

사업 [ ],   사업장 [ ]</td><td colspan="3">해당 사업장의 사업자등록번호

(※ 사업장단위로 설치된 경우에만 기재합니다)</td></tr>
<tr><td>설치단위 대표자명</td><td colspan="3">해당 사업장의 상시 근로자 수
명
(※ 사업장단위로 설치된 경우에만 기재합니다)</td></tr>
<tr><td rowspan="2">협의회규정 제정(변경)일자</td><td rowspan="2">노사협의회 위원 수</td><td>근로자위원</td><td>명</td></tr>
<tr><td>사용자위원</td><td>명</td></tr>
<tr><td>정기회의 개최일자</td><td colspan="3">고충처리위원 수
명</td></tr>
</table>

「근로자참여 및 협력증진에 관한 법률 시행규칙」 제3조제1항에 따라 [ ] 제정, [ ] 변경된 노사협의회규정을 제출합니다.

년 월 일

제출인(사용자)   (서명 또는 인)

○○지방고용노동청(지청)장 귀하

첨부 서류	1. 제정하거나 변경된 협의회규정 2. 신·구조문대비표(협의회규정이 변경된 경우만 해당합니다)	수수료 없음

노사협의회 위원은
어떻게 구성해야 되나요?

 법률

> **<근로자 참여 및 협력 증진에 관한 법률>**
>
> 제6조(협의회의 구성)
> ① 협의회는 근로자와 사용자를 대표하는 같은 수의 위원으로 구성하되, 각 3명 이상 10명 이하로 한다.
> ② 근로자를 대표하는 위원(이하 "근로자위원"이라 한다)은 근로자 과반수가 참여하여 직접ㆍ비밀ㆍ무기명 투표로 선출한다. 다만, 사업 또는 사업장의 특수성으로 인하여 부득이한 경우에는 부서별로 근로자수에 비례하여 근로자위원을 선출할 근로자(이하

이 조에서 "위원선거인"이라 한다)를 근로자 과반수가 참여한 직접·비밀·무기명 투표로 선출하고 위원선거인 과반수가 참여한 직접·비밀·무기명 투표로 근로자위원을 선출할 수 있다.

③ 제2항에도 불구하고 사업 또는 사업장에 근로자의 과반수로 조직된 노동조합이 있는 경우에는 근로자위원은 노동조합의 대표자와 그 노동조합이 위촉하는 자로 한다.

④ 사용자를 대표하는 위원(이하 "사용자위원"이라 한다)은 해당 사업이나 사업장의 대표자와 그 대표자가 위촉하는 자로 한다.

⑤ 근로자위원이나 사용자위원의 선출과 위촉에 필요한 사항은 대통령령으로 정한다.

노사협의회는 근로자의 경영참여와 노사 간 상호협력을 제도화하여, 갈등을 줄이고 산업평화를 이루고자 하는 취지에서 도입된 제도로, 상시 근로자 30인 이상 사업장은 노사협의회를 설치하고 노사협의회 규정을 제정하여 고용노동부에 신고해야 합니다.

노사협의회 제도의 취지에 따라 노사협의회의 구성은 회의 시 협의사항, 의결사항에 대해 대등한 결정이 이루어질 수 있도록 하기 위하여, 근로자측과 사용자 측을 대표하는 같은 수의 위원으로 구성해야 하며, 노사 각각 3명 이상 10명 이내의 위원으로 구성해야 합니다.

사용자위원은 해당 사업이나 사업장의 대표자당연직 위원와 그

대표자가 위촉하는 자로 구성합니다. 한편 사용자위원을 위촉할 때는 근로자들로부터 신망이 두텁고 인사·노무 등에 대한 학식과 경험이 풍부하면서 노사 간 균형 있는 대화를 이끌어 나갈 수 있는 간부급 직원을 위촉하는 것이 바람직합니다.

근로자위원의 선출은 근로자 과반수로 조직된 노동조합이 있는 경우와 그렇지 않은 경우로 구분되는데, 근로자 과반수로 조직된 노동조합이 있으면 노조대표**당연직 위원** 와 해당 노조가 위촉하는 직원으로 구성해야 합니다. 여기서 노동조합이란 노조대표가 아니라 노동조합 자체가 위촉권자가 되므로, 근로자 전체의 의견이 고르게 반영될 수 있도록 위촉하는 것이 바람직합니다**노동조합의 위촉 권한에 대한 제한은 없음** .

근로자 과반수로 조직된 노동조합이 없는 경우의 근로자위원 선출은 근로자 과반수가 참여하여 직접·비밀·무기명 투표로 선출하면 됩니다. 다만, 사업 또는 사업장의 특수성으로 인하여 부득이 한 경우**사무직·기술직·기능직 등의 사업장이 별도로 있거나, 작업부서별로 특성이 크게 다른 경우** 에는 부서별로 근로자수에 비례하여 근로자위원을 선출할 근로자, 다시 말해 위원선거인을 근로자 과반수가 참여하여 선출하고, 위원선거인의 과반수가 참여하여 직접·비밀·무기명 투표로 근로자위원을 선출할 수 있습니다.

또한 근로자위원은 후보자 중 다득표 순으로 선출하면 되며, 근로자위원의 퇴직이나 사임 등의 상황을 대비하여 낙선자를 예비 근로자위원으로 운영하는 것도 가능합니다. 다만, 무투표

당선은 인정되지 않으므로 후보자수와 선출할 근로자위원수
가 같더라도 투표절차 ex. 찬반투표/과반득표 등의 의무 없음 는 거쳐야 합
니다.

🔍 근로자위원의 선출방법

구분	근로자 과반수로 조직된 노조 없는 경우	근로자 과반수로 조직된 노조 있는 경우
자격	소속 근로자	
선거	근로자 과반수가 참여한 직접·비밀·무기명 투표	근로자 과반수 노동조합의 대표자와 그 노동조합이 위촉하는 자
당선자 확정	다득표자 순	

노사협의회는 회의 안건이 있을 때만 개최하면 되나요?

관련 법률

> **<근로자 참여 및 협력 증진에 관한 법률>**
>
> 제12조(회의)
> ① 협의회는 3개월마다 정기적으로 회의를 개최하여야 한다.
> ② 협의회는 필요에 따라 임시회의를 개최할 수 있다.

노사협의회는 협의회 운영의 연속성을 확보하고 노사 간 원활한 의사소통을 위하여 3개월마다 정기적으로 개최해야 하며, 긴급 또는 회의개최의 필요성이 생겼을 때는 임시회의를 개최할 수 있습니다. 노사협의회 회의는 의장이 소집하며 회의개최 7일 전에 회의 일시, 장소, 의제 등을 위원들에게 개별적으로 통지하거나 사내 게시판 게재 등 회의개최 여부를 충분히 인지할 수 있는 방법으로 통보해야 합니다. 노사협의회에서 다루는 사항은 보고사항, 협의사항, 의결사항이 있습니다.

보고사항

노사협력을 통한 상생이라는 공동의 목표를 위해서는 기업경영정보를 공유하는 것이 필요하므로 노사협의회 회의개최 시 사용자는 회사의 경영여건 및 계획을 충분히 보고·설명하도록 의무를 부과하고 있습니다.

사용자가 정기회의에서 보고사항에 대하여 보고·설명을 하지 않을 경우 근로자위원은 관련 자료 제출을 요구할 수 있으며 사용자는 이에 성실히 응해야 하며, 사용자가 정당한 이유 없이 자료제출 의무를 이행하지 아니하는 경우 500만 원 이하의 벌금이 부과될 수 있습니다.

협의사항

협의사항은 참여와 협력을 통해 기업 내 작업시스템, 제도적 시스템, 인적 시스템을 유기적으로 결합하여 개선하는 방안을 노사가 공동으로 모색해 나가는 것으로써, 근로자는 협의과정을 통해 회사에 대한 이해와 소속감이 높아질 수 있습니다.

의결사항

의결사항은 인적자원개발, 복지증진, 고충처리, 노사공동위원회 운영 등 근로자와 관련된 사항에 대하여 사용자의 일방적인 결정이 아닌 노사공동 합의를 통해 결정하는 것입니다. 단순한 의견교환이 아닌 노사대표가 참여와 협력을 통해 대등한 자격으로 모인 협의회에서 공동결정하는 것인 만큼 정당한 이유 없이 의결사항을 이행하지 아니할 경우에는 1,000만 원 이하의 벌금이 부과될 수 있습니다.

🔍 **관련 기사**

대법 "구체적 안건 없어도
노사협의회 정기 개최해야"

노사협의회는 구체적인 안건이 없어도 3개월에 한 번 정기적으로 개최해야 한다는 대법원 판단이 나왔다.

27일 법조계에 따르면 대법원 2부(주심 오경미 대법관)는 지난 1일

근로자참여 및 협력증진에 관한 법률 위반 혐의로 기소된 인천 지역 일간지 전 대표이사 A씨에 대한 상고심에서 벌금 50만원을 선고한 원심을 확정했다.

A씨는 2019년 12월부터 2022년 12월까지 노사협의회 의장을 맡았는데, 2021년도 2~4분기와 2022년도 2~3분기 노사협의회를 열지 않은 혐의로 기소됐다.

근로자참여법 12조 1항은 '협의회는 3개월마다 정기적으로 회의를 개최해야 한다'고 정한다.

A씨 측은 재판에서 노사협의회 회의를 정기적으로 개최해야 한다는 사실을 몰랐고 실무자가 노사 간 현안이 있을 때만 회의를 개최하는 것으로 일정을 잡아 보고해 고의성이 없었다고 주장했다.

1심과 2심은 A씨의 주장을 받아들이지 않고 혐의를 인정해 벌금 50만원을 선고했다. 노사협의회를 개최하지 않은 고의가 인정되고 위법성을 인식하지 못한 것에 대한 정당한 이유가 없다고 판단했다.

대법원은 원심 판단에 잘못이 없다고 보고 상고를 기각했다.

대법원은 "노사협의회는 구체적 안건이 존재하는지 여부와 관계없이 근로자참여법에 따라 3개월마다 정기적으로 정기회의를 개최해야 한다"며 "사용자는 정기회의에 경영계획 전반 및 실적에 관한 사항, 분기별 생산계획과 실적에 관한 사항, 인력계획에 관한 사항, 기업의 경제적·재정적 상황을 성실하게 보고하거나 설명해야 한다고 봄이 타당하다"고 했다.

출처 : 뉴시스, 2025. 05. 27

🔍 노사협의회 회의록 양식 예시

20XX년도 X/4분기 노사협의회 회의록			
회 의 일 시	20XX년 XX월 XX일 10:00		
회 의 장 소	00전자(주)/회의실		
협 의 사 항			
보 고 사 항			
의 결 사 항			
의결된 사항 및 그 이행에 관한 사항			
그 밖의 참고사항 및 전분기 의결된 사항의 이행 상황			
참 석 위 원			
근로자 위원		사용자 위원	
성 명	서 명	성 명	서 명

혼자라도 노동조합을
만들 수 있나요?

 법률

> **<노동조합 및 노동관계조정법>**
>
> 제2조(정의)
>
> 이 법에서 사용하는 용어의 정의는 다음과 같다.
>
> 4. "노동조합"이라 함은 근로자가 주체가 되어 자주적으로 단결하여
>   근로조건의 유지·개선 기타 근로자의 경제적·사회적 지위의 향상
>   을 도모함을 목적으로 조직하는 단체 또는 그 연합단체를 말한다.

　　사용자와 근로자 간의 관계는 일반적으로 동등하다고 보기 어
렵습니다. 다시 말해 힘의 균형이 맞지 않기 때문에 사용자와 근

로자 간의 갈등이 발생하였을 경우 근로자 개인이 이를 해결하기란 쉬운 일이 아닙니다.

따라서 헌법 제33조 제1항은 사용자와 근로자 간 힘의 균형이 맞춰질 수 있도록 근로자에게 노동조합을 결성할 권리를 보장하고 있으며, 노동조합 및 노동관계조정법 이하 '노동조합법' 이라 한다 에서 노동조합의 설립, 운영 등에 대하여 구체적으로 정하고 있습니다.

노동조합법 제2조 4호에는 노동조합에 대하여 '근로자가 주체가 되어 자주적으로 단결하여 근로조건의 유지·개선 기타 근로자의 경제적·사회적 지위의 향상을 도모함을 목적으로 조직하는 단체 또는 그 연합단체'라고 정의하고 있는데, 간단히 말해 노동조합은 근로자가 고용조건과 근무환경을 개선하기 위해 자발적으로 결성한 단체라고 볼 수 있습니다.

따라서 노동조합은 기본적으로 단체성을 기본 요건으로 하고 있는 만큼 1인만으로 노동조합 설립은 허용되지 않고 최소 2명 이상이 모여야 설립할 수 있습니다 대법원 97누19830, 1998. 03. 13 .

노동조합은 근로자의 임금, 근무시간, 복지 등 근로조건을 개선하고 고용안정을 도모하는 것을 주요 목적으로 하며, 단체교섭과 집단행동을 통해 노동자의 권익을 보호하는 역할을 합니다. 노동조합을 설립하기 위해서는 근로자만으로 구성된 단체로서 사용자로부터 독립된 자주성과 내부의 민주성을 갖추고 있어야 합니다. 한편 규약을 마련하고 조합원 명부, 임원 명부,

설립총회 의사록 등을 작성하여 관할 행정관청에 설립신고서를 제출해야 합니다. 특별한 사정이 없다면 행정관청은 설립 신고 후 3일 이내에 신고증을 노동조합에 부여하게 됩니다.

🔍 노동조합 설립절차

- 조합원 모집 및 회의 : 발기인 구성, 조합 설립에 대한 의사 결정
- 규약 작성 : 조직목적, 운영방식, 회계규정 등 포함
- 설립 총회 개최 : 규약 승인, 임원 선출
- 설립 신고서 제출 : 관할 행정관청 노동청 등 에 서류 제출
- 설립 신고증 교부 : 신고 후 3일 이내 수리 여부 결정

제 호	노동조합 설립 신고증		
노동조합의 명칭		노동조합의 형태	단위노조(기업, 지역, 전국), 연합단체, 단위노조의 산하조직
주된 사무소의 소재지			
설립신고 연월일			
대표자	성명		
	생년월일 (남여)		
	주소		
소속된 연합단체의 명칭			

「노동조합 및 노동관계조정법」 제12조제1항에 따라 노동조합의 설립을 신고하였음을 증명합니다.

년 월 일

고용노동부장관(지방고용노동관서의 장)
시·도지사, 시·군·구청장

직인

부당노동행위가 부당한 인사조치를 의미하는 것인가요?

🔍 관련 법률

<노동조합 및 노동관계조정법>

제81조(부당노동행위)

① 사용자는 다음 각 호의 어느 하나에 해당하는 행위(이하 "不當勞動行爲"라 한다)를 할 수 없다.

1. 근로자가 노동조합에 가입 또는 가입하려고 하였거나 노동조합을 조직하려고 하였거나 기타 노동조합의 업무를 위한 정당한 행위를 한 것을 이유로 그 근로자를 해고하거나 그 근로자에게 불이익을 주는 행위

… 이하 생략 …

회사와 노동조합은 원만한 관계를 유지하기도 하지만 때로는 갈등관계 속에서 회사가 노동조합의 활동에 대하여 부정적인 시각을 갖고 노동조합을 의도적으로 괴롭히는 상황이 발생할 수 있습니다.

노동조합 및 노동관계조정법이하 '노동조합법' 이라 한다 은 사용자가 근로자의 노동조합활동과 관련한 노동3권단결권, 단체교섭권, 단체행동권 을 침해하는 행위를 금지하고 있으며, 이러한 행위를 '부당노동행위'라고 규정하고 있습니다.

이러한 규정은 집단적 노사관계의 질서를 해치는 사용자의 행위를 예방·제거하여 근로자의 노동3권을 신속히 회복·보호하려는 데 있으며 부당노동행위에는 크게 4가지 유형으로 나누어 볼 수 있습니다.

불이익 취급

불이익 취급은 근로자가 노동조합에 가입·조합 활동을 하였다는 이유 또는 정당한 단체행위나 노동위원회 신고·증언 등을 하였다는 이유로 해고·징계·전보·평가 등에서 불이익을 주는 행위를 의미합니다. 따라서 노동조합 활동과 관계없는 회사의 일반적인 부당한 인사조치와는 구분이 됩니다.

다시 말해 노동조합 활동과 관련된 권리 침해가 있어야만 부당노동행위가 성립되며, 모든 부당한 인사조치가 곧바로 '부당

노동행위'가 되는 것은 아닙니다.

황견계약(비열계약, 반조합계약)

황견계약은 노조에 가입하지 않을 것 또는 탈퇴할 것을 고용조건으로 하거나 특정 노조에 가입할 것을 고용조건으로 하는 행위를 의미합니다. 예를 들어 사용자가 근로자에게 노동조합에 가입하지 않으면 고용하겠다는 방법으로 노동조합 활동을 하지 못하게 미리 막는 경우라고 할 수 있습니다.

단체교섭 거부·해태

단체교섭 거부·해태는 노동조합 대표자 또는 정당한 교섭권자와의 교섭을 정당한 이유 없이 거부하거나 해태하는 행위를 의미합니다. 다만, 반드시 사용자의 협약체결의무가 부여된다는 것은 아니며 정당한 사유가 존재할 경우 단체교섭을 거부할 수도 있는 바, 그 판단은 사회통념에 따라 구체적으로 행해져야 합니다.

지배·개입 및 경비원조

지배·개입 및 경비원조는 사용자가 노조 결성·운영을 지배

하거나 개입하는 행위, 근로시간면제 타임오프 한도를 초과하여 급여를 지급하는 행위나 노동조합의 운영비를 원조하는 행위를 의미합니다.

다만, 근로자의 후생자금 또는 경제상의 불행 그밖에 재해의 방지와 구제 등을 위한 기금의 기부와 최소한의 규모의 노동조합사무소의 제공 및 그밖에 이에 준하여 노동조합의 자주적인 운영 또는 활동을 침해할 위험이 없는 범위에서의 운영비 원조 행위는 예외로 하고 있습니다.

🔍 부당노동행위와 부당인사조치 비교

구분	부당노동행위	부당인사조치
근거	노동조합법 제81조	근로기준법, 민법상 신의성실 원칙, 인사권 남용법리 등
보호대상	근로자의 노동3권 (단결권·단체교섭권·단체행동권)	근로자의 일반적인 근로조건·평등권·인격권
행위유형	• 노조 활동 이유로 불이익 취급 • 노조 가입·탈퇴 강요 • 정당한 이유 없는 단체교섭 거부 • 사용자 지배·개입	• 합리적 이유 없는 전보·전직 • 차별적 승진·임금·복리후생 • 인사권 남용(특정인 괴롭히기 등)

인사고과 후 계속된 임금 불이익…
대법 "하나의 부당노동행위"

인사고과에 따른 임금 불이익이 지속될 경우 이를 하나의 부당노동행위로 해석해야 한다는 대법원 판단이 나왔다.

28일 법조계에 따르면 대법원 3부(주심 이흥구 대법관)는 전국금속노동조합과 소속 조합원들이 중앙노동위원회위원장을 상대로 제기한 부당노동행위 구제 재심판정 취소 소송에서 원고 패소 판결한 원심을 깨고 사건을 대전고법으로 돌려보냈다.

금속노조 조합원들은 각자 소속된 회사가 2015년부터 2019년 상반기까지 하위 인사고과를 부여하고 승격을 누락시킨 것은 부당노동행위에 해당한다며 경남지방노동위원회에 구제신청을 했다. 이들은 회사가 노조를 소수화하고 단체교섭권을 박탈하기 위해 노조 탈퇴를 강요하며 이같은 행위를 했다고 주장했다.

… <중략> …

1심과 2심의 판단은 엇갈렸다. 1심은 "2015년부터 2019년 3월경까지 정기적으로 시행된 각각의 하위 인사고과 부여 및 승격누락은 일련의 동종행위라고 평가할 수 있다"며 조합원들의 손을 들어줬다. 반면 2심은 "원고들의 구제신청은 노동조합법에서 정한 구제신청 기간을 넘겨, 그 권리가 소멸한 뒤에 제기된 것으로 부적법하다고 봐야 한다"며 판단을 뒤집었다.

하지만 대법원은 "원심 판단에 부당노동행위 구제신청기간과 '계속하는 행위'에 관한 법리 등을 오해해 필요한 심리를 다하지 않음으로써 판결에 영향을 미친 잘못이 있다"며 사건을 다시 심리하도록 했다.

대법원은 "2018년에 인사고과 부여 등을 실시하고 이를 기초로 2019년 3월부터 2020년 2월까지 임금을 지급한 행위는 같은 단위 기간에 관해 이뤄진 것이므로 하나의 '계속하는 행위'에 해당한다고 볼 수 있다"고 판시했다.

출처 : 파이낸셜뉴스, 2025. 04. 28

회사가 노동조합의 요구를 들어주지 않으면 바로 파업을 해도 되나요?

🔍 관련 법률

<**노동조합 및 노동관계조정법**>

제45조(조정의 전치)

① 노동관계 당사자는 노동쟁의가 발생한 때에는 어느 일방이 이를 상대방에게 서면으로 통보하여야 한다.

② 쟁의행위는 제5장 제2절 내지 제4절의 규정에 의한 조정절차(제61조의 2의 규정에 따른 조정종료 결정 후의 조정절차를 제외한다)를 거치지 아니하면 이를 행할 수 없다. 다만, 제54조의 규정에 의한 기간내에 조정이 종료되지 아니하거나 제63조의 규정에 의한 기간내에 중재재정이 이루어지지 아니한 경우에는 그러

하지 아니하다.

제41조(쟁의행위의 제한과 금지)

① 노동조합의 쟁의행위는 그 조합원(제29조의 2에 따라 교섭대표
노동조합이 결정된 경우에는 그 절차에 참여한 노동조합의 전체
조합원)의 직접·비밀·무기명투표에 의한 조합원 과반수의 찬
성으로 결정하지 아니하면 이를 행할 수 없다. 이 경우 조합원 수
산정은 종사근로자인 조합원을 기준으로 한다.

근로자의 인간다운 생활과 근로조건의 향상을 위해 대한민국
헌법 제33조 1항에는 근로자에게 노동3권 단결권, 단체교섭권, 단체행동
권을 보장하고 있습니다. 이에 따라 근로자는 자유롭게 노동조
합을 조직하거나 노동조합에 가입할 수 있으며, 사용자와 근로
조건에 관해 교섭할 권리를 가지며 교섭이 결렬될 경우 노동조
합이 집단적으로 파업, 태업 등의 쟁의행위를 할 수 있는 권리를
가지게 됩니다.

그러나 사용자와 노동조합이 단체협약 체결을 위해 교섭을 이
어 왔지만 각자의 주장이 달라 더 이상 협상이 되지 않는 경우
발생한 분쟁상태를 노동쟁의라고 합니다. 노동조합법 제2조 제
5호에서는 노동쟁의 정의에 대하여 "노동조합과 사용자 또는
사용자단체 간에 임금·근로시간·복지·해고 기타 대우등 근
로조건의 결정과 근로조건에 영향을 미치는 사업 경영상의 결

정에 관한 주장의 불일치 및 사용자의 명백한 단체협약 위반으로 인하여, 발생한 분쟁상태를 말한다"고 규정하고 있습니다.

노동쟁의와 쟁의행위에 대하여 혼동하는 경우가 많은데 노동쟁의는 노동조합과 사용자 사이에 근로조건 등에 관해 의견이 일치하지 않아 발생한 분쟁상황 자체를 의미한다면, 쟁의행위는 노동쟁의를 해결하기 위한 파업, 태업과 같은 집단적 행동_{사용자측 : 직장폐쇄}으로 구분할 수 있습니다.

단체교섭이 결렬되면 노동조합이 쟁의행위의 하나인 파업을 곧바로 개시할 수 있다고 생각할 수 있으나 그렇지 않습니다. 노동조합법 제45조 제2항에서는 노동조합법에 따른 '조정_{調整} 절차'를 거치지 않으면 쟁의행위를 할 수 없도록 규정하고 있기 때문입니다. 이를 '조정전치주의'라고 하는데 노동조합이 쟁의행위에 들어가기 전에 노동위원회 등 제3자의 조정을 통해 분쟁해결을 모색하도록 하기 위함입니다.

🔍 노동관계 조정절차

조정절차는 일반적으로 다음과 같이 5단계로 이루어지며, 일반사업의 경우 10일, 공익사업의 경우 15일 이내에 종료되어야 합니다. 단, 당사자의 합의로 각각 10일, 15일 이내에서 연장할 수 있습니다.

조정신청

사용자 또는 노동조합이 관할 노동위원회에 ① 사업장 개요, ② 단체교섭 경위, ③ 당사자 간 의견의 불일치 사항 및 이에 대한 당사자의 주장내용 등을 기재한 노동쟁의조정신청서를 제출해야 합니다.

사전조사

노동위원회는 조정회의 개최 전에 신청인에게 조정을 신청하게 된 이유이유서 를, 상대방에게는 이에 대한 답변서를 요청함으로써 조정받고자 하는 분쟁사항이 무엇인지에 대하여 확인하는 절차를 갖습니다.

조정위원회 구성

일반사업은 근로자위원, 사용자위원, 공익위원 3인으로 조정위원회를 구성하고조합원수가 많지 않거나 쟁점사항이 적은 간단한 사건은 노사가 합의할 경우 위원 1인이 진행하는 단독조정 가능, 공익사업의 경우 공익위원 3인으로 특별조정위원회를 구성합니다.

조정회의

 일반적으로 조정회의는 노사 당사자 출석 확인 → 조정위원
등 소개 → 노사 당사자의 각각 입장 청취 → 조정위원 질의 및
노·사측 답변 → 개별면담을 위한 정회 선포의 순서로 진행됩
니다. 공동회의를 정회하고 노동조합과 사용자를 각각 위원실
로 따로 불러 비공식적인 분위기에서 핵심쟁점 및 합의점 도출
방안 등에 대하여 조정위원과 당사자 간에 의사소통을 반복합
니다.

조정사건 처리

 조정위원들이 조정회의 결과를 토대로 다음의 3가지 유형으
로 처리합니다.

▶ 조정안 제시

 조정위원회는 노사 간 의견이 어느 정도 접근하여 조정안에
대하여 노사 양측이 수락할 가능성이 높은 경우 조정안을 제시
하게 됩니다. 양 당사자는 각자 조정안에 대하여 수락 또는 거부
를 자율적으로 결정할 수 있습니다. 또한 조정안에 대하여 양 당
사자가 수락하면 조정이 성립되며 수락된 조정안은 단체협약과
동일한 효력을 가지게 됩니다. 다만, 어느 일방 또는 쌍방이 거

부할 경우에는 조정이 성립되지 않습니다.

▶ 조정중지

조정위원회는 당사자가 조정안 제시를 원하지 않는 경우, 당사자 간 입장 차이가 너무 커서 조정안 제시가 곤란하거나 조정안을 제시하는 것이 앞으로 노사관계에 좋지 않은 영향을 미치게 될 것이 우려되는 경우에는 조정안을 제시하지 않고 조정중지 결정을 합니다. 이 경우 조정단계 자체는 거쳤으므로 쟁의행위 파업 등 를 진행할 수 있습니다.

▶ 행정지도

조정위원회는 ① 당사자가 부적격한 경우, ② 조정신청 내용이 임금, 근로조건의 결정에 관한 사항이 아닌 경우, ③ 조정신청 이전에 노사 간 교섭이 충분히 이루어지지 않는 경우, ④ 노동조합법에 의한 교섭창구 단일화 절차를 이행하지 않은 경우, ⑤ 기타 노동쟁의가 아니라고 인정할 만한 명백한 사유가 있는 경우에는 행정지도 결정을 하게 됩니다.

노동위원회가 조정신청 내용에 대하여 상기와 같이 행정지도를 하였음에도 불구하고 노동조합이 별도의 조정절차를 거치지 않고 쟁의행위에 돌입하는 경우 조정전치주의 노동조합법 제45조 위반의 문제가 발생할 수 있습니다.

🔍 쟁의행위 찬반투표

　노동위원회를 통해 조정절차를 거쳤음에도 노사 간 합의에 도달하지 못한 경우라도 쟁의행위 찬반투표라는 한 번의 과정을 더 거쳐야 쟁의행위 파업 등 의 정당성 · 합법성이 인정될 수 있습니다.

　노동조합의 쟁의행위는 그 조합원의 직접 · 비밀 · 무기명투표에 의한 조합원 과반수의 찬성으로 결정하지 않으면 이를 행할 수 없습니다. 현행법상 쟁의행위 찬반투표 시기에 대한 구체적인 규정은 없으나, 고용노동부 및 법원은 조정절차를 거친 후 쟁의행위 돌입하기 전까지 실시하는 것이 원칙이라고 보고 있습니다.

　또한 쟁의행위 찬반투표가 부결된 이후 노동조합에서 쟁의행위 찬반투표를 다시 실시하여, 그 조합원의 과반수 이상 찬성으로 쟁의행위를 결의할 경우 그 정당성을 부인할 수 없으며, 찬반투표가 부결된 경우에는 노사 간 추가 교섭진행 등 투표부결 이후 새로운 여건이 형성된 때에 쟁의행위 찬반투표를 재실시하는 것이 바람직합니다 협력 68107-276, 2001. 06. 20 .

🔍 노동쟁의 조정절차

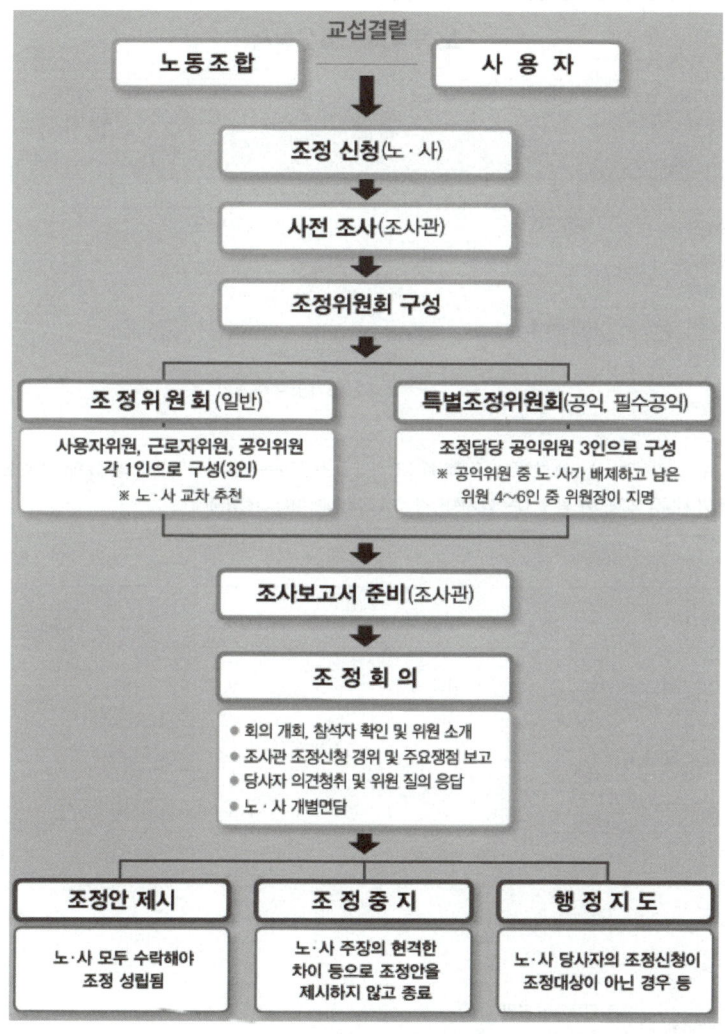

교섭결렬

| 노동조합 | 사 용 자 |

조정 신청(노·사)

사전 조사(조사관)

조정위원회 구성

조 정 위 원 회 (일반)	특별조정위원회(공익, 필수공익)
사용자위원, 근로자위원, 공익위원 각 1인으로 구성(3인) ※ 노·사 교차 추천	조정담당 공익위원 3인으로 구성 ※ 공익위원 중 노·사가 배제하고 남은 위원 4~6인 중 위원장이 지명

조사보고서 준비(조사관)

조 정 회 의

● 회의 개회, 참석자 확인 및 위원 소개
● 조사관 조정신청 경위 및 주요쟁점 보고
● 당사자 의견청취 및 위원 질의 응답
● 노·사 개별면담

조정안 제시	조 정 중 지	행 정 지 도
노·사 모두 수락해야 조정 성립됨	노·사 주장의 현격한 차이 등으로 조정안을 제시하지 않고 종료	노·사 당사자의 조정신청이 조정대상이 아닌 경우 등

출처 : 노동위원회 조정절차 안내 중앙노동위원회, 2020. 03

노동쟁의조정신청서

※ 색상이 어두운 란은 신청인이 적지 않습니다. (앞쪽)

접수번호		접수일		처리기간 일반 10일 공익 15일

당사자	노동단체		사용자(단체)	
명칭				
대표자				
소재지	(전화번호)		(전화번호)	
조합원 수		근로자수		
사업의 종류		단체협약 유효기간		

위 노동관계당사자 간에 발생한 노동쟁의를 조정하여 줄 것을 「노동조합 및 노동관계조정법」 제53조제1항, 같은 법 시행령 제24조제1항 및 같은 법 시행규칙 제14조제1항에 따라 신청합니다.

년   월   일

신청인	(서명 또는 인)
○○지방노동위원회	귀중

첨부서류	1. 사업장 개요 2. 단체교섭 경위 3. 당사자간 의견의 불일치사항과 및 이에 대한 당사자의 주장내용 4. 기타 참고사항	수수료 없음

단체협약과 취업규칙, 근로계약의 내용이 다른 경우 무엇이 우선 적용되나요?

관련 법률

<근로기준법>

제96조(단체협약의 준수)

① 취업규칙은 법령이나 해당 사업 또는 사업장에 대하여 적용되는 단체협약과 어긋나서는 아니 된다.

② 고용노동부장관은 법령이나 단체협약에 어긋나는 취업규칙의 변경을 명할 수 있다.

제97조(위반의 효력)

취업규칙에서 정한 기준에 미달하는 근로조건을 정한 근로계약은 그 부분에 관하여는 무효로 한다. 이 경우 무효로 된 부분은 취업규칙에 정한 기준에 따른다.

<노동조합 및 노동관계조정법>

제33조(기준의 효력)

① 단체협약에 정한 근로조건 기타 근로자의 대우에 관한 기준에 위반하는 취업규칙 또는 근로계약의 부분은 무효로 한다.

② 근로계약에 규정되지 아니한 사항 또는 제1항의 규정에 의하여 무효로 된 부분은 단체협약에 정한 기준에 의한다.

우리가 잘 느끼지 못하고 살아갈 수도 있지만 일상생활에서도 우리는 도로교통법 등 여러 법률의 규율을 따르면서 살아가고 있습니다. 이와 마찬가지로 사용자와 근로자 관계에서도 근로시간, 임금 등의 근로조건에 대해서 헌법, 근로기준법, 근로계약 등 여러 규범의 적용을 받으면서 공존하게 됩니다.

이렇게 노동관계를 둘러싼 법적 분쟁을 해결하기 위해 기준이 되는 규범의 존재 형식을 노동법의 법원法源이라고 하는데 헌법, 법률, 국제협약 등 노동관계법령은 물론 단체협약, 취업규칙, 근로계약 등 노사자치규범도 법원이 될 수 있습니다.

이와 더불어 노동관행도 기업 내에서 일반적으로 근로관계를 규율하는 규범적 사실로서 명확히 승인되거나, 기업의 구성원이 일반적으로 아무런 이의도 제기하지 아니한 채 기업 내에서 사실상의 제도로 확립되어 있을 정도의 규범의식에 의하여 지지되고 있다면 법적 효력을 가질 수 있습니다.

이때 노동관계에 있어 여러 복수의 규범들이 존재하는 경우 어떠한 규범이 우선 적용되는지에 대하여 문제가 될 수 있는데, 일반적으로 상위규범이 우선 적용된다는 '상위법 우선원칙'을 따르게 됩니다. 따라서 헌법은 일반 법률이나 시행령에 우선하고, 법률은 단체협약, 취업규칙 등의 노사자치규범에 대해 우선하며 또한 단체협약은 취업규칙과 근로계약에 대해 우선하며 노동조합법 제33조, 근로기준법 제96조, 취업규칙은 근로계약에 우선합니다 근로기준법 제97조. 다시 말해 ① 법령, ② 단체협약, ③ 취업규칙, ④ 근로계약의 순서로 적용됩니다.

다만, 상위법 우선원칙의 예외로서 '유리조건 우선원칙'이 존재하는데, 유리조건 우선원칙이란 하위규범이 상위규범보다 유리한 근로조건을 규정하는 경우 하위규범이 우선하여 적용된다는 것입니다. 다시 말해, '유리조건 우선원칙'은 규범들의 서열과 관계없이 가장 유리한 근로조건을 명시한 규범이 우선 적용된다는 것입니다.

🔍 근로계약 vs 취업규칙·단체협약

근로계약이 취업규칙·단체협약에 비하여 하위규범이지만

근로계약이 취업규칙·단체협약보다 유리한 근로조건을 규정하고 있는 경우에는 '유리조건 우선원칙'에 따라 근로계약이 우선 적용됩니다. 근로계약과 단체협약 간의 관계에서 아직까지 고용노동부와 대법원이 명확한 기준을 제시하고 있지는 않지만, 하급심 판결에서 단체협약이 불리하게 개정된 경우 기존의 근로계약이 우선 적용된다고 판시하였습니다 대구지법 2020가단 120698, 2021. 05. 27 .

🔍 취업규칙 vs 단체협약

노동조합법 제33조 기준의 효력 는 "단체협약에 정한 근로조건 기타 근로자의 대우에 관한 기준에 위반하는 취업규칙 또는 근로계약의 부분은 무효로 한다"고 규정하고 있습니다. 여기서 '위반'의 의미에 대해 근로기준법 제97조와 마찬가지로 '미달'로 해석하여 유리조건 우선원칙을 적용해야 할지, 혹은 '위반'의 의미를 '다른 경우 정해진 기준을 초과한 유리한 조건도 위반에 포함 '로 해석하여 유리조건 우선원칙을 부정함으로써, 단체협약과 다른 내용을 규정하는 취업규칙의 효력이 부인된다는, 다시 말해 상위법 우선원칙에 따라 단체협약이 우선한다는 견해 등이 대립하였습니다.

이와 관련하여 대법원은 동일한 내용을 규정한 단체협약과 취업규칙이 존재하는 상황에서 단체협약의 내용을 근로자에게 불리하게 변경한 경우, 단체협약의 개정에도 불구하고 종전의 단체협약과 동일한 내용의 취업규칙이 유리하다는 이유로 취업규칙을 우선 적용한다면, 단체협약 개정의 목적을 달성할 수 없으므로 개정된 단체협약이 적용된다고 판시 대법원 2002두9063, 2002. 12. 27 함으로써 취업규칙과 단체협약의 내용이 상충하는 경우 상위법 우선원칙에 따라 단체협약이 우선한다고 해석하고 있습니다.

🔍 근로계약, 취업규칙, 단체협약의 차이

구 분	근로계약	취업규칙	단체협약
정의	사용자와 개별 근로자 간에 체결된 개별적 근로조건을 명시한 계약	사업장에서 모든 근로자들이 준수해야 할 근로조건 및 규율을 정한 내부 규칙	사용자와 근로자 대표(노조) 간의 집단적 협상 결과로 체결된 합의서
규범의 성격	개인 합의	사용자 제정 규범	노사 집단 합의
적용대상	개별 근로자	사업장 내 전체 근로자	전체 조합원
우선적용 관계	유리조건 우선원칙(가장 유리한 근로조건을 명시한 규범이 우선 적용) 단, 취업규칙vs단체협약 간에는 상위법 우선원칙에 따라 단체협약 우선 적용		

Chapter 4

건강하고 안전한 일터

미진한 업무에 대하여 질책한 것도 직장 내 괴롭힘에 해당할 수 있나요?

🔍 관련 법률

<근로기준법>

제76조의 2(직장 내 괴롭힘의 금지)

사용자 또는 근로자는 직장에서의 지위 또는 관계 등의 우위를 이용하여 업무상 적정범위를 넘어 다른 근로자에게 신체적·정신적 고통을 주거나 근무환경을 악화시키는 행위(이하 "직장 내 괴롭힘"이라 한다)를 하여서는 아니 된다.

서점에 가면 갈등관리와 관련된 책들이 수없이 많듯이 우리는 항상 갈등이라는 피할 수 없는 대립·충돌 상태에서 살아가고 있습니다. 직장생활에서도 마찬가지로 상사와 부하 또는 동료 간에 서로 상반되는 의견, 신념, 목표 등으로 인하여 대립 또는 충돌로 이어지게 됩니다.

다만, 직장 내에서 단순한 갈등을 넘어 우월적 지위·관계 등을 이용하여 상대방에 대한 괴롭힘에 해당할 정도의 행위는 근로기준법에서 "사용자 또는 근로자는 직장에서의 지위 또는 관계 등의 우위를 이용하여 업무상 적정범위를 넘어 다른 근로자에게 신체적·정신적 고통을 주거나 근무환경을 악화시키는 행위를 하여서는 아니 된다"고 규정하여 직장 내 괴롭힘을 금지하고 있습니다 상시 근로자 5인 이상 사업장 적용.

직장 내 괴롭힘에 해당하기 위해서는 기본적으로 회사의 상사 또는 근로자가 같은 회사 소속의 근로자에게 한 행위여야 합니다. 다만, 파견법 제34조 제1항 본문에 따라 파견 사업주 및 사용사업주가 근로기준법에 따른 사용자로 보고 있습니다. 사용사업주에게 파견 근로자에 대한 보호의무를 인정하는 것이 판례 대법원 2011다60247, 2013. 11. 28의 입장이므로, 사용사업주 소속 근로자와 파견 근로자 사이에서 발생한 직장 내 괴롭힘 사안에 대하여, 사용사업주도 사용자로서 근로기준법에 따른 조치의무 등을 부담한다고 볼 수 있습니다.

그러나 파견 근로자가 행위자인 경우 사용사업주는 파견 근로자에 대해서는 징계 등 인사권은 없는 만큼, 파견근로자의 직장 내 괴롭힘 행위 사실이 확인되면 파견 사업주에게 해당 사실을 알리고 피해자 보호 차원의 적절한 조치를 취하도록 요구할 필요는 있습니다.

또한 파견 관계가 아닌 원·하청 근로자 간 직장 내 괴롭힘과 관련해서는 원청 근로자는 하청 근로자와 같은 사용자를 대상으로 근로계약을 체결한 것이 아니므로, 근로기준법상의 직장 내 괴롭힘 행위자로는 인정되기는 어렵습니다.

🔍 직장 내 괴롭힘 성립 조건

직장 내 괴롭힘이 성립되기 위해서는 상기의 사용자·근로자 관계와 더불어 ① 직장에서의 지위 또는 관계 등의 우위를 이용할 것, ② 업무상 적정범위를 넘을 것, ③ 신체적·정신적 고통을 주거나 근로환경을 악화시키는 행위일 것이라는 요건이 모두 충족되어야 합니다.

직장에서의 지위 또는 관계 등의 우위를 이용할 것

우위성은 피해 근로자가 저항 또는 거절하기 어려울 개연성이 높은 상태가 인정되어야 하며, 행위자가 이러한 상태를 이용해야 합니다. 기본적으로 지휘명령 관계에서의 상위에 있는 경우 뿐만 아니라 직접적인 지휘명령 관계에 놓여 있지 않더라도 회사 내 직위·직급 체계상 상위에 있음을 이용한다면 '지위의 우위'가 인정될 수 있습니다.

또한 '지위의 우위' 뿐만 아니라 개인 對 집단과 같은 수적 측면, 연령·학벌·성별·출신지역·인종 등 인적 속성, 근속연수·전문지식 등 업무역량, 노조·직장협의회 등 근로자 조직 구성원 여부, 감사·인사부서 등 업무의 직장 내 영향력, 정규직 여부와 같이 상대방이 저항 또는 거절하기 어려울 개연성이 높은 상태로 인정되는 경우로서, 사실상 우위를 점하고 있다고 판단되는 '관계의 우위'도 포함될 수 있습니다.

따라서 팀장이 팀원보다 직위·직급 체계상 '지위의 우위'를 갖지만 팀원이 팀장보다 나이가 많고, 근무경력이 긴 경우 등에는 팀원이 팀장보다 '관계의 우위'를 가지므로 팀장에 대한 팀원의 직장 내 괴롭힘이 인정될 수도 있습니다 서울행법 2020구합84143, 2022. 01. 18 / 서울행법 2021구합87118, 2022. 12. 15 .

업무상 적정범위를 넘을 것

업무와 관련된 상황에서 발생한 것으로서 업무상 적정성을 넘는 행위여야 합니다. 여기서 업무상 적정범위를 넘는 것으로 인정되기 위해서는 ① 그 행위가 사회통념에 비추어 볼 때 업무상 필요성이 인정되지 않거나, ② 업무상 필요성은 인정되더라도 그 행위 양태가 사회통념에 비추어 볼 때 상당하지 않다고 인정되어야 합니다.

따라서 업무상 지시, 주의명령에 불만을 느끼는 경우라도 그 행위가 사회통념상 업무상 필요성이 있다고 인정될 경우에는 직장 내 괴롭힘으로 인정하기는 어렵습니다. 다시 말해 업무 성과가 부족하거나 실수한 부분을 합리적 근거와 사실에 기반해 지적 질책 하는 행위, 개선 방안을 제시하거나 지도 목적이 있는 경우 등은 직장 내 괴롭힘에 해당 한다고 볼 수는 없을 것입니다.

다만, 반복적·공개적 망신 주기 다수 앞에서 모욕, 인격적 비하 발언, 업무와 무관한 인신공격, 인격 모독적 언행, 개선 목적이 아닌 단순한 감정적 비난·모욕, "이런 식으로 일하고도 월급을 받나", "이 정도 보고서는 내가 발로 써도 되겠다" 등 인격을 부정하는 표현, 지속적이고 불균형적으로 특정인만 겨냥하는 경우 등에는 직장 내 괴롭힘에 해당될 수 있습니다.

신체적·정신적 고통을 주거나 근로환경을 악화시키는 행위일 것

행위자의 행위가 의도한 것이 아니라도 그 행위로 인하여 피해자가 신체적·정신적 고통을 받았거나 근무환경이 악화되었다면 인정될 수 있습니다. '근무환경 악화'란 그 행위로 인하여 피해 근로자가 능력을 발휘하는 데 간과할 수 없을 정도의 지장이 발생하는 것을 의미합니다.

🔍 직장 내 괴롭힘으로 볼 수 있는 예시

- 업무상 실수 지적을 넘어선 조롱, 폭언
- 성역할적, 성차별적 발언을 통한 괴롭힘
  예) 응대, 정리, 청소 등은 여자가 해야 하고, 힘 쓰는 일은 남자가
  　　해야 한다, 된장녀, 머슴, 이런 건 남자(여자)가 해야지
  - 옷차림 지적, 뚱뚱하다는 외모 관련 지적이나 농담
  예) 옷이 게이 같다, 화장 안 하냐, 이렇게 뚱뚱해서 결혼 어떻게 하냐
- 직장 생활이나 사회 생활을 제대로 못한다고 비하하거나 무시하는 발언
- 신체적 위협이나 폭력
  예)물건 던지기, 옷이나 가방 등을 잡고 흔드는 행위, 폭력행사 시늉 등
- 의사와 상관없이 음주 / 흡연, 회식 참여, 모임 참여 강요 등
- 상호 존중 없는 대화 태도나 호칭 (예)야, 막내야, 아가씨 등
- 부서이동이나 퇴사 강요 및 종용 (예)기피 업무 배치 후, 고충을 호소하자 퇴사를 종용, 회사방침에 항의한 이후 이어진 전보발령
- 면벽 근무 지시를 포함한 부당한 인사 지시 등
- 휴가나 병가, 육아휴직 등을 쓰지 못하도록 압력
  - 연차휴가 승인을 이유로 구체적 병명 등 사생활 보고 강요

- 임신 중 근로시간 단축 일부 불허가와 일방적인 근무장소 변경
- (육아·출산 등과 관련) 일을 못한다, 휴직을 꼭 해야겠냐 등 무시, 비난, 심리적 부담감을 주는 말
• 업무능력이나 성과를 인정하지 않거나 달성을 방해
• 훈련, 승진, 보상에서의 합리적 이유 없는 차별
• 업무 미부여, 단순업무 부여, 다른 동료 대비 과도한 업무부여 등
• 중요 업무정보를 알려주지 않거나 의사결정 제외
  예)위험작업 시 주의사항·안전장비 미전달
• 근로계약상의 업무와 전혀 관련 없는 사적인 용무지시
  - 병원 원장의 배우자가 운영하는 병원의 식사준비까지 요구받은 조리사
  - 대학원 논문 대신 작성, 회사와 관련 없는 생활용품 구매 심부름 등
• 뒷담화, 험담, 텃세 등을 활용한 집단 따돌림
  - 개인사에 대한 뒷담화나 소문(특히, 남녀관계에 대한 악의적인 소문)
• 근무 또는 휴식시간을 지나치게 감시
  - 영업사원에게 지급된 태블릿PC로 위치추적, 상담내용 확인 등 체크
  - 화장실 이용 횟수·시간 포함된 근무대장을 적게하고 공개장소에 비치

출처 : 직장내 괴롭힘 예방·대응 매뉴얼
(고용노동부, 2023)

직장 내 괴롭힘 신고했더니
원거리 전보…대법, 유죄 확정

직장 내 괴롭힘을 당한 근로자에게 부당한 전보 조치를 내린 사업주에게 대법원이 처음으로 유죄를 확정했다.

대법원 1부(주심 오경미 대법관)는 근로기준법 위반 혐의로 기소된 A씨에게 징역 6개월에 집행유예 2년을 선고한 원심 판결을 확정했다고 20일 밝혔다.

병원 구내식당 등을 위탁 운영한 A씨는 2019년 7월 상사로부터 직장 내 괴롭힘을 당했다는 직원 B씨의 내용증명을 받았다. 상사가 신고식 명목으로 회식비를 강요하고, 마음에 안 드는 직원은 수당을 적게 받도록 업무시간을 조정했다는 내용이었다. 업무 과정에서 심한 욕설과 폭언을 일삼았다는 주장도 내용증명에 담겼다.

B씨는 신고 전 폭언을 듣고 며칠간 무단결근을 했다는 이유로 해고됐다. 한 달 뒤 열린 인사위원회에서 A씨는 B씨를 복직시키면서 근무지를 변경했다. 달라진 근무지는 B씨가 집에서 첫 차를 타더라도 출근 시간을 맞출 수 없는 곳이었다.

검찰은 직장 내 괴롭힘 사실을 신고한 B씨에게 불리한 처우를 한 혐의를 적용해 A씨를 재판에 넘겼다. 2019년 7월 시행된 개정 근로기준법(직장 내 괴롭힘 금지법)을 위반했다고 본 것이다.

A씨는 B씨의 바뀐 근무지가 노동 강도나 시설 면에서 더 낫다며 불

리한 처우로 볼 수 없다고 주장했다. 하지만 1심은 새 근무지의 환경이 객관적으로 낫다고 해도 신고자인 B씨를 부당하게 사전 해고한 조치나 B씨 의사에 반해 전보한 점 등을 종합하면 불리한 처우를 한 것으로 봐야 한다고 판단했다. 1심은 징역 6개월에 집행유예 2년을 선고했고, 2심과 대법원 역시 같은 판단을 유지했다.

민주사회를위한변호사모임 여성인권위원회와 공익인권변론센터는 논평을 내고 "법원은 사업주의 전보명령이 피해근로자 의사에 반하는 불리한 처우임을 확인했다"며 "이번 판결이 직장 내 괴롭힘을 근절하고 사업주의 예방·조치의무에 대한 인식을 확립하는 계기가 돼야 할 것"이라고 밝혔다.

출처 : 국민일보, 2022. 07. 20

직장 내 괴롭힘이 발생하면 노동청에 신고해야 하나요?

 관련 법률

> **<근로기준법>**
> 제76조의 3(직장 내 괴롭힘 발생 시 조치)
> ① 누구든지 직장 내 괴롭힘 발생 사실을 알게 된 경우 그 사실을 사용자에게 신고할 수 있다.
> ② 사용자는 제1항에 따른 신고를 접수하거나 직장 내 괴롭힘 발생 사실을 인지한 경우에는 지체 없이 당사자 등을 대상으로 그 사실 확인을 위하여 객관적으로 조사를 실시하여야 한다.

직장 내 괴롭힘이 발생하면 근로자는 회사에 신고하여 회사 차원에서 해결을 시도하는 것이 1차 절차입니다. 다만, 신고에도 불구하고 회사가 사건의 조사를 실시하지 않거나 조치 의무를 이행하지 않는 경우 등에는 관할 지방고용노동관서에 신고할 수 있습니다 회사에 우선 신고하지 않고 지방고용노동관서에 신고할 수도 있지만 지방고용노동관서는 신고 사항에 대하여 회사가 자체적으로 조사하고 결과보고하도록 권고함

근로기준법은 직장 내 괴롭힘이 발생한 경우 사용자에게 다음과 같은 의무규정을 두고 있습니다.

- 누구든지 직장 내 괴롭힘 발생 사실을 알게 된 경우 회사에 신고할 수 있으며 회사는 신고를 접수받거나, 직장 내 괴롭힘 발생 사실을 인지한 경우에는 지체 없이 그 사실 확인을 위한 조사를 실시해야 합니다.
- 회사는 조사 기간 동안 직장 내 괴롭힘과 관련하여 피해를 입은 근로자 또는 피해를 입었다고 주장하는 근로자를 보호하기 위하여 필요한 경우, 해당 피해근로자 등에 대하여 근무장소의 변경, 유급휴가 명령 등 적절한 조치를 해야 하며, 이 경우 회사는 피해 근로자 등의 의사에 반하는 조치를 해서는 안 됩니다.
- 회사는 조사 결과 직장 내 괴롭힘 발생 사실이 확인된 경우에는 피해 근로자가 요청하면 근무장소의 변경, 배치전환, 유급휴가 명령 등 적절한 조치를 해야 하며, 행위자에 대하여 징계, 근무장소의 변경 등 필요한 조치를 해야 합니다. 이 경우 회사는 징계 등의 조치를 하기 전에 피해근로자의 의견을

들어야 합니다.

- 회사는 직장 내 괴롭힘 발생 사실을 신고한 근로자와 피해 근로자등에게 해고나 그 밖의 불리한 처우를 해서는 안 됩니다.

회사는 직장 내 괴롭힘 신고를 접수받거나 직장 내 괴롭힘 발생 사실을 인지한 경우 지체 없이 당사자 등을 대상으로 그 사실 확인을 위해 객관적으로 조사를 실시해야 합니다. 여기서 '지체 없이'란 '사정이 허락하는 범위에서 가장 신속하게 해야 한다'는 의미로, 회사는 직장 내 괴롭힘 신고가 접수되거나 인지한 경우라면 최대한 빠른 시일 내에 조사를 실시해야 합니다.

다만, 근로기준법에는 조사절차에 대하여 명확하게 규정하고 있지 않으나 고용노동부는 다음과 같은 절차로 조사절차를 진행하도록 권고하고 있습니다.

신고 접수 및 사실인지

직장 내 괴롭힘 신고는 법에 따라 피해자 외에도 누구든지 피해 근로자, 목격자, 괴롭힘을 알게 된 사람, 퇴사자 등 발생 사실을 신고할 수 있습니다. 또한, 신고가 없더라도 괴롭힘 업무 담당자 또는 담당 부서가 괴롭힘 발생 사실을 인지하게 되면 사건 인지 보고를 통해 사건을 접수해야 합니다.

직장 내 괴롭힘 신고를 접수 받거나 직장 내 괴롭힘 발생 사실을 인지한 경우에는 회사는 지체 없이 그 사실 확인을 위한 조사를 실시해야 합니다. 또한 회사는 신고인에게 육하원칙에 기반하여 작성한 직장 내 괴롭힘 신고내용 및 이를 입증할 수 있는 증거자료를 함께 제출하도록 하는 것이 바람직합니다.

조사계획 수립 및 조사

피해자가 행위자의 사과, 재발방지약속 등 당사자 간 합의를 원하는 경우 우선 피해자가 얘기하는 피해 사실에 대하여 약식 조사를 통하여 확인할 수 있습니다. 한편 약식 조사는 행위자와 피해자의 합의를 위한 것이므로 행위자에 대한 조사는 진행하지 않고, 피해자와 피해자가 추천한 참고인 등 관련자에 관한 조사만 실시하여 최대한 조속히 완료하는 것이 바람직합니다.

다만, 상담과정에서 피해자가 정식 조사를 통한 해결을 요청한 경우 신속하게 조사 방향, 조사범위, 조사 대상 등을 결정해야 합니다.

사건 조사는 신고인과 피신고인이 신뢰할 수 있는 절차와 방법으로 진행해야 합니다. 또한 사건 조사는 일반적으로 인사부서, 감사부서 등에서 다루는 경우가 많으나 사건이 복잡하거나 관계자가 많은 경우에는 조사위원회방식으로 진행하거나 외부 전문가를 통하는 것이 바람직합니다.

사건 조사는 신고인과 피신고인, 그리고 양측이 요청하는 참고인, 조사 과정에서 확인이 필요하다고 인정되는 참고인을 조사할 수 있습니다. 조사는 '신고인 → 참고인 → 피신고인' 순으로 진행하는 것이 사실관계 파악에 용이하고 진술의 오염을 예방할 수 있습니다 다만, 사건의 성격에 따라 순서를 달리 정할 수 있음.

조사과정에서는 다음과 같은 내용에 대한 확인이 필요합니다.

- 신고인 · 피해자, 행위자 인적사항 및 당사자와의 관계
- 괴롭힘 사건의 경위 조사 대상별 : 일시, 장소, 구체적 언행, 발생 배경, 지속 · 반복 여부 등
- 조사 대상별 직접 증거 및 정황 증거 지참하지 않았을 경우 추후 제출 안내 : 목격자, 이메일, 녹음, 영상, 메신저 내용, 일기, 회의 자료, 치료기록 등 관련 자료
- 괴롭힘 행위로 인한 피해 조사 대상별 : 신체적 손상, 괴롭힘 행위를 겪었을 때 감정, 정신적 손상, 악화된 업무 환경 등
- 피해자 조사 기간 중 피해자 보호조치 상황 및 추가로 필요한 보호조치
- 피해자 괴롭힘 인정 후 행위자 조치에 대한 피해자 의견
- 기타 조사 과정에서 회사와 조사자가 유의해 주길 원하는 사항

조사 결과에 따른 판단

조사자는 조사가 끝나면 조사보고서를 작성하여 사업주에게

보고하여야 합니다. 조사보고서는 조사자^{위원회}가 제출하는 조사보고서만으로도 직장 내 괴롭힘 행위의 사실관계, 직장 내 괴롭힘 해당 여부 판단이 가능하도록 작성되어야 합니다. 회사는 심의위원회 등에서 조사보고서를 토대로 신고된 행위가 직장 내 괴롭힘에 해당하는지 여부를 판단하게 됩니다.

조사결과 통보 및 후속조치

피해자가 행위자의 사과, 재발방지 약속 등 당사자 간 합의를 원하여 약식 조사한 결과 직장 내 괴롭힘이 확인되면, 상담자는 피해자의 요구안을 정리하여 행위자에게 전달하고 행위자가 요구안을 받아들이면 요구안을 이행하고 사건을 종결합니다.

다만, 피해자가 정식 조사를 통한 해결을 요청하여 정식 조사한 결과 직장 내 괴롭힘으로 인정되는 경우, 회사는 피신고인, 다시 말해 행위자에게 징계, 근무장소의 변경 등의 조치를 해야 합니다. 징계 등 조치를 하기 전에 회사는 신고인, 즉 피해자의 의견을 들어야 합니다.

직장 내 괴롭힘 사건의 사업장 내 해결에 있어 가장 중요한 것은 피해자의 피해상태의 회복, 인격권이 보호되는 근무환경의 확립인 만큼 피해자가 피해사실이 없었던 상태로 돌아가 다시 건강한 직장생활을 할 수 있도록 회복시키는 방향으로 접근할 필요가 있습니다. 또한 유사한 피해가 반복되지 않도록 행위자에 대한 재발방지조치, 전반적인 조직문화 · 제도의 개선 등도 검토하는 것이 바람직할 것입니다.

🔍 직장 내 괴롭힘 사업장 내 처리 담당체계

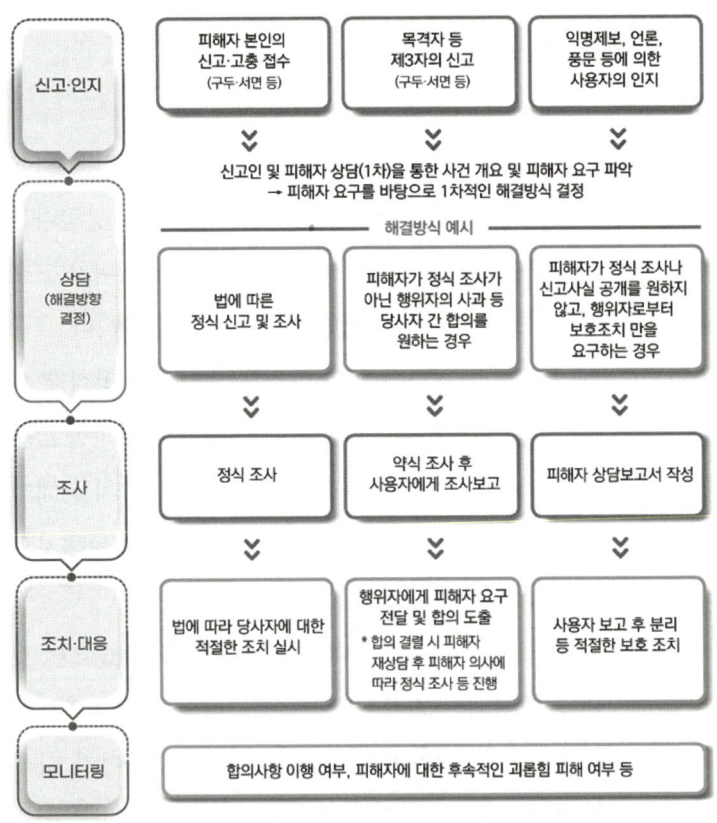

출처 : 직장 내 괴롭힘 예방·대응 매뉴얼 고용노동부, 2023

가벼운 농담도 직장 내 성희롱에 해당할 수 있나요?

 관련 법률

<남녀고용평등과 일·가정 양립 지원에 관한 법률>

제2조(정의)

이 법에서 사용하는 용어의 뜻은 다음과 같다.

2. "직장 내 성희롱"이란 사업주·상급자 또는 근로자가 직장 내의 지위를 이용하거나 업무와 관련하여 다른 근로자에게 성적 언동 등으로 성적 굴욕감 또는 혐오감을 느끼게 하거나 성적 언동 또는 그 밖의 요구 등에 따르지 아니하였다는 이유로 근로조건 및 고용에서 불이익을 주는 것을 말한다.

일반적으로 성희롱이란 상대방이 원하지 않는 성적인 말이나 행동 등을 하여 상대방으로 하여금 성적 굴욕감이나 모욕감을 느끼게 하는 행위를 말하는데, 직장 내에서 발생하는 성희롱에 대해서는 남녀고용평등과 일·가정 양립 지원에 관한 법률^{이하 '남녀고용평등법'이라 한다}에서 별도로 규율하고 있습니다.

남녀고용평등법 제2조 제2호는 직장 내 성희롱이란 "사업주·상급자 또는 근로자가 직장 내의 지위를 이용하거나 업무와 관련하여 다른 근로자에게 성적 언동 등으로 성적 굴욕감 또는 혐오감을 느끼게 하거나 성적 언동 또는 그 밖의 요구 등에 따르지 아니하였다는 이유로 근로조건 및 고용에서 불이익을 주는 것"이라고 정의하고 있습니다.

참고로 남녀고용평등법에서 직장 내 성희롱 행위자를 사업주, 상급자, 근로자로 규정하고 있습니다. 사업주는 법인사업의 경우 법인 자체, 개인사업의 경우 개인사업주를 말하는 바 법인의 대표이사는 사업주가 아니고, 남녀고용평등법의 '상급자'에 해당한다고 볼 수 있습니다.

직장 내 성희롱에 해당하기 위해서는 기본적으로 회사의 대표나 근로자^{상급자, 동료, 하급자}가 같은 회사 소속의 근로자에게 한 행위여야 합니다. 다만, 파견 근로자가 일하는 사업장 소속 근로자에게 직장 내 성희롱을 당한 경우, 그 사업장의 사업주^{사용사업주}가 행위자에 대해 징계 등의 조치를 취해야 하며, 사용사업주가 할 수 있는 피해자 보호 조치를 취해야 합니다.

그러나 파견 근로자가 사용사업주 소속 근로자에게 직장 내 성희롱을 했다면, 사용사업주가 사실을 확인하고 분쟁처리를 담당하여야 합니다. 하지만 사용사업주는 파견 근로자에 대한 징계권한이 없기 때문에 직접적인 징계는 불가능하고, 그 근로자를 고용하여 파견한 사업주파견사업주에게 직장 내 성희롱 행위를 한 파견 근로자를 징계하도록 요구하는 등 피해 근로자 보호를 위한 조치를 하여야 합니다.

또한 하청업체 또는 협력업체 근로자가 원청업체와의 업무를 수행함에 있어 ① 업무의 연속성이 있고, ② 원청업체 직원과 같은 공간에서 업무를 수행하는 경우, 하청업체 근로자가 원청업체 소속 사업주나 근로자에게 직장 내 성희롱을 당하였다면, 원청업체 사업주는 '남녀고용평등법'의 적용을 받아 직장 내 성희롱 행위자에 대한 징계 등 조치의무와 하청업체 피해근로자에 대한 보호조치를 취해야 합니다.

그리고 남녀고용평등법 상의 근로자에는 구직자, 다시 말해 취업할 의사를 가진 자도 포함됩니다제2조 제4호. 따라서 취업면접을 보러 온 구직자에게 구직업체 사업주나 근로자가 직장 내 성희롱을 한 경우 '남녀고용평등법'의 적용을 받습니다.

🔍 직장 내 성희롱 성립조건

직장 내 성희롱이 성립되기 위해서는 상기의 사용자 · 근로자 관계와 더불어 다음의 요건이 충족되어야 합니다.

직장 내 지위의 이용 또는 업무 관련성

사업주, 상급자 또는 근로자가 직장 내 지위를 이용하거나 업무와 관련이 있는 경우라면, 사업장 밖에서 근무시간 외에 성희롱을 한 경우에도 직장 내 성희롱에 해당할 수 있습니다. 예를 들어 출장 중인 차 안, 업무와 관련이 있는 회식 장소, 야유회 장소, 업무협의를 위해 불러내어 밖에서 만난 상황에서 발생한 성적 언동 등으로 피해자가 성적 굴욕감이나 혐오감을 느꼈다면, 이는 직장 내 성희롱에 해당 됩니다.

피해자가 원하지 않는 행위

"상대방이 원하지 않는 행위"란, 상대방이 명시적으로 거부의사를 표현한 경우만이 아니라, 적극적으로나 소극적으로 또는 묵시적으로 거부하는 경우도 포함됩니다. 다시 말해 행위자의 성적 언동 등에 대해 직접적으로 분명하게 거부해야만 직장 내 성희롱이 성립되는 것은 아닙니다.

예를 들어 피해자가 사회 경험이 부족하여 직장 내 성희롱 상황에 어떻게 대처해야 하는지 몰라서, 또는 행위자가 고위직급이거나 피해자의 근로조건을 결정하는 등 강력한 권한을 가지고 있는 자이기 때문에 거부 의사를 표현하지 못하는 경우에도, 그 행위의 정도나 양태, 피해자와 행위자의 관계 등을 종합적으로 검토해 보았을 때, 원치 않는 행위로 인정되어 직장 내 성희롱이 성립될 수 있습니다.

성적인 언동 또는 그 밖의 요구

성적인 언동이나 그 밖의 요구란 성적인 sexual 의미가 내포되어 있는 경우를 의미합니다. 성적 언동이 단 1회 뿐이어도 직장 내 성희롱이 성립될 수 있으며, 특정인을 염두에 두지 않은 언동이라도 그것을 듣는 사람에게 성적 굴욕감이나 혐오감을 준다면 직장 내 성희롱이 될 수 있습니다 행위자에게 그러한 피해를 발생시킬 의도가 있는지 여부는 직장 내 성희롱의 성립과 무관.

직장 내 성희롱으로 인한 피해

'직장 내 성희롱 행위로 인한 피해'란 ① 성적 굴욕감 또는 혐오감을 느끼게 하거나, ② 성적 언동 또는 그 밖의 요구에 불응한 것을 이유로 근로조건 및 고용에서 불이익을 주는 것을 말합니다.

"성적 굴욕감 또는 혐오감"이란 성적 언동으로 인하여 상대방 피해자 이 느끼게 되는 불쾌한 감정을 말합니다. 피해자가 굴욕감 또는 혐오감을 느꼈다는 주관적인 판단 외에, "객관적으로 상대방과 같은 처지에 있는 일반적이고도 평균적인 사람으로 하여금 성적 굴욕감이나 혐오감을 느끼게 하는 행위"여야 합니다대법원 2017두74702, 2018. 04. 12 .

다시 말해 어떠한 행위가 성희롱에 해당하는지를 판단할 때 피해자의 주관적인 느낌을 고려하되 양 당사자의 관계, 행위가 행해진 장소 및 상황, 행위에 대한 상대방의 명시적 또는 추상적인 반응 등의 구체적인 사정을 종합해 검토한 후, 피해자가 당시 그러한 행위를 원치 않았고 불쾌감을 느꼈는지를 일반적이고 평균적인 인간의 합리적 관점에서 판단해야 합니다. 따라서 피해자가 성적 수치심을 느꼈다는 사실만으로 성희롱이 바로 인정되는 것은 아닙니다.

성적 요구에 불응한 것을 이유로 채용 또는 근로조건을 불리하게 하는 경우 직장 내 성희롱에 해당됩니다. 채용탈락, 감봉, 승진탈락, 징계, 강등, 전직, 정직, 휴직, 해고 등과 같이 고용상 불이익은 물론 임금, 근로시간, 휴게시간, 상여금이나 제수당, 휴일·휴가, 직무배제나 직무재배치 또는 업무 과다부여, 교육훈련 기회 제한, 복리후생이나 안전에 관한 사항, 인사평가 등 근로조건상 불이익까지 포함됩니다.

🔍 남녀고용평등과 일 · 가정 양립 지원에 관한 법률 시행규칙 [별표 1]

직장 내 성희롱을 판단하기 위한 기준의 예시
(제2조 관련)

1. 성적인 언동의 예시

가. 육체적 행위

(1) 입맞춤, 포옹 또는 뒤에서 껴안는 등의 신체적 접촉행위

(2) 가슴 · 엉덩이 등 특정 신체부위를 만지는 행위

(3) 안마나 애무를 강요하는 행위

나. 언어적 행위

(1) 음란한 농담을 하거나 음탕하고 상스러운 이야기를 하는 행위 (전화통화를 포함한다)

(2) 외모에 대한 성적인 비유나 평가를 하는 행위

(3) 성적인 사실 관계를 묻거나 성적인 내용의 정보를 의도적으로 퍼뜨리는 행위

(4) 성적인 관계를 강요하거나 회유하는 행위

(5) 회식자리 등에서 무리하게 옆에 앉혀 술을 따르도록 강요하는 행위

다. 시각적 행위

  (1) 음란한 사진·그림·낙서·출판물 등을 게시하거나 보여주는 행위(컴퓨터통신이나 팩시밀리 등을 이용하는 경우를 포함한다)

  (2) 성과 관련된 자신의 특정 신체부위를 고의적으로 노출하거나 만지는 행위

라. 그 밖에 사회통념상 성적 굴욕감 또는 혐오감을 느끼게 하는 것으로 인정되는 언어나 행동

2. 고용에서 불이익을 주는 것의 예시

채용탈락, 감봉, 승진탈락, 전직轉職, 정직停職, 휴직, 해고 등과 같이 채용 또는 근로조건을 일방적으로 불리하게 하는 것

비고: 성희롱 여부를 판단하는 때에는 피해자의 주관적 사정을 고려하되, 사회통념상 합리적인 사람이 피해자의 입장이라면 문제가 되는 행동에 대하여 어떻게 판단하고 대응하였을 것인가를 함께 고려하여야 하며, 결과적으로 위협적·적대적인 고용환경을 형성하여 업무능률을 떨어뜨리게 되는지를 검토하여야 한다.

직장 내 성희롱이 발생하면 어떻게 대처해야 하나요?

 **관련 법률**

> **<남녀고용평등과 일·가정 양립 지원에 관한 법률>**
>
> 제14조(직장 내 성희롱 발생 시 조치)
>
> ① 누구든지 직장 내 성희롱 발생 사실을 알게 된 경우 그 사실을 해당 사업주에게 신고할 수 있다.
>
> ② 사업주는 제1항에 따른 신고를 받거나 직장 내 성희롱 발생 사실을 알게 된 경우에는 지체 없이 그 사실 확인을 위한 조사를 하여야 한다.

직장 내 성희롱 피해자는 피해를 당한 것을 자신의 탓으로 돌리려는 경우가 있습니다. 그러나 직장 내 성희롱 행위자 중 많은 사람이 동료보다 상급자나 사업주인 점을 보았을 때 직장 내 성희롱은 가부장적·권위주의적·성차별적인 조직문화에서 권력의 불균형에 의해 발생한 행위자의 불법행위일 뿐 피해자의 잘못이 아니라는 점을 인식해야 합니다.

그리고 직장 내 성희롱뿐 아니라 직장 내 성희롱인지 여부가 애매한 언행에 대해서도 불쾌감을 느낀다면, 문제 제기를 하는 것이 바람직합니다. 이러한 대응을 통해 행위자의 잘못된 행동에 대한 경고를 함으로써, 더 심각한 직장 내 성희롱이 발생할 수 있는 위험을 예방할 수 있기 때문입니다.

🔍 직장 내 성희롱 대응요령

직장 내 성희롱이 발생할 경우에는 다음과 같은 대응요령이 필요합니다.

단호한 거부의사 표현하기

직장 내 성희롱을 당하면 단호하게 거부 의사를 표현해야 합니다. 최초의 직장 내 성희롱에 대해 거부와 불쾌감을 표현하는 것은 더 심각한 수준의 성희롱 발생을 예방할 수 있습니다. 직장 내 성희롱 당시 바로 거부의사 표현을 하는 것은 대체로 쉽지 않습니다. 다만, 성희롱 발생 당시 바로 의사 표현을 못했다 하더라도 빠른 시일 내에 그 행위에 대한 자신의 의사를 표현하는 것이 바람직합니다.

원하는 해결방법 찾기

사내 고충처리 부서, 여직원회, 외부 상담기관 및 법률지원단체 등을 찾아보고 전문적인 상담을 받아 봅니다. 그리고 나서 행위자의 사과와 재발방지 약속, 행위자 처벌, 행위자와 피해자의 분리, 손해배상 등 자신이 원하는 해결방법이 현실적으로 가능할지를 검토해 보고 이를 절충한 방법을 강구할 수 있습니다.

증거수집

직장 내 성희롱 행위에 대한 직접 증거나 목격자가 있다면 증언을 확보하는 것이 필요합니다 행위 당시를 녹화한 영상, 녹음파일, 행위자가 보낸 메시지 등. 만약 직접 증거나 목격자가 없는 경우, 직장 내 성희롱 행위에 대해 피해자 본인이 타인에게 그 사실을 전달한 사실이 있다면 그것에 대한 증거나 증언을 확보해 두는 것이 바람직합니다 피해자 본인의 일기, 피해자가 지인에게 직장 내 성희롱 피해 사실을 말한 메시지 등.

행위자를 직접 만나거나 전화로 직장 내 성희롱 행위에 대한 거부의사를 밝히는 것이 필요한데 이때는 행위자가 피해자에게

한 직장 내 성희롱 행위, 피해자가 느낀 감정피해 상황, 피해자가 원하는 바를 구체적으로 말해야 하며, 만나기 전에 미리 자신의 입장을 잘 정리하여 일목요연하게 말할 수 있도록 준비하는 것이 바람직합니다.

직장 내 해결절차 이용하기

직장 내에 성희롱 구제절차나 고충처리절차가 있다면 해당 기구 또는 담당자에게 신고하고 직장 내 성희롱 해결 관련 기구나 담당자가 없다면 인사부서에 신고합니다. 신고할 때는 행위자의 행위에 대해 구체적으로 진술해야 하며, 피해자 본인에 대한 보호조치 및 피해 구제를 위해 원하는 해결책을 회사에 요구하는 것이 바람직합니다.

직장 내 성희롱이 발생하면 누구든지 회사에 신고할 수 있습니다. 이때 회사는 지체 없이 사실 확인을 위한 조사를 해야 하고, 조사 결과 직장 내 성희롱에 해당할 경우에는 피해근로자의 의견을 들어 행위자를 징계하는 등의 조치를 해야 합니다.

만약, 회사에서 제대로 조사하지 않거나 회사의 대표가 직장 내 성희롱을 하여 공정한 조사를 기대하기 어렵다면, 관할 지방고용노동관서에 진정을 제기할 수도 있습니다.

직장 내 성희롱 발생 시 사업주의 조치 의무

성희롱 발생 사실 확인 전前

<조사의무>

사업주는 직장 내 성희롱 신고를 받거나 알게 된 경우
지체 없이 사실 확인을 위한 조사를 해야 하며, 이 경우 피해 근로자
등이 조사과정에서 수치심을 느끼지 않도록 해야 함.

<피해자 보호의무>

사업주는 조사기간 동안 피해근로자 등을 보호하기 위해 필요한
경우 근무장소 변경, 유급휴가 명령 등 적절한 조치를 해야 하며, 이
경우 피해근로자 등의 의사에 반하는 조치를 해서는 안 됨.

성희롱 발생 사실 확인 후後

<피해자 보호의무>

사업주는 성희롱 발생 사실이 확인된 후 피해근로자가 요청하면
근무장소 변경, 배치전환, 유급휴가 명령 등 적절한 조치를 해야 함.

<행위자 징계 등 조치의무>

사업주는 성희롱 발생 사실이 확인되면 지체 없이 행위자 징계,
근무장소 변경 등 필요한 조치를 해야 하며, 징계 등의 조치를 하기
전에 피해 근로자의 의견을 들어야 함.

<불리한 처우 금지의무>

사업주는 성희롱 신고 근로자 및 피해 근로자 등에게 불리한 처우를
하면 안 됨.

<비밀누설 금지의무>

성희롱 발생 사실을 조사한 사람, 보고 받은 사람, 조사과정에 참여한
사람 등은 조사과정에서 알게 된 비밀을 피해 근로자 등의 의사에
반해 다른 사람에게 누설하면 안 됨.

어떤 사고가
산재에 해당되나요?

🔍 관련 법률

> **<산업재해보상보험법>**
>
> 제5조(정의)
>
> 이 법에서 사용하는 용어의 뜻은 다음과 같다.
>
> 1. "업무상의 재해"란 업무상의 사유에 따른 근로자의 부상·질병·장
> 해 또는 사망을 말한다.

우리가 살아가다 보면 교통사고, 화재사고, 산업현장에서의
추락·끼임 등 예기치 않은 사고를 경험할 수 있는데, 이러한 사
고는 부주의로 인하여 발생하기도 하지만 제도·시스템의 부재

또는 관리소홀로 인해 발생하기도 합니다.

특히, 산업현장에서 업무상의 사유로 인하여 근로자가 부상 · 질병 또는 장해가 발생하거나 사망한 것을 업무상의 재해, 다시 말해 산업재해산재 라고 합니다. 근로자가 업무상 재해를 당하면, 산업재해보상보험법이하 '산재법'이라 한다 이나 근로기준법에 따라 보상을 받을 수 있습니다.

통상 '공상'이라고 불리는 근로기준법상의 재해보상은 회사가 근로자에게 직접 보상하는 제도라면, 산재법상의 재해보상은 국가근로복지공단 를 통한 간접 보상에 해당합니다. 따라서 재해를 입은 근로자는 회사와 합의하여 근로기준법상 재해보상을 받거나, 산재법에 따라 재해보상을 받을 수도 있습니다단, 이중보상 불가 .

🔍 업무상 재해 인정 요건

업무상 재해로 인정되기 위해서는 근로자가 업무 수행 중이라는 업무수행성이나 업무에 기인하여 발생한 재해라는 업무기인성을 필요로 합니다. 다시 말해 업무와의 관련성이 인정되어야 한다는 의미로, 업무 수행성이 인정되지 않더라도 업무기인성이 인정되면 업무상 재해로 볼 수 있습니다.

업무 수행성

업무 수행성은 근로자가 사용자의 지배·관리 아래 업무를 수행하는 도중에 재해가 발생하였다는 의미입니다. 따라서 근로자가 사업장 내에서 근로계약에 따른 업무나 업무와 관련된 행위를 하던 중 발생한 사고뿐만 아니라 사용자의 지시를 받아 사업장 밖에서 업무를 수행하던 중 발생한 사고도 업무상 재해에 해당합니다.

업무 기인성

업무 기인성은 업무와 재해 사이에 상당한 인과관계가 있는 것을 말합니다. 상당한 인과관계는 일반적인 경험과 지식에 비추어 볼 때 업무로 인해 재해가 발생할 수 있다고 인정되는 것이어야 합니다. 업무 기인성은 업무 수행 중에 발생해야만 하는 것은 아니므로 업무 외 시간 중에 질병 등이 발병하더라도 해당 질병이 업무적 요인이 영향을 주었다면, 업무상 재해로 인정될 수 있습니다. 따라서 기존의 질병 ex. 기저질환 등이 입사 이후 악화된 경우라도 해당 질병이 업무적 요인에 의해 정상적인 발병 진행속도보다 빨리 진행되어 악화되었음이 의학적으로 인정된다면, 업무상 재해로 볼 수 있습니다. 업무상 재해라고 하면 업무상 사고만을 생각하는 경우가 많은데, 업무상 재해에는 크게 업무상 사고뿐만 아니라 업무상 질병 그리고 출퇴근 재해로 나뉘어집니다.

🔍 업무상 사고 요건

업무 수행 중의 사고

일상적인 업무 수행과 업무 준비·마무리, 용변 등 생리적 필요행위와 같이 업무를 수행하는 도중에 발생한 사고에 대해서는 폭넓게 업무상 사고로 인정됩니다. 다만, 회사의 구체적인 지시를 위반한 행위, 근로자의 사적행위 또는 정상적인 출장 경로를 벗어났을 때 발생한 사고는 업무상 사고로 보지 않습니다.

그리고 근로자의 고의·자해 행위나 범죄행위 또는 그것이 원인이 되어 발생한 부상·질병·장해 또는 사망도 업무상 재해로 보지 않습니다. 다만, 부상·질병·장해 또는 사망이 정상적인 인식능력이 뚜렷하게 저하된 상태에서 한 행위로 인정되는 경우에는 업무상 재해로 볼 수 있습니다.

시설물 결함 등에 의한 사고

사업주가 제공한 시설물, 장비 또는 차량 등의 결함이나 사업주의 관리 소홀로 발생한 사고는 업무상 사고로 보며, 여기서 '시설물의 결함' 또는 '관리하자'는 사용자의 소유권 내에 있는 시설물이나 시설물 등의 유지·수선·운용·보관 시 과정상 흠결이 있는 경우를 말합니다. 다만, 회사의 구체적인 지시를 위반

해 시설물을 이용한 행위로 발생한 사고와 시설물 등의 관리·
이용권이 회사가 아닌 근로자에게 있다면, 시설물 이용 중에 발
생한 사고는 업무상 사고로 볼 수 없습니다.

행사 중 사고

행사 중 사고라도 ① 행사에 참가한 시간을 근무시간으로 인
정하는 경우, ② 사업주가 행사 참가를 지시한 경우, ③ 사업주
의 승인을 받아 행사에 참가한 경우, ④ 행사 참가가 통상적·관
례적인 경우 처럼 해당 행사에 근로자가 참가하는 것이 사회통
념상 노무관리 또는 사업운영상 필요하다고 인정되는 경우에는
업무상 사고에 해당합니다.

휴게시간 중 사고

휴게시간은 근무시간이 아니므로 업무로 보지는 않지만 휴게
시간의 상당 부분을 회사 시설을 이용하면서 시간을 보내기 때
문에 휴게시간 중 사고라도 회사 내에서 사회통념상 휴게시간
에 인정될 수 있는 행위로 인해 발생한 사고라면 업무상 재해로
인정될 수 있습니다.

또한 사업주가 제공하거나 지정한 식당이 아니더라도 통상적.
관례적으로 사업장 밖의 식사 장소 사업장 인근 식당 또는 자택 를 이용

하는 경우 식사를 위해 식당 등으로 이동하거나 식사를 마치고 사업장으로 복귀 중 발생한 사고는 '사업주의 지배·관리 하'에 있는 것으로 간주하여 업무상의 재해에 해당할 수 있습니다 휴게시간 식사 중 발생한 사고에 대한 업무처리 요령-고용노동부, 2018.

출장 중 사고

특별한 사정이 없는 한 출장과정 전반이 사업주의 지배 하에 있다고 보기 때문에 주거지를 나온 순간부터 출장 장소로의 이동, 출장업무 종료 후 자신의 주거지로 복귀하는 과정 전체를 업무 과정으로 판단합니다. 다만, 정상적인 출장 경로를 벗어나거나 근로자의 사적 행위, 회사의 지시를 위반해 발생한 사고의 경우에는 업무상 재해로 보지 않습니다.

🔍 업무상 질병 요건

직업성 질병

업무수행 과정에서 물리적 인자因子, 화학물질, 분진, 병원체, 신체에 부담을 주는 업무 등 근로자의 건강에 장해를 일으킬 수 있는 요인을 취급하거나 그에 노출되어 발생한 질병을 말합니다.

재해성 질병

재해성 질병은 업무상 부상이 원인이 되어 발생한 질병을 의미합니다. 이외에도 직장 내 괴롭힘, 고객의 폭언 등으로 인한 업무상 정신적 스트레스가 원인이 되어 발생한 질병 및 기타 업무와 관련하여 발생한 질병 또한 업무상 질병에 해당합니다.

출퇴근 재해

사업주가 제공한 교통수단을 이용하던 중 발생한 사고뿐만 아니라 출퇴근 교통수단과 상관없이 통상적인 경로와 방법으로 출퇴근 중에 발생한 사고에 대해서도 업무상 재해로 인정합니다. 그러나 출퇴근 경로 이탈 또는 중단이 있는 경우에는 예외 사유생필품 구입, 직업교육·훈련 참여, 선거권 행사, 보호 중인 아동·장애인 등 교육기관 이동, 병원 진료 및 가족 간병 등 가 아닌 한 업무상 재해로 보지 않습니다.

휴일에 자택에서 뇌출혈로 쓰러진 경우에는 산재가 안 되나요?

관련 법률

<산업재해보상보험법>

제37조(업무상의 재해의 인정 기준)

① 근로자가 다음 각 호의 어느 하나에 해당하는 사유로 부상·질병 또는 장해가 발생하거나 사망하면 업무상의 재해로 본다. 다만, 업무와 재해 사이에 상당인과관계相當因果關係가 없는 경우에는 그러하지 아니하다.

2. 업무상 질병

가. 업무수행 과정에서 물리적 인자因子, 화학물질, 분진, 병원체, 신체에 부담을 주는 업무 등 근로자의 건강에 장해를 일으킬 수 있

> 　　는 요인을 취급하거나 그에 노출되어 발생한 질병
> 　나. 업무상 부상이 원인이 되어 발생한 질병
> 　다. <근로기준법> 제76조의 2에 따른 직장 내 괴롭힘, 고객의 폭언
> 　　　등으로 인한 업무상 정신적 스트레스가 원인이 되어 발생한 질병
> 　라. 그밖에 업무와 관련하여 발생한 질병

　지인들로부터 우리는 '암' 진단을 받았거나 '뇌출혈. 심근경색 등'이 발현한 것에 대하여 개인의 유전적 요인이나 단순한 불운으로 받아들이는 모습을 많이 볼 수 있습니다. 그러나 해당 질병이 개인적 요인이 아닌 업무상 원인에서 시작되었다면 전혀 다른 문제가 됩니다.

　산업재해보상보험법에서는 업무상의 사유로 부상 · 질병 또는 장해가 발생하거나 사망하면 업무상의 재해로 규정하고 있으며 특히, 해당 질병이 의학적으로 업무 관련성이 인정되는 것을 업무상 질병으로 구분하고 있습니다.

　일반적으로 과로나 스트레스가 있었거나, 열악한 작업환경으로 인하여 질병이 발생한 경우 업무상 질병에 해당할 수 있습니다. 직장 내 괴롭힘, 고객의 폭언 등으로 인한 업무상 정신적 스트레스가 원인이 되어 발생한 질병도 업무상 질병에 해당. 그리고 해당 질병이 업무적 요인에 의해서 발생하였거나, 기존 질병이 있더라도 업무적 요인에 의해서 정상적인 발병 속도보다 빨리 악화된 것이 의학적으로 인정

되어야 업무상 질병으로 인정될 수 있습니다.

그리고 업무상 부상에서 비롯된 질병은 업무상 부상이 원인이 되어 발생되었거나, 유해인자의 일시적 대량 피폭이 원인이 되어 발생한 경우라면 업무상 질병으로 볼 수 있습니다 ex. 외상 후 스트레스, 사고 이후 발생한 합병증 등.

또한 작업 환경에 내재하는 물리적 인자, 화학물질, 분진, 병원체, 신체에 부담을 주는 업무 등 근로자의 건강에 장해를 일으킬 수 있는 요인을 취급하거나 그에 노출되어 발생한 질병이라면 업무상 질병으로 인정될 수 있습니다. 따라서 장기간 벤젠, 납, 석면 등 발암물질을 다루는 업무에 종사하다가 암에 걸린 경우, 장기간 소음 노출로 인한 난청 또는 부적절한 자세, 반복동작, 진동작업 등 신체부위에 부담을 초래하는 업무로 인해 발생한 근골격계질병 등도 업무상 질병에 해당할 수 있습니다.

🔍 근로자의 업무상 질병 인정 요건

근로자에게 발생한 질병이 업무상 질병으로 인정되기 위해서는 다음의 몇 가지 요건이 충족되어야 합니다.

- 근로자가 업무수행 과정에서 유해 · 위험요인을 취급하거나 유해 · 위험요인에 노출된 경력이 있을 것

- 근로자가 유해 · 위험요인을 취급하거나 유해 · 위험요인에 노출되는 업무시간, 그 업무에 종사한 기간 및 업무 환경 등에 비추어 볼 때 근로자의 질병을 유발할 수 있다고 인정될 것
- 근로자가 유해 · 위험요인에 노출되거나 유해 · 위험요인을 취급한 것이 원인이 되어 그 질병이 발생하였다고 의학적으로 인정될 것
- 업무와 질병 사이의 인과관계가 의학적으로 인정되어야 하고, 기초 질환 또는 기존 질병이 자연발생적으로 나타난 질병이 아닐 것 기초 질환이란 현재의 질병에 선행하여 계속적으로 존재하여 현재의 질병발증의 기초가 되는 병적상태를 말하며, 기초 질병이란 이전에 발증한 질병이 이미 치유되었거나 요양을 요하지 않을 정도로 회복한 상태를 말함

따라서 휴일에 자택에서 뇌출혈이 발생하였다고 하더라도 해당 뇌출혈의 발생이 업무로 인한 과로, 스트레스 등과 상당한 인과관계가 있다면, 업무상 질병으로 볼 수 있습니다. 따라서 이에 대한 입증은 주장하는 측재해 근로자 또 유족 이 해야 합니다. 다만, 그 입증의 정도는 의학적 · 자연과학적으로 명백히 입증되어야 하는 것은 아니고, 여러 가지 사정을 고려해 업무와 질병 사이에 상당한 인과관계가 있다고 추정될 수 있는 정도면 됩니다.

참고로 근로자의 업무상 질병을 판단할 때는 그 근로자의 성별, 나이, 기존 질병의 유무, 종사한 업무의 성질 및 근무 환경,

같은 근무 장소에서 근무한 다른 근로자의 동종 질병의 이환 여부 등을 고려하여, 업무와 재해 사이의 상당한 인과관계가 추정되는지를 따져 봐야 합니다.

산재가 발생하면 사업주가 산재신청을 해 주어야 하나요?

 관련 법률

> **<산업재해보상보험법>**
>
> 제36조(보험급여의 종류와 산정 기준 등)
>
> ② 제1항에 따른 보험급여는 제40조, 제52조부터 제57조까지, 제
> 60조부터 제62조까지, 제66조부터 제69조까지, 제71조, 제72
> 조, 제91조의 3 및 제91조의 4에 따른 보험급여를 받을 수 있는
> 사람(이하 "수급권자"라 한다)의 청구에 따라 지급한다.

작업 현장에서 작은 부주의임에도 불구하고 큰 사고로 이어지는 경우들을 우리는 자주 접하게 됩니다. 이렇게 갑작스러운 산재 업무상 재해 가 발생하다 보니 사고를 당한 근로자뿐만 아니라 회사 모두가 당황하여 산재보상을 받기 위해 어디에 누가 신청을 해야 하는지 조차 몰라 막막해 하는 경우를 보게 됩니다.

특히 산재 신청은 당연히 회사가 처리해 줄 의무가 있다고 잘못 알고 있는 사람들이 많은데, 산재 신청의 주체는 산재를 당한 근로자 본인 또는 가족, 법적 대리인 입니다. 또한 사업주가 동의하지 않거나 거부할 경우 산재 신청을 못한다고 오해하는 경우도 있으나, 산재를 당한 근로자가 산재를 신청함에 있어 사업주의 동의여부는 관계없습니다. 사업주는 근로자가 산재보험 혜택을 받을 수 있도록 적극적으로 협조할 의무만 존재합니다.

다만, 산업안전보건법 제57조 및 시행규칙 제73조 산업재해 발생 보고 등 에 따라 사업주는 산업재해로 사망자가 발생하거나, 3일 이상의 휴업이 필요한 부상을 입거나, 질병에 걸린 사람이 발생한 경우에는 해당 산업재해가 발생한 날부터 1개월 이내 단, 업무상 질병 등과 같이 재해발생일이 불분명한 경우에는 당해 재해가 근로복지공단의 요양승인을 받은 날로부터 1개월 이내 에 산업재해조사표를 작성하여 관할 지방고용노동관서의 장에게 제출해야 합니다.

이러한 사업주의 산업재해 발생 보고 의무를 위반할 경우, 다음과 같이 과태료가 부과됩니다 산업안전보건법 시행령<별표 35> . 그러나 사업장 외 교통사고 등 사업주의 법 위반을 직접적인 원인으로

발생한 산업재해가 아닌 것이 명백한 경우는 보고 의무가 면제
됩니다.

구 분	1차 위반 시	2차 위반 시	3차 위반 시
보고하지 않은 경우	700만 원	1,000만 원	1,500만 원
거짓으로 허위보고한 경우	1,500만 원	1,500만 원	1,500만 원

※ 과태료 감경기준 건설공사의 경우에는 괄호 안의 공사금액

- 상시 근로자 50명 10억 원 이상 100명 40억 원 미만 : 100분의 90
- 상시 근로자 10명 3억 원 이상 50명 10억 원 미만 : 100분의 80
- 상시 근로자 10명 3억 원 미만 : 100분의 70

산재를 당한 근로자의 산재 신청은 일반적으로 사업장 소재를
관할하는 근로복지공단에 하면 됩니다. 다만, 건설 일용직의 경
우 현재 소속되어 있는 본사가 아니라, 실제 근무하고 있는 건설
현장 소재지의 관할 근로복지공단으로 신청하여야 합니다.

또한 법은 '권리 위에 잠자는 자를 보호하지 않는다'는 격언이
있듯이, 근로자는 산재를 당했다면 다음과 같이 법에서 정하고
있는 기한 내에 산재신청을 해야 합니다 산업재해보상보험법 제112조.

• 업무상 사고 : 사고 발생일로부터 3년 이내

- 업무상 질병 : 진단일로부터 3년 이내
- 장해 및 사망 : 해당 사유 발생일로부터 5년 이내

산업재해보상보험
요양급여신청서

※ 굵은 선 안은 필수 기재사항이므로 반드시 기재해 주시기 바랍니다.　　　　　　　　　　　　(앞 면)

접수번호		접수일자		처리기간	7일

재해자	성 명(외국인은 외국인등록증상 영문명, 대표자)		주민등록번호(외국인등록번호) □□□□□□-□□□□□□□

재해자

주 소	휴대전화:
	전화번호:

재해 발생 연·월·시	□□□□ 년 □□ 월 □□ 일 □□ 시 □□ 분	채용연월: 년 월 일

출근시간:	퇴근시간:	직 종:

보험가입자(사업주)와의 관계	사업주여부	( ) 해당없음 / ( ) 실제사업주(특수고용자포함) ( ) 하수급사업주
	친인척여부	( ) 해당 없음 ( ) 배우자 ( ) 부모 ( ) 자녀 ( ) 형제자매 ( ) 기타 친인척( )
근로자유형		( ) 근로자 ( ) 노무제공자 ( ) 중소기업사업주 ( ) 중소기업사업주 가족종사자 ( ) 현장실습생 ( ) 건강손상자녀 ( ) 특수형태근로종사자('23.6.30. 이전 재해) ( ) 학생연구자

사업장 및 재해 관련 내용

신청 구분:	( ) 업무상 사고 ( ) 업무상 질병(진폐 · CS2 포함) ( ) 출퇴근 재해
사업장명	사업주명　　　　　　연락처(☎)

사업장관리번호 (이용개시번호, 플랫폼종사자주관리번호)	□□□-□□-□□□□□-□	사업개시번호: ( )

사업장 주소	

재해 발생 경위(별지사용 가능)

※ 작성방식: 어디(에서)구체적 장소), 무엇을 하기 위해(작업내용, 목적), 무엇을 사용하여(작업도구, 취급물질), 어떻게 하다가(경위, 동작, 움직임), 어떤 이유.原因.에 어떻게 재해를 당하였는지 작성하여 주시기 바랍니다.

① 위 재해와 관련하여 교통사고, 음주, 폭행 등의 사유로 경찰서에 신고(접수)된 사실이 있습니까?　　( )에　　( )아니요.

② 위 재해와 관련하여 119 또는 소방서에 구조구급 · 재난 신고(접수)된 사실이 있습니까?　　( )에　　( )아니요.

③ 위 재해와 관련하여 자동차 보험사에 사고를 신고한 사실이 있습니까?　　( )에　　( )아니요.

목격자가 있는 경우: 성명( ), 연락처( ), 재해자와의 관계( )

재해 발생 후 현재 요양 중인 의료기관 전에 진료(치료) 받은 의료기관

의료기관명:	소재지:
의료기관명:	소재지:

< 요양급여신청 의료기관 대행 제출 위임(동의)장 >

본인은 요양급여 신청서를 아래 의료기관이 대행하여 근로복지공단(고용 · 산재보험토탈서비스(total.comwel.or.kr) 포함)에 제출하는 것을 위임 · 동의합니다.

위임하는 자(신청인)		위임받는 자(의료기관)	
	(서명 또는 인)		(서명 또는 인)

※ 첨부서류: : 산업재해보상보험 요양급여신청 소견서(별지 제3호 서식)

위와 같이 업무상재해 인정 및 요양급여를 신청합니다.

　　　　　　　년　　　　월　　　　일

　　　　　신청인　　　　　　　　(서명 또는 인)
　　　　　대 리 인　　　　　　　(서명 또는 인)

산재로 인정된 경우 어떠한 보상을 받을 수 있나요?

 관련 법률

<산업재해보상보험법>

제36조(보험급여의 종류와 산정 기준 등)

① 보험급여의 종류는 다음 각 호와 같다. 다만, 진폐에 따른 보험급여의 종류는 제1호의 요양급여, 제4호의 간병급여, 제7호의 장례비, 제8호의 직업재활급여, 제91조의 3에 따른 진폐보상연금 및 제91조의 4에 따른 진폐유족연금으로 하고, 제91조의 12에 따른 건강손상자녀에 대한 보험급여의 종류는 제1호의 요양급여, 제3호의 장해급여, 제4호의 간병급여, 제7호의 장례비, 제8호의 직업재활급여로 한다.

1. 요양급여   2. 휴업급여   3. 장해급여   4. 간병급여

5. 유족급여   6. 상병(傷病)보상연금   7. 장례비   8. 직업재활급여

근로자라면 누구나 업무 중에 사고를 당하거나 열악한 작업환경 또는 과로 · 스트레스 그리고 근로자의 건강을 해칠 수 있는 요인에 장기간 노출됨에 따라 질병에 걸릴 수도 있습니다. 이러한 업무상 재해로부터 근로자를 보호하기 위한 제도가 산재보험입니다.

업무상 재해로 인정되면 근로복지공단은 재해 근로자에게 보험급여를 지급하게 되고, 근로기준법에 따라 공상으로 처리할 경우에는 회사가 직접 근로자에게 보험급여를 지급하게 됩니다. 보험급여는 요양급여 등을 제외하고 재해 근로자의 평균임금을 기준으로 산정되기 때문에, 근로자의 임금이 높을수록 지급되는 보험급여의 금액도 높아지는 구조입니다단, 최고·최저보상 기준 존재 .

🔍 산재보험에 따른 보험급여 종류

업무상 재해로 인정될 경우 산재보험에서 지급되게 되는 보험급여의 종류는 다음과 같습니다.

요양급여

근로자가 업무상의 사유로 부상을 당하거나 질병에 걸려 3일 이상 치료를 진행해야 하는 경우 치료를 받은 기간 동안 발생하는 비용을 지원합니다. 근로복지공단에서 지정한 산재의료기관을 이용하는 것이 원칙이며 입원비, 수술비, 약제비, 검사비, 재활치료비 등 대부분의 항목에 대하여 보장됩니다_{단, 건강보험기준 비급여 항목은 제외}.

휴업급여

요양_{치료}으로 일을 하지 못하는 기간 동안 임금 손실을 보전하기 위한 보험급여로, 1일당 지급액은 평균임금이 70%에 상당하는 금액으로 합니다_{요양기간이 3인 이내인 경우 부지급}.

그리고 산재로 인한 요양기간 중 일을 하면 휴업급여를 받지 못한다고 생각하는 경우가 있는데, 그렇지는 않습니다. 경미한 부상을 입은 근로자가 취업과 요양을 병행하는 경우, 부분휴업급여라고 하여 휴업급여 전액_{평균임금 70%}이 아닌 취업하여 얻은 소득만큼 조정하여 부분휴업급여를 받을 수 있습니다.

부분휴업급여는 요양기간 중 일정기간 또는 단시간 취업한 경우, 취업한 날 또는 취업한 시간에 해당하는 근로자의 평균임금에서 그 취업한 날 또는 취업한 시간에 대한 임금을 뺀 금액의 80%에 상당하는 금액을 지급받을 수 있습니다. 예를 들어 평균임금이 10만 원인 재해 근로자가 요양기간 중 취업한 날에 5만 원을 받았을 경우, 근로자의 평균임금인 10만 원에서 취업한 날에 대한 임금인 5만원을 공제하고 5만 원의 80%에 상당하는 금액인 4만 원이 부분휴업급여로 지급될 수 있습니다.

장해급여

장해급여는 산재 치료 이후에도 신체 등에 장해가 남은 경우 그 장해 정도에 따라 연금 또는 일시금으로 지급하는 보험급여 입니다. 장해등급은 1급~14급으로 구분되며, 1급~3급은 연금, 4급~7급은 연금 · 일시금 중 선택, 8급~14급은 일시금으로 지 급됩니다.

간병급여

간병급여는 요양기간의 종료 이후에도 의학적으로 상시 또는 수시로 간병이 필요하여 실제로 간병을 받는 사람에게 지급하 는 보험급여입니다.

유족급여(사망 시)

업무상 재해로 근로자가 사망하였을 때 그 유족의 생활 보장 을 위해 지급하는 보험급여입니다. 유족급여의 기본 금액은 평 균임금의 365일 × 47%에 상당하는 금액 년 이며, 유족수에 따라 추가 지급액이 더해집니다 1인당 5%, 최대 20% . 유족급여는 연금 형태로 지급되는 것이 원칙이지만 유족수급권자이 원할 경우 연금의 50%에 해당하는 금액을 일시금으로 받고, 이후 연금은 50%만 지급받는 방식도 가능합니다.

유족급여는 근로자가 사망할 당시 '그 근로자와 생계를 같이 하고 있던 유족'을 기본 수급자격자로 규정하고 있습니다. 다시 말해 단순히 가족관계증명서에 이름이 올라 있다고 하여 권리가 생기는 것은 아니며, 실제 생활에서 경제적으로 의존하고 있었는지를 가장 중요하게 보며 단, 배우자의 경우에는 생계를 같이 하지 않았더라도 유족급여의 수급자격이 인정됨, 유족급여 유족보상연금 의 구체적인 수급자격자는 다음과 같습니다.

- 배우자 사실혼 관계 배우자 포함
- 자녀 또는 손자녀로서 25세 미만인 사람
- 부모 또는 조부모로서 각각 60세 이상인 사람
- 형제자매로서 19세 미만이거나 60세 이상인 사람
- 상기 어느 하나에 해당하지 아니하는 자녀 · 부모 · 손자녀 · 조부모 또는 형제자매로서 〈장애인복지법〉 제2조에 따른 장애인 중 고용노동부령으로 정한 장애 정도에 해당하는 사람

유족급여 유족보상연금 는 수급 자격이 있는 유족 중 우선순위 ①배우자 → ②자녀 → ③부모 → ④손자녀 → ⑤조부모 → ⑥형제자매 에 해당하는 사람에게 지급되며 동일한 순위 내 유족이 2인 이상일 경우 균등

하게 분할 지급됩니다.

상병보상연금

요양급여 수급 후 2년이 경과하였음에도 불구하고 상병이 치유되지 않고 중증요양상태등급1급 ~ 3급 에 해당하며, 취업할 수 없는 상태가 계속될 경우 휴업급여를 대신 지급하는 보험급여입니다. 지급 금액은 등급별 평균임금 일수 기준에 따라 결정되며 1급은 평균임금의 329일분, 2급은 291일분, 3급은 257일분이 지급됩니다.

장례비

장례비는 근로자가 업무상의 사유로 사망한 경우 유족에게 장례 절차에 필요한 비용을 지급하는 보험급여입니다. 장례비는 평균임금의 120일분에 상당하는 금액을 그 장례를 지낸 유족에게 지급하지만, 장례를 지낼 유족이 없거나 그밖에 부득이한 사유로 유족이 아닌 사람이 장례를 지낸 경우에는 평균임금의 120일분에 상당하는 금액의 범위에서 실제 드는 비용을 그 장례를 지낸 사람에게 지급합니다.

직업재활급여

장해급여 대상자 1급~12급 등에게 취업을 위한 직업훈련비용 및 직업훈련수당 등으로 지급하는 보험급여입니다.

출장 중 교통사고가 발생한 경우 산재가 아닌 자동차보험으로 처리해야 하나요?

🔍 관련 법률

<산업재해보상보험법>

제5조(정의)

이 법에서 사용하는 용어의 뜻은 다음과 같다.

1. "업무상의 재해"란 업무상의 사유에 따른 근로자의 부상·질병·장해 또는 사망을 말한다.

우리가 출·퇴근을 하거나 어딘가를 갈 때 도보로 이동하는 경우도 있을 수 있으나 통상적으로 지하철, 버스 등의 대중교통을 이용하거나 아니면 본인의 자동차를 이용하는 경우가 대부분일 것입니다. 이렇게 우리는 이동 중에 교통사고를 당할 수 있는 위험에 항상 노출되어 있습니다. 특히 출장 중 교통사고가 발생한 경우 회사 밖에서 발생한 사고라는 인식에서 해당 사고에 대해서는 자동차보험으로 처리해야 한다고 생각하는 경우가 많습니다.

그러나 산재보험은 근로자가 업무 수행 중 또는 업무에 기인하여 발생한 사고에 대해 보상하는 사회보험 제도입니다. 한편 출장은 회사 업무의 연장선에 있는 활동이기 때문에 출장 중 발생한 교통사고 역시 업무상 재해로 산재보험 적용이 가능합니다 단, 출장이더라도 사적인 행위 중 발생한 사고는 제외 .

일단 자동차보험과 산재보험의 가장 큰 차이는 자동차보험은 가해 차량의 과실을 기준으로 손해를 배상하는 사보험으로, 산재보험과 달리 정신적 손해 위자료 와 미래 소득손실 일실수익 까지 폭넓게 다룬다는 점입니다.

또한 대부분의 사람들은 자동차보험과 산재보험 중 무조건 하나만 선택해야 한다고 생각하지만 두 보험을 모두 청구가 가능합니다 단, 동일 항목에 대한 이중보상은 불가 . 예를 들어 치료비를 산재보험에서 이미 전액을 받았다면 자동차보험에서 같은 치료비를 또 받을 수는 없습니다. 단, 자동차보험에서는 산재보험에서 보장받지 못하는 항목 위자료, 향후 치료비, 비급여 치료비 등 을 청구할 수 있습니다.

🔍 효율적인 청구방법

산재보험으로 선처리

산재보험은 과실 유무에 관계없이 치료비 및 휴업급여 등 기본적인 보상이 빠르고 안정적으로 나올 수 있다는 장점이 있습니다.

자동차보험으로 추가 청구

산재보험을 통한 초기 치료와 생계 안정을 도모하고 이후 자동차보험을 통해 산재보험으로 충족되지 않는 추가 손해 예: 위자료, 향후 치료비, 일실수익 등 를 청구할 수 있습니다. 다시 말해 산재보험 처리를 통해 근로자의 과실과 무관하게 보상을 받은 후, 자동차보험을 통해 가해자의 과실 비율을 최대한 주장하여 추가적인 손해배상을 받을 수 있습니다.

따라서 보상 항목별로 구분하고 과실 정도에 따라 어떤 보험이 더 유리한지 판단하는 것이 중요합니다. 일반적으로 근로자가 본인의 과실비율이 높은 경우라면 과실과 무관하게 보상이 이루어지는 산재보험이 상대적으로 유리하며, 산재보험으로 처리하면 자동차보험료가 할증되지 않는 장점이 있습니다.

그리고 자동차보험은 입원 기간만 휴업손실을 인정하지만 산재보험은 입원 및 통원치료 기간 모두 휴업급여를 지급하므로, 치료기간이 길고 특히 통원치료 기간이 장기인 경우라면 산재보험이 유리하다고 할 수 있습니다. 반대로 치료기간이 길지 않거나 해당 사고가 산업재해로 인정받기 어려운 사정이 존재한다면, 자동차보험을 통한 보상 절차가 더 신속하고 현실적일 수 있습니다.

또한 중증 장해가 예상될 정도의 사고의 경우, 산재보험에는 1급~7급에 장해등급에 해당할 경우 평생 동안 받을 수 있는 장해연금제도가 있으나, 자동차보험에는 그러한 제도가 없으므로 산재보험이 유리하다고 할 수 있습니다.

마지막으로 사망사고의 경우 산재보험은 유족연금이 있습니다. 하지만 자동차보험에는 일시금 보상만 존재하므로 유족이 있다면 산재보험 처리를 먼저하고 이후 자동차보험에서 위자료 등을 청구하는 것이 바람직합니다.

결론적으로, 업무 중 교통사고는 사고 상황과실 비율, 부상 정도, 향후 치료 및 회복 기간, 장해 발생 가능성 등을 종합적으로 고려하여 두 보험 제도를 전략적으로 활용하는 것이 현명한 방법입니다.

🔍 산재보험 vs 자동차보험

구 분	산재보험	자동차보험
목 적	근로자 보호(공적 보상)	가해자 책임 보상 (사적 보상)
주 체	근로복지공단	민간 보험회사
치료비	요양급여 한도 내 보상 (비급여 항목 미보상)	필요 타당한 범위 내 비급여 포함 보상
휴업손해	평균임금의 70% (입원/통원치료 기간 모두 인정)	실제 수입 감소액의 85% (주로 입원 기간만 인정)
장해보상	장해등급에 따른 정액 보상	장해율·보상한도에 따라 상이
위자료	없음	상해등급, 노동능력상실률에 따라 지급
향후 치료비	없음	의학적 필요성이 있다면 지급